城市轨道交通全自动运行系统系列丛书

城市轨道交通
全自动运行系统车辆运用

主　编　李益民
副主编　柴贵兰
主　审　曹双胜　兰　明

西南交通大学出版社
·成都·

图书在版编目（CIP）数据

城市轨道交通全自动运行系统车辆运用 / 李益民主编. —成都：西南交通大学出版社，2022.7（2025.1 重印）
（城市轨道交通全自动运行系统系列丛书）
ISBN 978-7-5643-8787-7

Ⅰ. ①城… Ⅱ. ①李… Ⅲ. ①城市铁路－轨道交通－自动驾驶系统－高等职业教育－教材 Ⅳ. ①U239.5

中国版本图书馆 CIP 数据核字（2022）第 133180 号

城市轨道交通全自动运行系统系列丛书
Chengshi Guidao Jiaotong Quanzidong Yunxing Xitong Cheliang Yunyong

城市轨道交通全自动运行系统车辆运用

主编　李益民

责任编辑	李　伟
封面设计	吴　兵

出版发行	西南交通大学出版社
	（四川省成都市金牛区二环路北一段 111 号
	西南交通大学创新大厦 21 楼）
邮政编码	610031
发行部电话	028-87600564　028-87600533
网址	http://www.xnjdcbs.com
印刷	成都蜀雅印务有限公司

成品尺寸	185 mm×260 mm
印张	13.25
字数	323 千
版次	2022 年 7 月第 1 版
印次	2025 年 1 月第 3 次
定价	39.00 元
书号	ISBN 978-7-5643-8787-7

课件咨询电话：028-81435775
图书如有印装质量问题　本社负责退换
版权所有　盗版必究　举报电话：028-87600562

城市轨道交通全自动运行系统系列丛书
编写委员会

主　任　安学武

副主任　李益民　董　奇　徐小勇　马军强
　　　　曹双胜　李文慧　兰　明　韩永宏

委　员　王小可　柴贵兰　陈翠利　周　磊
　　　　朱慧勇　林　辉　梁新平　杨　菲
　　　　魏晨旭　张亚社　任　超　王雅静
　　　　李　晴

前言 FOREWORD

1959年，美国纽约时代广场—中央火车站摆渡线正式启动了对无人驾驶列车的研究，1960年初开始在一段隔离的线路进行相关试验，1961年开始在摆渡线上试运行，1962年1月正式实现无乘务员的载客运营。该线路采用固定闭塞技术，列车向钢轨发出不同频率的脉冲限制列车的速度（27~40 km/h），该线列车系统被公认为"世界第一条载客无人驾驶系统"。

20世纪60至80年代，英国、德国等国家对列车的全自动驾驶进行了不同程度的探索与尝试，但都未达到GoA4的运行等级。1981年，日本开通了神户首条真正意义上的GoA4的运行等级线路（Port Island Line）；随后，法国（1983年，法国里尔1号线）、加拿大等国对全自动运行技术进行多次革新和应用；2003年，新加坡开通运营了首条全自动驾驶线路；2008年，德国开通了国内首条全自动无人驾驶线路。2008年以前，全自动运行技术推广比较慢，且多用于小运量或机场线等特殊需求的线路。2008年之后，随着CBTC（基于通信的列车控制系统）技术的迅猛发展，各地对地铁运输能力和运营需求急剧增加，全自动运行技术（AFO）开始在中、高运量地铁中广泛运用。其中，包括中国、新加坡、韩国在内的亚洲国家尤其重视该技术。

国际公共交通协会（UITP）调查数据显示，截至2018年初，全球39个城市开通运营62条、996 km的全自动运行线路。根据国际公共交通协会估计，到2020年国际上75%新线将采用FAO技术，40%的既有线改造时将采用FAO技术，2025年FAO系统的总里程将达到2 200 km。

国内轨道交通规划和在建线路中，北京、深圳、广州、苏州、武汉、南京、成都等地均按照全自动运行的标准进行建设，陆续从2020年起开通运营。截止到2021年2月27日，我国无人驾驶线路有北京地铁首条无人驾驶燕房线、大兴机场线，上海地铁首条无人驾驶APM（乘客自动运输系统）浦江线和上海地铁10号、14号、15号、18号线，广州首条无人驾驶地铁APM珠江新城线、22号线首通段，成都地铁9号线，深圳地铁20号线，太原地铁2号线，香港地铁南港岛线等。

根据我国《城市轨道交通全自动运行系统建设指南》，以轨道交通线路自动化运营程度（根据运营工作人员和系统所承担的列车运行基本功能的责任划分确定的列车运行的自动化分级）定义了5个等级，从低至高依次为GoA0至GoA4。全自动运行线路系统设计依据运营场景和运用规则，差异性主要体现在技术和运营两方面。全自动运行系统是一项系统工程，涉及车辆、信号、综合监控、通信、站台门、车辆基地等多个专业，各专业联系密切。全自动运行系统中传统乘务的工作职能一部分由列车自动控制系统负责，另一部分则移交到控制中心去完成。传统的乘务、控制中心调度员和车站值班员共同参与控制的运营控制模式，转变为以控制中心调度员直接面向运行的运营控制模式,即全自动运行带来了人机配合机理的重置,从而影响运营组织架构及相关岗位职责。

全自动运行系统与传统驾驶系统相比,具有以下优势:提升运营的安全性、提升运营组织的灵活性、提高运营能力和降低运营成本。

本书主要介绍全自动运行系统概述、全自动运行系统的构成及原理、全自动运行系统的运营管理、全自动运行系统车辆、全自动运行系统车辆信号、全自动运行系统带来的变化和国内外全自动运行系统。

本书由西安铁路职业技术学院牵引动力学院李益民教授担任主编(编写第一章),柴贵兰担任副主编(编写第四、五、六章),西安轨道集团公司有限公司运营分公司曹双胜总工和兰明副总工担任主审。参加编写的还有西安铁路职业技术学院周磊(编写第二章)、朱慧勇(编写第三章第三、四节)、林辉(编写第七章第五、六节)和西安地铁公司运营分公司工电部李晴(编写第三章第一、二节,第七章第一至四节)。李益民教授负责统稿。

非常感谢北京轨道交通有限公司运营总工办韩永宏,西安轨道集团公司有限公司运营分公司曹双胜总工、兰明副总工,西咸轨道办李文慧等为本书编写提供的支持。

本书系国内高职院校首创,由于编者手中缺少综合介绍轨道列车无人驾驶技术的书籍,尤其是缺少介绍中国国内轨道列车无人驾驶的书籍,因此书中疏漏和不足难免存在,敬请大家批评指正。

编 者
2022 年 5 月于西安

本书数字资源

目录 CONTENTS

第一章　全自动运行系统概述

001 \　第一节　全自动运行系统
008 \　第二节　全自动运行线路与传统线路的区别
010 \　第三节　全自动运行岗位职责和设置的变化
012 \　第四节　全自动运行系统的应用及发展

第二章　全自动运行系统的基本原理

022 \　第一节　全自动运行系统架构
023 \　第二节　全自动运行系统的工作原理
029 \　第三节　全自动运行系统的接口

第三章　全自动运行系统运营管理

031 \　第一节　概　述
034 \　第二节　全自动运行系统总体说明及模式转换
036 \　第三节　全自动运行场景
123 \　第四节　全自动运行模式下运营组织规则

第四章　全自动运行系统车辆

127 \　第一节　全自动运行系统车辆结构
142 \　第二节　全自动运行系统车辆检修

第五章 全自动运行系统车辆信号

153 \ 第一节 信号系统设备
159 \ 第二节 信号系统功能

第六章 全自动运行系统带来的变化

163 \ 第一节 管理模式
164 \ 第二节 岗位融合
164 \ 第三节 列车多职能队伍岗位
174 \ 第四节 全自动运行系统驾驶模式

第七章 国内外全自动运行系统

177 \ 第一节 上海地铁 10 号线全自动运行系统
180 \ 第二节 上海轨道交通 14 号线
182 \ 第三节 北京地铁燕房线全自动运行系统
185 \ 第四节 成都地铁 9 号线全自动运行系统
196 \ 第五节 国外全自动运行系统
200 \ 第六节 国内其他地铁全自动运行系统

参考文献

第一章 全自动运行系统概述

第一节 全自动运行系统

2019年，中国城市轨道交通协会编制的中国城市轨道交通协会团体标准——《城市轨道交通全自动运行系统》，在GB/T 32590.1—2016的基础上，对全自动运行系统进行了重新定义：全自动运行系统是基于现代计算机、通信、控制和系统集成等技术，由信号、车辆、综合监控、通信、站台门等与列车运行相关的设备组成，实现列车运行全过程自动化运行的新一代城市轨道交通系统，由控制中心通过大型计算机网络监视和控制整条线路的站际联系、信号控制系统、列车运行、车辆调度等运营环节。

一、列车自动防护系统等级划分

国际公共交通协会（UITP）将列车运行的自动化等级（Grade of Automation，GoA）划分为5级，GoA0是无ATP（列车自动防护系统）的全目视司机驾驶，GoA1是有ATP的司机手动驾驶，GoA2是带司机的自动运行（半自动列车运行，STO），GoA3是有人值守的全自动无人驾驶（DTO），GoA4是无人值守的全自动无人驾驶（UTO）。

我国《城市轨道交通全自动运行系统建设指南》也将轨道交通线路自动化运营程度（根据运营工作人员和系统所承担的列车运行基本功能的责任划分确定的列车运行的自动化分级）定义了5个等级，从低至高依次为GoA0至GoA4。

1. GoA0：TOS（目视下行车模式）

在GoA0的自动化等级下，列车运行由司机全部负责，系统无法实现自动监控和防护。线路上的道岔和轨道区段由系统控制。

2. GoA1：NTO（非自动列车运行）

在GoA1的自动化等级下，司机在ATP保护下驾驶列车，观察线路轨道情况并在紧急情况下停车，司机遵循轨旁信号或车载信号来控制列车的牵引和制动，信号系统监督司机的操作。这种非连续或连续的监督只能在特定位置实现，特别是信号显示和速度控制。

简言之，列车的起动、停车、关闭车门，从站台安全出发以及紧急情况或突然变更进路的处理，均由司机操作，且该模式下有自动列车防护（ATP）装置。

3. GoA2：STO（半自动列车运行）

列车的起停与区间运营都是自动控制的，部分需要司机确认列车起动，车门开关可人工或自动实现，紧急情况需要人工介入。

在GoA2的自动化等级下，司机在列车驾驶室里，观察线路轨道情况并在紧急情况下停车。系统将自动监控列车的牵引和制动，提供连续的速度距离曲线使列车安全从站台出发，列车车门可自动关闭。目前，该方式是我国城市轨道交通运营最常用的运营模式，即ATO（列车自动运行系统）驾驶模式。

4. GoA3：DTO（有人值守下的自动化运行）

无须司机，但是需要乘务员干预车门开关，甚至处理紧急情况。在GoA3的自动化等级下，由于没有司机在列车驾驶室观察线路轨道情况和在紧急情况下停车，因此相比GoA2级，系统必须增加辅助检测装置。在GoA3的自动化等级下，需要一名运营人员在列车上。列车关闭车门，安全从站台出发，可自动控制，也可人工控制。该等级也是全自动运行的一种模式。

5. GoA4：UTO（无人值守下的自动化运行）

所有运营场景和紧急处理场景全部实现自动化，无须人工干预。在GoA4的自动化等级下，由于没有运营人员在列车上，因此相比GoA3级，系统必须增加辅助检测装置。列车关闭车门，安全从站台出发，均为自动控制。更具体地说，系统支持危险情况和紧急情况的检测和处理，如乘客疏散等。其他如发生列车脱轨、检测到烟雾或者火灾危险情况和紧急情况，需要运营人员介入处理。

根据轨道交通自动化等级的划分原则，运行在有人值守的全自动运行（DTO）或无人值守的全自动运行（UTO）下的城市轨道交通系统均可称为全自动运行系统（Fully Automatic Operation System，FAO），对应GoA3和GoA4系统。

综上所述，自动化等级划分与对应的驾驶模式如表1-1所示。

表1-1　自动化等级划分

自动化等级	列车运行方式	驾驶模式	司乘人员配置
GoA0	目视下列车运行（TOS）	无ATP防护	配置司机
GoA1	非自动列车运行（NTO）	ATP	配置司机
GoA2	半自动列车运行（STO）	ATO	配置司机
GoA3	有人值守下列车自动运行（DTO）	FAO	配置巡查人员
GoA4	无人值守下的列车自动运行（UTO）	FAO	无巡查人员

根据国际标准IEC62290-1—2006的定义，轨道交通自动化等级共分为5个等级（GoA0、GoA1、GoA2、GoA3、GoA4），不同自动化等级在列车运行过程中必须实现的功能详见表1-2。

表 1-2 轨道交通不同自动化等级功能

列车运行的基本功能		目视下列车运行（TOS）	非自动列车运行（NTO）	半自动列车运行（STO）	有人值守下的列车自动运行（DTO）	无人值守下的列车自动运行（UTO）
		GoA0	GoA1	GoA2	GoA3	GoA4
确保列车运行安全	安全进路	人工（道岔命令/系统控制）	系统	系统	系统	系统
	列车安全间隔	人工	系统	系统	系统	系统
	速度监督	人工	人工	系统	系统	系统
列车驾驶	加速、制动	人工	人工	系统	系统	系统
监视轨道	障碍物监视	人工	人工	人工	系统	系统
	防止碰撞人员	人工	人工	人工	系统	系统
监视乘客上下车	车门控制	人工	人工	人工	系统	系统
	乘客跌落站台	人工	人工	人工	人工或系统	系统
监控列车	投入/退出运营	人工	半人工或系统	人工	半人工或系统	系统
	监督列车运行	人工	人工	人工	系统	系统
紧急状况的检测与处理	列车诊断	人工	人工	人工	系统	设备检测+人工处置
	烟火检测	人工	人工	人工	人工或系统	
	脱轨检测	人工	人工	人工	人工或系统	
	紧急情况处理	人工	人工	人工	人工或系统	

表 1-3 对各级列车运行自动化等级进行了对比。

表 1-3 列车运行自动化等级对比

自动化等级		列车运行类型	行驶中调整列车	对位停车	关闭车门	干扰事件下的运行
GoA0		全目视司机驾驶，无 ATP	司机	司机	司机	司机
GoA1		司机驾驶，有 ATP	司机	司机	司机	司机
GoA2		带司机的自动运行，STO	自动	自动	司机	司机

续表

自动化等级		列车运行类型	行驶中调整列车	对位停车	关闭车门	干扰事件下的运行
GoA3		有人值守的全自动无人驾驶，FAO（DTO）	自动	自动	乘务员	乘务员
GoA4		无人值守的全自动无人驾驶，FAO（UTO）	自动	自动	自动	自动

全自动运行方式 DTO、UTO 的主要区别如表 1-4 所示。

表 1-4 UTO 与 DTO 的主要功能对比

编号	功 能	DTO	UTO
1	唤醒列车	M	M
2	休眠列车	M	M
3	列车进入/退出运营	M	M
4	管理策略确定	M	M
5	计算时刻表或发车间隔偏离	M	M
6	建议或指挥时刻表校正管理行为	M	M
7	紧急制动性能测试（运行控制中心人机界面上显示）	O	M
8	静止状态下确定初始列车位置	O	M
9	GoA 3 & 4 中列车驾驶模式的管理	M	M
10	阻止列车进站	M	M
11	跳停	M	M
12	扣车	M	M
13	车辆段和停车场车辆移动管理（入、出运营）	O	M
14	站内门开启的监督	O	M
15	开启的控制（远程控制车门开启）	O	M
16	门关闭的监督（门故障车载设备阻止列车离站）	O	M
17	关闭的控制（远程控制屏蔽门关闭）	O	M
18	疏散监督（运行控制中心直接指挥人员疏散）	O	M
19	轨道上工作人员的防护	M	M
20	监督站台上的乘客（站台加音、视频接口）	O	M
21	监督车上的乘客（提供车载视频监视）	O	M
22	非 MODURBAN 车载设备故障的响应	M	M
23	提供维护支持（为维护行为提供建议）	O	M

注：O 为可选项；M 为必选项。

GoA4是全自动运行的最高等级，国内已经运营成熟的北京地铁燕房线即是以GoA4等级标准建设的典范。全自动运行实现了列车从早间上电、库内唤醒、进入正线服务、自动运行、进站停车、开关门、自动折返、清客、停止正线服务、回库、自动调车、洗车、列车休眠等一整套自动化的正常功能，并能够实现由控制中心远程监控的列车车辆制动故障、车门状态丢失、站台门状态丢失、再关门控制、对位隔离、车辆火灾、乘客紧急呼叫、紧急手柄触发、远程广播、远程紧急制动、障碍物脱轨检测等非正常运行功能。从运营组织规则分析，全自动运行场景可大致分为41个大场景，包括正常场景、非正常场景、故障场景、应急场景等。全自动运行场景图举例见图1-1。

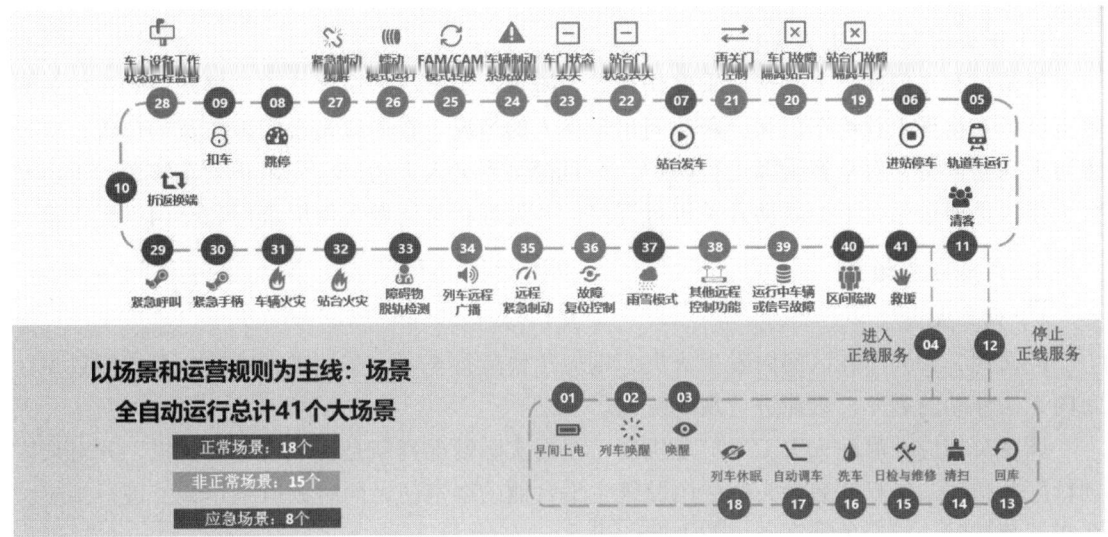

图1-1　全自动运行场景图举例

二、应急场景

随着全自动无人驾驶线路的陆续开通，无人值守工况下的应急场景处置受到了广泛关注。应急场景按发生的位置可分为中央应急场景、车站应急场景、列车应急场景及区间应急场景。

1. 中央应急场景

中央应急场景主要为：因控制中心失电或ATS（列车自动监控）系统发生故障等突发情况，使控制中心无法正常工作，线路运行控制不得不从控制中心控制模式降为车站控制模式。

在中央应急场景中，车站控制模式下的信号系统虽仍能满足全自动无人驾驶的基本需求，但在无人值守状态下，车站人员无法通过车载CCTV（地铁视频监控系统）、IPH（车厢应急对讲电话）和广播等设备设施同车内乘客沟通，难以掌握车内实时情况。若列车继续运行，将产生安全隐患。因此，在无人值守工况的中央应急场景下，应使列车保持全自动无人驾驶至下一车站后自动扣车，并指派多职能队员登车值守或驾驶。

2. 车站应急场景

1）车站失电

车站失电后，应根据影响范围进行运营调整。若车站乘降存在安全隐患，应通过设置跳停避免列车停站。若为设备集中站失电，应通过设置跳停尽量使列车在 UPS（不间断电源）续航时间内撤出受影响区域。

2）车站信号设备发生故障

车站信号设备发生故障，可能导致相关区域无法继续使用全自动无人驾驶模式。如果区域控制器或联锁主机等发生故障，则应通过远程重启功能进行重启，以尽快恢复无人值守的正常工况。

3）屏蔽门和车门夹人夹物

屏蔽门和车门间夹人易造成乘客伤亡。为避免此类事故，应严格控制屏蔽门和车门的间隙宽度，在物理上杜绝车门和屏蔽门间出现夹人的情况。在曲线站台间隙较宽的位置，应设置防夹探测设备，对乘客乘降进行防护。一旦探测到夹人夹物，应先阻止列车移动，再由站台工作人员通过站台上的联动开关进行开门，并处理相关问题，使屏蔽门和车门恢复正常。

3. 列车应急场景

1）列车火灾

经研究，如列车在区间内发生火灾，则应尽快运行至下一车站进行疏散。对于因故在区间内无法移动的列车，只能进行现场疏散。

调度员相应地启动火灾工况应急机制，根据实际情况判断是否开启事故风机，并对乘客进行广播指挥，授权开启端头逃生门及逃生平台侧的客室门，同时派遣工作人员进行接应。在指挥疏散时，应避免乘客向火源方向行进。

2）设备故障导致无法维持无人值守模式

如车载信号设备和车辆设备发生故障，导致列车迫停区间，则应通过远程重启、远程复位或远程旁路命令来处置。若设备无法恢复，则考虑救援或派多职能队员登车处置，其间通过开启风机向迫停列车送风。由于安全相关设备的旁路具有安全隐患，故具体远程旁路的设计应考虑安全可接受程度。当 ATO 系统无法控制列车运行，而 ATP 功能完好时，自动触发"蠕动"模式申请，由调度员确认后切换至蠕动模式运行，实现简单牵引和制动，使列车限速运行至下一站后自动扣车，继而由多职能队员登车处理。当列车因丢失定位而无法运行时，调度员可通过"远程 RM（限制人工驾驶模式）"命令，使列车在信号系统的安全保护下限速限距地向前运行一段距离，以读取信标重获定位。

3）阻塞

当因前方拥堵等造成列车阻塞在区间时，信号系统应对阻塞时间进行计时，并在阻塞时间到达设定的阻塞值后向综合监控系统报警，进而触发阻塞模式，自动开启区间通风及阻塞安抚广播。

4）停站过冲

若列车停站过冲距离超过 5 m 的回退限制，则列车应自动或经调度员确认后直接运行至下一站；若列车停站过冲距离处于回退限制内，则启动对位自动调整功能，使列车再度对位，以满足乘客乘降的需求。

5）唤醒失败

计划列车应根据 ATS 系统命令按时自动唤醒。若自动唤醒失败，则调度员应远程人工唤醒。若远程人工唤醒也失败，则派遣多职能队员登车执行现地唤醒。非计划列车由调度员远程人工唤醒，若远程人工唤醒失败，则由多职能队员现地唤醒。

6）休眠失败

与唤醒类似，计划列车应根据 ATS 系统命令按时自动休眠。若自动休眠失败，调度员应远程人工休眠。若远程人工休眠也失败，则派遣多职能队员登车执行现地休眠。非计划列车由调度员远程人工休眠，若远程人工休眠失败，则由多职能队员现地休眠。

7）撞击障碍物

列车头部应设置具备排障器功能的障碍物探测器，可推开一定规模的障碍物。当障碍物难以推开时，触发紧急制动。在确保可靠性的情况下，还可采用非接触式探测，以在接触障碍物前及时截停列车。

8）脱轨

列车内设置脱轨探测器。当列车脱轨后，立即截停列车，以免后续车厢脱轨。

4. 区间应急场景

1）区间火灾

发生区间火灾后，应避免列车进入相关区间。已处于区间内的列车若具备全自动反向运行能力，则自动返回车站。对于无法自动返回车站的迫停列车，应进行现场疏散。

调度员启动火灾工况应急机制，根据实际情况判断是否开启事故风机，对乘客进行广播指挥，授权开启端头逃生门及逃生平台侧的客室门，并派遣工作人员进行接应。指挥乘客疏散时，应避免乘客向火源方向行进。

2）区间失电

列车运行控制系统自动扣停失电区段外的上游相邻列车，防止列车进入失电区段。调度员执行运营调整，对失电区间内的列车乘客进行广播安抚，安排抢修，必要时疏散乘客。

总之，在不同场景下，无人值守工况的应急处置应兼顾运营效率和安全，避免列车迫停区间，以提高应急处置能力。多职能队员是列车应急处置中的重要参与角色，平时应重视对此类人员应急处理的相关培训。此外，由于过多的功能会使列车自动运行控制系统过于复杂，进而影响可靠性，因此，全自动无人驾驶列车的应急功能需合理选择。

三、全自动运行系统的优势

全自动运行系统与传统驾驶系统相比，具有以下优势：

1. 提升运营的安全性

全自动运行系统通过新增和增强多重的安全保障策略，采用充分冗余配置，提升了系统的可用性和可靠性，确保了列车运行安全、设备运营安全、系统功能安全、应急保障安全以及运营环境安全等。

2. 提升运营组织的灵活性

全自动运行摆脱了有人驾驶系统司机配置和周转的制约，有助于实现一周 7×24 小时不间断运营；根据运输需求灵活地调整运营间隔，随时增、减列车，提高系统对突发大客流的响应能力。

3. 提高运营能力

全自动运行系统可以缩短车站的停站时间，提高行车密度和全线的旅行速度，缩短行车间隔，提高运能，挖掘地铁的运输潜能。

4. 降低运营成本

全自动运行系统自动化程度较高，节省了人力、物力。虽然初期建设成本较常规地铁要略高，但后期可较大程度地降低运营维护成本。

第二节　全自动运行线路与传统线路的区别

全自动运行线路系统设计依据运营场景和运用规则，差异性主要体现在技术和运营两方面。

一、技术层面的差异性

全自动运行系统在技术层面主要侧重于车辆、信号、综合监控、通信等核心系统以及车辆段和控制中心的工艺设计，核心系统从可靠性、安全性、可用性以及可维护性方面进行加强。其中，可靠性要求系统关键设备冗余配置，安全性要求完善自动化系统的安全防护，可用性要求高集成、联系密切、信息化处理和操控化平台，可维护要求完善自动化系统的维护功能。核心系统新增功能简述如下：

1. 车辆

具体功能如下：

（1）关键设备均采用冗余：减少运行故障，完善的故障自诊断和自愈功能，提高了整个系统的可用性和可靠性。

（2）增加自动检测功能：障碍物检测和脱轨检测功能。

（3）增强上传能力：增加列车状态、故障报警信息上传功能。

（4）增强自动化功能：自动唤醒、自动休眠、自检等功能。

（5）增加低压系统恢复供电功能：快速充电。

2. 信号系统

具体功能如下：

（1）关键设备均采用冗余：减少运行故障，完善的故障自诊断和自愈功能，提高了整个系统的可用性和可靠性。

（2）增强控制中心配置级别：控制中心级核心设备热备冗余，或是在车辆段异地灾备。

（3）为线路工作人员提供可靠的安全防护：车站/场段增加人员防护按钮，与车门/站台门实现故障对位隔离功能，具备站台关门按钮（PCB）。

（4）增强维护监测功能：信号车载设备和车辆设备的状态需实时上传维护监测系统。

（5）采用自动化车辆段/停车场：自动洗车控制、唤醒、休眠等。

3. 综合监控系统

具体功能如下：

（1）优化关键设备配置：从系统软件容量及处理功能、硬件冗余功能及处理能力等进行更新，达到系统实时性要求。

（2）增加对车辆信息显示及收集功能：对全自动运行提供信息服务。

（3）完善集成、互联范围优化调整：车辆段纳入正线统一控制后，综合监控系统的集成和互联系统的管理及监控范围进行扩充，从而满足全线监控功能。

4. 通信系统

具体功能如下：

（1）建立可靠通信骨干网、专用无线系统，可靠性要求增加。

（2）增强与车辆接口：将车载无线通信设备状态信息提供给车辆，使控制中心能随时监控列车设备的情况。

（3）车载无线设备增加自检功能：增强通信车载设备的安全性、稳定性。

（4）新增车载应急电话：每节车厢在车门处新增车载应急电话，通过无线通信系统实现乘客与控制中心的双向通信。

（5）完善视频监控：在列车司机室内增加摄像机照射前方，增强列车前后方视频监控功能。

（6）增强车内视频监视联动功能，发生情况时，可立即切换到相关画面；区间视频、广播设置可满足控制中心应急工况下对区间有效监控以及人员疏散指引。

（7）优化车地通信方案：增强、综合考虑车地通信传输带宽和质量。

5. 车辆基地

具体功能如下：

（1）自动化车辆段：在车场基地设置与正线一致的ATC控制系统，车辆洗车、试车、出入库等均由信号系统控制，自动完成。

（2）完善的人员防护措施：全自动运行区设隔离措施（门禁、栅栏等），且分区控制，通过对车库门、视频监控、广播、人员出入通道、接触网等联锁控制，实现运用设备、人员的安全防护。

6. 控制中心

具体功能如下：

（1）优化控制中心工艺布置：根据全自动运行的功能需求，优化控制中心行调、设备调度、乘客调度、维修（车辆）调度等的工艺布置，保证中心调度员有效、便捷操作。

（2）席位设置：控制中心将由对司机的调度关系转变为直接面向车辆和乘客，控制中心调度席位将做相应调整。

（3）预案系统：控制中心依托高效智能的综合自动化系统，结合人工监视和干预机制，建立健全应急预案体系，当列车由于某种原因在区间发生停车、火灾、车门无法关闭等情况时，控制中心能够通过报警信息迅速做出反应，启动应急预案，及时响应并采取措施，提高对灾害、事故等情况下的应急处理能力。

二、运营层面的差异性

运营层面主要指运营管理模式和维护保障两部分内容。

1. 运营管理模式

全自动运行线路运营管理模式与常规线路有共通之处，如都采用控制中心和车站两级管理，以及控制中心、车站和现场三级控制的模式。但是在管控范围、岗位设置及实现方式方面存在差异。对于全自动运行线路，其控制中心级管控范围更大、集中化程度更高、应急预案更丰富。与常规线路对比，车辆、站台轨行区、车辆基地全自动区域均纳入控制中心集中统一管控，车站涉及行车管控工作较弱化；人员方面，控制中心级设置乘客调度、车辆调度或综合维修调度，替代原来由司机管控的车辆上各系统设备状态信息和乘客服务工作。

2. 维护保障

全自动运行线路维护保障与有人驾驶线路存在较大差异，结合全自动运行线路的运营工况，涉及多系统、综合联动处置，以及与系统设置相匹配的原则，宜采用综合化维护团队，设置多职能服务人员队伍，多专业综合处置正常、故障以及灾害运营工况。同样，对于多职能队伍人员的基本能力和综合素质要求较高，需要建立完善的培训和预案体系。

第三节　全自动运行岗位职责和设置的变化

全自动运行系统是一项系统工程，涉及车辆、信号、综合监控、通信、站台门、车辆基地等多个专业，各专业联系密切。全自动运行系统中传统乘务的工作职能一部分由列车自动控制系统负责，另一部分则移交到控制中心去完成。传统的乘务、控制中心调度员和车站值班员共同参与控制的运营控制模式，转变为以控制中心调度员直接面向运行的运营控制模式，即全自动运行带来了人机配合机理的重置，从而影响运营组织架构及相关岗位职责。

一、乘务的变化

采用全自动运行之后，对传统乘务岗位带来的变化最大。传统线路模式下，列车乘务虽然在一线工作，但基本被"束缚于"司机室，几乎不直接面向乘客提供服务。当采用全自动运行之后，特别是采用客室值守或无人值守方式时，列车乘务将"摆脱司机室束缚"，将有机会从单一的重复性劳动转变到从事更具挑战与价值的工作，即直接面向乘客提供客运服务和对相关设备进行巡检。

需要说明的是，虽然列车司机的驾驶操纵只能被全自动运行系统替代，但是业内普遍认为，列车司机并不会消失，在非正常情况下仍会有一部分员工承担列车驾驶的任务。

在 UTO 运作模式下，列车乘务的大部分时间将用在为乘客提供服务以及巡检相关设备上，仅在发生突发情况时，才介入进行手动驾驶列车。也就是说，随着全自动运行等级的不断提高，特别是实行无人值守模式后，传统列车乘务的工作重点将向客运服务专业或车辆（设备）巡检专业发展。

二、控制中心（OCC）的变化

随着传统乘务的部分职责移交给 OCC，OCC 的部分岗位及其对应职责均将产生一定变化，主要表现为 OCC 将增加车辆监控以及乘客服务的职能，以实现远程服务列车和站台乘客，远程监视和控制车辆。与传统线路调度相比，全自动运行下调度人员新增的岗位职责至少包括车辆监控及乘客服务的职责。

车辆监控职责包括：

① 全自动运行模式下的车辆远程监控。

② 列车的远程休眠、唤醒等操作。

③ 列车故障时应根据故障现象进行判断，对于远程无法判断或处理的故障，应尽快安排相关人员现场处置。

乘客服务职责包括：

① 全自动运行模式下的车辆远程乘客服务。

② 列车发生乘客报警、迫停区间等突发事件时与乘客紧急通话、进行远程广播。

③ 通过 CCTV 监视客流等。

针对新增的岗位职责，可选择设置新增岗位予以承担，例如增设车辆调度和乘客调度。也可通过将新增业务分配给其他调度岗位，根据相关岗位工作负荷以及人员综合素质情况，将新增职责与既有传统调度岗位复合，例如将车辆监控职责与传统行调职责复合，乘客服务职责与信息调度职责复合等。

三、段（场）控制中心（DCC）的变化

传统线路 DCC 一般由乘务和车辆专业人员联合组成，其中运转值班员（场调）、信号楼值班员、乘务派班员归属于乘务专业，车辆检修调度隶属于车辆专业。

采用全自动运行模式后，段场内洗车、调车、发车、收车等许多业务可以通过全自动运行系统进行集中控制，而且段场内的现场监控和出入自动化区域的管理也可以通过远程手段进行管控，因此 DCC 的业务模式也将发生深刻变革。

传统 4~5 个岗位的 DCC 岗位设置模式，在全自动运行模式下，根据不同的运营实际可

以精简到 2~3 个岗位即可完成。例如，有的运营线路就将负责段场内行车调度作业的信号楼值班员交由 OCC 的行调予以兼任。

四、培训的区别

全自动运行系统培训体系与传统运营模式培训体系的主要差别体现在：培训课程设计、培训教材编写、培训周期确定、培训考核要求等方面，尤其对于复合岗位人员胜任性培训方面，要制订针对性计划，以达到全自动运行的要求。

培训重点发生了变化。岗位复合及职责变化势必给岗位培训周期带来新的要求。与传统运营模式人员岗位培训内容较为单一，跨专业培训内容较少有所不同，复合岗位人员不仅要接受某一专业的业务知识培训，同时还要对岗位复合后所涉及的多专业多技能接受针对性培训，故培养周期就应根据业务技能的掌握深度与广度的不同要求而变化。

同时因为岗位复合带来的一专多能的要求，在运营生产过程中应确保复合岗位人员的技能保持在一定的水平，避免操作技能日渐生疏、退化的情况。故运营单位应充分考虑强化培训，制订并开展科学合理的培训计划，确保岗位复合人员业务技能水平符合全自动运营模式的需要。例如，乘务部门与站务部门整合后，传统线路列车驾驶员手动驾驶列车及故障应急处置的职责则应落到站务相关岗位，如 UTO 模式下值班员及以上层级人员就应具备列车驾驶技能。

第四节　全自动运行系统的应用及发展

一、全自动运行系统全球建设情况

1959 年，美国纽约时代广场—中央火车站摆渡线正式启动了对无人驾驶列车的研究，1960 年初开始在一段隔离的线路进行相关试验，1961 年开始在摆渡线上试运行，1962 年 1 月正式实现无乘务员的载客运营。该线路采用固定闭塞技术，列车向钢轨发出不同频率的脉冲限制列车的速度（27~40 km/h），该线列车系统被公认为"世界第一条载客无人驾驶系统"。

20 世纪 60 至 80 年代，英国、德国等国家对列车的全自动驾驶进行了不同程度的探索与尝试，但都未达到 GoA4 的运行等级。1981 年，日本开通了神户首条真正意义上的 GoA4 的运行等级线路（Port Island Line）；随后，法国（1983 年，法国里尔 1 号线）、加拿大等国对全自动运行技术进行多次革新和应用；2003 年，新加坡开通运营了首条全自动驾驶线路；2008 年，德国开通了国内首条全自动无人驾驶线路。2008 年以前，全自动运行技术推广比较慢，且多用于小运量或机场线等特殊需求的线路。2008 年之后，随着 CBTC（基于通信的列车控制系统）技术的迅猛发展，各地对地铁运输能力和运营需求急剧增加，全自动运行技术（AFO）开始在中、高运量地铁中广泛运用。其中，包括中国、新加坡、韩国在内的亚洲国家尤其重视该技术。

国际公共交通协会（UITP）调查数据显示，截至 2018 年初，全球 39 个城市开通运营 62

条、996 km 的全自动运行线路。根据国际公共交通协会估计，到 2020 年国际上 75%新线将采用 FAO 技术，40%的既有线改造时将采用 FAO 技术，2025 年 FAO 系统的总里程将达到 2 200 km。

二、国内新线全自动建设情况

国内轨道交通规划和在建线路中，北京、深圳、广州、苏州、武汉、南京、成都等地均按照全自动运行的标准进行建设，陆续从 2020 年起开通运营。国内拟采用全自动运行系统建设的线路不完全统计如表 1-5 所示。

表 1-5 国内规划和在建全自动运行线路

序 号	城 市	线路名称	自动化等级
1	北京	新机场线	GoA4
2		3 号线	GoA4
3		12 号线	GoA4
4		17 号线	GoA4
5	上海	5 号线	GoA3
6		8 号线	GoA4
7		14 号线	GoA4
8		15 号线	GoA4
9		18 号线	GoA4
10	深圳	13 号线	GoA4
11		14 号线	GoA4
12		15 号线	GoA4
13		16 号线	GoA4
14		12 号线	GoA4
15		20 号线	GoA4
16	广州	7 号线	GoA4
17		10 号线	GoA4
18		12 号线	GoA4
19	苏州	5 号线	GoA4
20		6 号线	GoA4
21		8 号线	GoA4
22	武汉	5 号线	GoA4

续表

序 号	城 市	线路名称	自动化等级
23	南京	7号线	GoA4
24	成都	9号线	GoA4
25	福州	4号线	GoA4
26	南宁	5号线	GoA4
27	太原	2号线	GoA4
28	西安	8号线	GoA4
29		10号线	GoA4
30		15号线	GoA4
31	香港	南港岛线	GoA4
……	……	……	……

目前，国内已建或在建的全自动运行线路，均按照 GoA4 标准建设，运营方式大多计划由有人值守的模式（DTO）逐步过渡到无人值守的模式（UTO）。

例如，上海地铁 10 号线是上海市轨道交通网络中的重要骨干线路，一期工程主线由虹桥火车站至新江湾城站，长 31.54 km，支线由航中路站至龙溪路站，长 4.967 km，均为地下线，全线设地下车站 31 座，停车场 1 座，即吴中路停车场。供电系统采用集中 110/35 kV 两级供电方式，一期工程全线设两座主变电所，主变电所从城市电网引入 110 kV 电源，共设 14 座牵引变电所，其中正线 13 座，吴中路停车场 1 座，于 2010 年 4 月开通有人驾驶后备模式运营，2010 年 7 月开通 CBTC 模式运营至 2014 年 8 月，2013 年 10 号线各专业启动全自动运行系统的调试，2014 年 8 月 9 日开始准无人模式（有司机职守的全自动运行模式）并正式投入运营。上海地铁 10 号线自全自动运营以来，列车满载率稳定在 70%~80%，平均准点率和兑现率达到了 99.9%，平均旅行速度提升 2.6 km/h，平均出入库时间减少 50%，在同等服务水平下配车数量减少 3 列，每千米配员人数减少 13 人，运维成本大幅降低，运营安全性、可靠性及运营效率均得到显著提高。2019 年春节后，上海地铁 10 号线日均客流达 90 万人次，日客流极值达到 106.7 万人次。

三、我国现有无人驾驶地铁线路简介

截止到 2021 年 2 月 27 日，我国现在无人驾驶线路有：北京地铁首条无人驾驶燕房线、大兴机场线，上海地铁首条无人驾驶 APM 浦江线和上海地铁 10 号、14 号、15 号、18 号线，广州首条无人驾驶地铁 APM 珠江新城线、22 号线首通段，成都地铁 9 号线，深圳地铁 20 号线，太原地铁 2 号线，香港地铁南港岛线等。

北京地铁首条无人驾驶燕房线如图 1-2 所示。

图 1-2 北京地铁首条无人驾驶燕房线

北京地铁大兴机场线如图 1-3 所示。

图 1-3 北京地铁大兴机场线

上海地铁 10 号线是国内首条采用全自动无人驾驶技术的线路,如图 1-4 所示。

图 1-4 上海地铁 10 号线

上海 APM 浦江轨交线如图 1-5 所示。

图 1-5　上海 APM 浦江轨交线

上海地铁 18 号线是我国首条最高等级全自动无人驾驶的地铁线路，如图 1-6 所示。

图 1-6　上海地铁 18 号线

上海地铁 15 号线为具备最高等级（UTO）全自动无人驾驶线路，如图 1-7 所示。

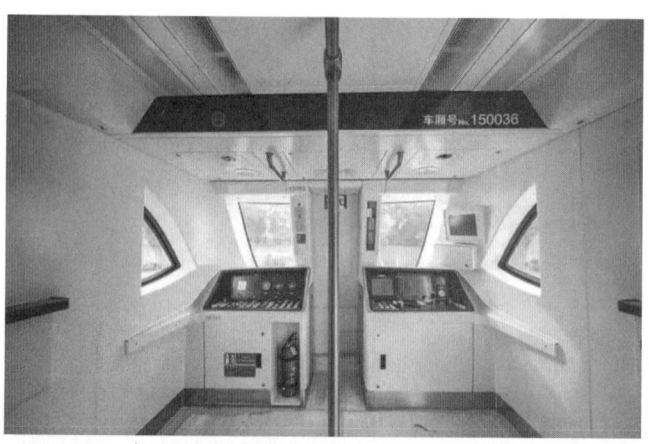

图 1-7　上海地铁 15 号线

广州首条无人驾驶地铁 APM 珠江新城线如图 1-8 所示。

图 1-8　广州 APM 珠江新城线

成都地铁 9 号线采用了目前国际最高自动化等级（GoA4）的全自动运行系统，如图 1-9 所示。

图 1-9　成都 9 号线

太原地铁 2 号线采用全自动无人驾驶车辆，如图 1-10 所示。

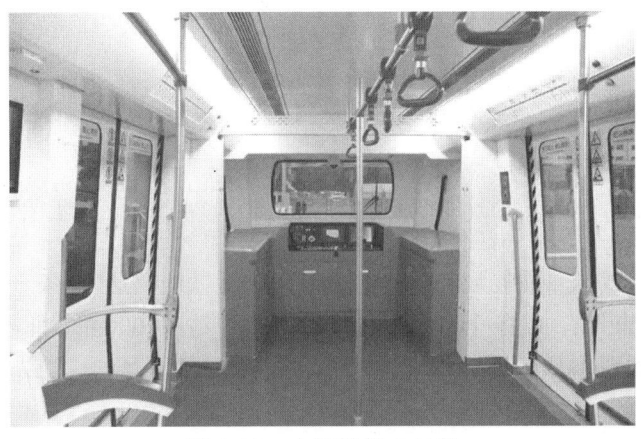

图 1-10　太原地铁 2 号线

香港地铁南港岛线如图 1-11 所示。

图 1-11　香港地铁南港岛线

无人驾驶技术已经成为我国新建地铁运行技术的大趋势。深圳地铁全自动运行试验中心如图 1-12 所示，将支撑深圳地铁迎来国际最高自动化等级（GoA4）无人驾驶运行线路落成。

图 1-12　深圳地铁全自动运行试验中心

此外，深圳地铁 12 号线等地铁四期新线路将全面应用无人驾驶技术，深圳地铁 20 号线一期将成为全市首条无人驾驶地铁示范线。

西安地铁发布招标公告，西安地铁 8 号线、10 号线一期、15 号线一期将采用全自动运行系统 GoA4 标准建设。

另外，苏州轨道交通 5 号线、南京地铁 7 号线都在加紧推进，江苏即将迎来两条无人驾驶地铁线。

据不完全统计，我国目前规划和在建的无人驾驶地铁线路达 40 条。到 2023 年，预计我国内地将有 19 座城市拥有 40 条全自动运行线路，共计约 1 200 km。北京地铁燕房线已实现全天候无人驾驶，如图 1-13 所示。

图 1-13 地铁燕房线已实现全天候无人驾驶

四、无人驾驶运行的安全性

无人驾驶的地铁列车（见图 1-14），无须司机操作，在信号系统的自动控制下，列车具备全自动正线运行、自动进/出站、自动开/关门、自动唤醒/休眠等功能，还能主动诊断故障，顺便还给自己"洗澡"。

图 1-14 无人驾驶的地铁列车

一位列车专业技术人员表示："无人驾驶列车的安全性、可操控性比人工驾驶的列车要高，乘客可以放心乘坐。"当无人驾驶的地铁在遇到突发情况时，会第一时间由计算机程序自动反应并做出决策，比如某扇列车门发生故障，信号系统就会自动锁定对应的列车门，选择性开关门。这就不再依赖驾驶员的个人反应，很大程度上降低了人的行为失误、人为因素难以精准控制突发事件的发生，比有人驾驶系统的冗余度、可靠性更高。

相较于传统的地铁驾驶模式，全自动运行线路（见图1-15）可以按照最优模式提供更精准的运营控制，运营的可靠性和效率得到显著提高，相比人工驾驶列车故障率可降低75%。

图1-15　全自动运行线路

可见，无人驾驶技术的主要特点和优势如下：

1. 减少人为操作，提升运营的安全性

无人自动驾驶系统不仅考虑运行中的列车安全（防止追尾，正面、侧面冲撞，脱轨，障碍物碰撞），而且考虑乘客及运营人员的安全（上下车乘客、车厢内乘客、站台上乘客、维护人员）；实现列车运行全过程（除正线外，还包括车辆段、停车场）各种运行工况（正常和异常）的自动安全防护。

2. 提升运营的可靠性、可用性

无人自动驾驶系统的车辆控制、列车控制系统、通信网络等设备均采用冗余技术进行配置，冗余互备技术实现主、备系统的"无缝"切换；同时，增强了车辆的自检能力，保证上线列车不间断正常持续运行；增强了综合监控系统、站台门系统等系统的可靠性、可用性。

3. 提升运营组织的灵活性

实现无人驾驶，摆脱了有人驾驶系统司机配置和周转的制约；根据需要灵活调整运行间隔，减少因人工参与而对运营效率的影响，随时增、减列车，提高了系统对突发大客流（大型活动，如体育比赛）的响应能力，提升了运营组织的灵活性。

4. 提供更高的服务质量

无人驾驶设备运用先进的ATC系统，实现对列车连续速度曲线控制和自动调整功能，可确保提供准时、准点、平稳舒适的自动行车，避免人工因素影响，更准确地控制列车的运行速度和到发时间，运行速度更稳定、更安全，列车的加减速可精准控制，运行更平稳，乘客不会因急刹车造成不适；同时，通过增强列车上的视频监控和紧急对讲功能，提高了应急处置能力。

5. 优化人力资源配置

将司机从重复作业中解放出来，列车上可以配置乘务人员，司机脱离繁忙后可更灵活调配列车（无人驾驶不再需要考虑运营中司机的派班计划，司机可从繁忙中解放出来，更方便灵活地调配列车），职责更多起到监测作用；提高了系统的自动化程度，增强了设备的自诊断功能，运营维护功能得到加强，降低了运营人员的劳动强度。

6. 控制投资，降低运营成本

运营期间，通过加大列车行车密度来满足客流运输要求，大大提高了运输能力。同时减少维护、管理、车辆驾驶人员数量，以及人员培训等，有效降低了运营成本。

五、西安地铁线网规划及建设概况

西安目前最新版本的线网规划是于 2016 年编制完成的《关中城市群都市区城市轨道交通线网规划》，关中城市群地铁线路规划数量共 23 条线，线路总长度 986.0 km，其中西安市区 691.1 km，西咸新区 238.4 km，咸阳市区 56.5 km。

（一）已开通及在建线路概况

西安市轨道交通目前开通的 4 条线路以及在建的 5 号线一期、二期工程，6 号线一期、二期工程，临潼线等均采用 6 节编组 B 型车，并采用自动化等级 GoA2 的半自动列车运行（STO）系统。

（二）第三轮建设规划（2019 年至 2024 年）线路概况

西安地铁第三期建设规划年限为 2019—2024 年，确定 1 号线三期、2 号线二期、8 号线、10 号线一期（杨家庄—水景公园）、14 号线（北客站—贺韶村）、15 号线一期（细柳—韩家湾）、16 号线一期（沣东小镇—能源三路段）7 个项目为近期建设项目，总长度 150 km。其中 8、10、15 号线将采用全自动运行系统。

复习思考题

1. 什么是全自动运行系统？它有几个自动化运行等级？
2. 各自动化运行等级具有哪些功能？
3. 全自动运行场景包括哪些场景？各场景包含哪些内容？
4. 全自动运行线路与传统线路的区别有哪些？
5. 全自动运行系统与传统驾驶系统相比，具有哪些特点和优势？
6. 全自动运行带来哪些岗位职责和设置的变化？
7. 简述全自动运行系统的应用及发展概况。

第二章 全自动运行系统的基本原理

第一节 全自动运行系统架构

全自动运行系统是涉及多专业的综合性系统工程,各专业联系密切,深度集成,提升了轨道交通的整体自动化水平。其中,信号、车辆、综合监控、通信、站台门系统称为全自动运行的五大核心系统,各系统相较于传统线路在系统架构、功能接口、设备配置方面均有所增强。全自动运行系统架构示意图如图2-1所示。

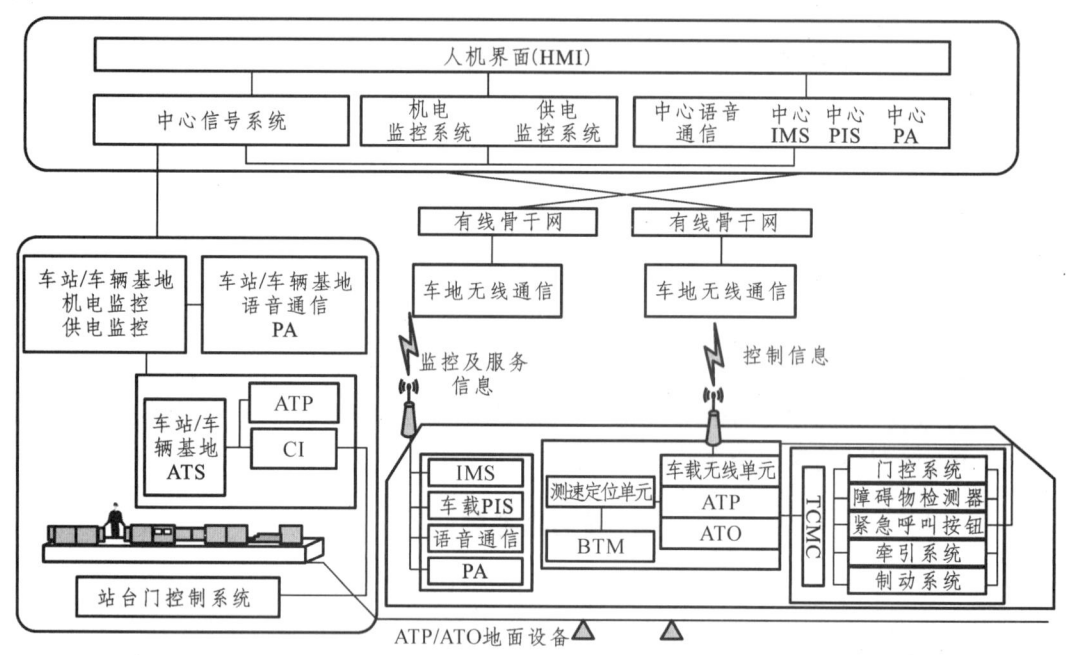

图 2-1 全自动运行系统架构示意图

信号系统在控制中心增设车辆调度和乘客调度,用于实现车辆和乘客的相关监视、控制功能;设置备用控制中心,实现对控制中心的冗余备份;场段增设地面ATP/ATO设备,设置人员防护开关(SPKS)、休眠唤醒应答器等;正线车站增设站台门开/关门按钮、清客确认按钮及SPKS开关等。

车辆系统是全自动运行系统的载体,由于全自动运行列车一般不配置司机,因此需要高可靠性、高可用性车辆系统的支撑。全自动运行系统中,车辆司机室一般设置为开放式驾驶室,增加障碍物及脱轨检测装置、休眠唤醒功能、车辆关键设备冗余等。

综合监控通过集成和互联的方式，将各分散孤立的设备系统形成统一的监控层硬件和软件平台，实现对自动化系统设备的集中监控和管理。综合监控系统在全自动运行线路中可单独设置，也可与信号ATS子系统集成，构建以行车指挥为核心的行车综合自动化系统。

通信系统在全自动运行系统中需为调度人员提供车辆现场图像、故障信息以及相关联动指令的传输通道。由于在全自动运行中，车上不设置司机/乘务员，乘客遇到紧急情况需直接与中心调度人员联系，因此主要涉及通信系统的无线通信、视频监视、广播、乘客信息子系统等。

站台门系统除了常规线路具有的功能外，还增加与车门的对位隔离、站台门/车门间隙探测等功能，为实现这些功能，在设备配置方面，增加与信号系统的网络接口，实现对位隔离信息互传；同时还增加间隙探测设备等。

除上述五大核心系统外，全自动运行系统还涉及车辆段/停车场等在内的配套系统，各系统密切联动、高效协同，共同推动全自动运行的实现。

第二节　全自动运行系统的工作原理

一、唤醒与休眠

（一）唤醒

每天早上投入运营前，OCC会根据运行时刻表提前对即将投入运营的车辆进行高、低压上电，并进行唤醒操作；车载收到唤醒命令后，车辆和车载控制器（VOBC）首先进行上电自检操作，车辆将通过列车监控管理系统（TCMS）将车辆自检结果发送给VOBC，VOBC会将自身的自检结果和车辆的自检结果汇总报告给OCC。

如果自检成功，列车满足静、动态测试条件，VOBC向轨旁区域控制器（ZC）申请列车静态测试和动态测试授权，获得授权后，由VOBC发起、车辆配合，进行列车静、动态测试。如果测试成功，VOBC将向OCC汇报唤醒成功；如果自检失败或不满足测试条件，将不进行列车静、动态测试，则列车唤醒失败。

如果列车静态或动态测试过程中，某一项测试失败，均将中止执行下一步，并向OCC汇报列车唤醒失败。如果列车唤醒失败，则需要进行人工干预。具体唤醒流程如图2-2所示。

（二）休眠

列车退出正线运行，返回停车库或正线存车线，OCC会根据VOBC实时发送的当前列车状态，判断列车是否具备休眠条件，自动或人工向VOBC发送休眠命令；VOBC收到命令后，通过与车辆TCMS进行交互，最后将休眠结果反馈给OCC。

同时，司机也可以按压休眠按钮人工进行休眠。当TCMS和VOBC采集到休眠按钮被按压后，将分别执行休眠操作，并将休眠结果反馈给OCC。

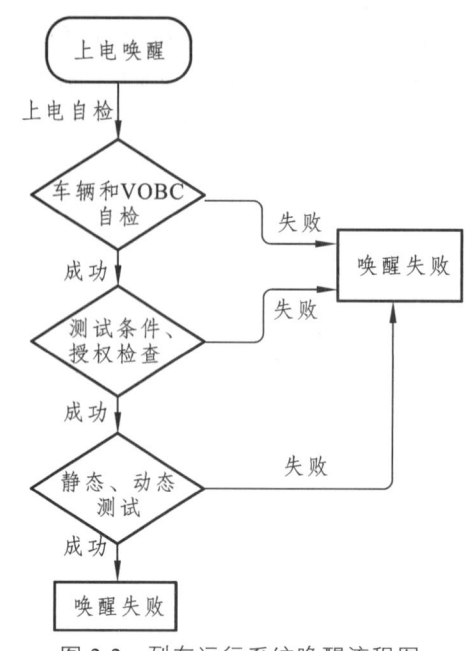

图 2-2 列车运行系统唤醒流程图

以下情况VOBC、TCMS不应该执行休眠操作：
① 钥匙有效时，应先提示关闭钥匙，钥匙关闭前不执行休眠；
② VOBC判断自身发生重大故障时，将不能给出休眠允许；
③ 车辆通过TCMS向VOBC汇报车辆存在重大故障时，将不能给出休眠允许。

二、站台区域控制

（一）停站控制

列车以无人驾驶模式满足进站条件后，进行对标停车控制：
① 如果自动停在停车窗内，VOBC向OCC汇报停稳信息；
② 如果欠标超过5 m时，VOBC向OCC报警，并继续运行进行对标停车；
③ 如果欠标或冲标未超过5 m，VOBC向OCC汇报未停稳信息，并以向前或向后跳跃方式进行对标调整，向前或向后可多次进行跳跃动作；
④ 如果冲标超过5 m时，VOBC直接越过本站运行至下一站，向OCC报警，并通过车载乘客信息系统（PIS）向列车乘客进行广播。

（二）车门和站台门控制

如果列车有个别车门有故障现象，车辆TCMS会将故障信息报告给VOBC；VOBC将车门状态信息发送给与之通信的计算机联锁（CBI）系统，同时汇报给OCC；CBI系统将信息发送给对应站台的站台门系统，然后站台门系统将对应的站台门进行对位隔离，列车停站开关门时，故障的车门和对应站台门将不参与开关门动作。如果某个站台有个别站台门有故障现象，站台门系统会将故障信息发送给CBI系统；CBI系统将站台门信息发送给即将进站的VOBC，同时汇报给OCC；VOBC会将站台门信息发送给车辆TCMS，然后车辆TCMS将对应的车门进行对位隔离，列车停站开关门时，故障的站台门和对应车门将不参与开关门动作。具体车门和站台门的状态信息传递流程图如图2-3所示。

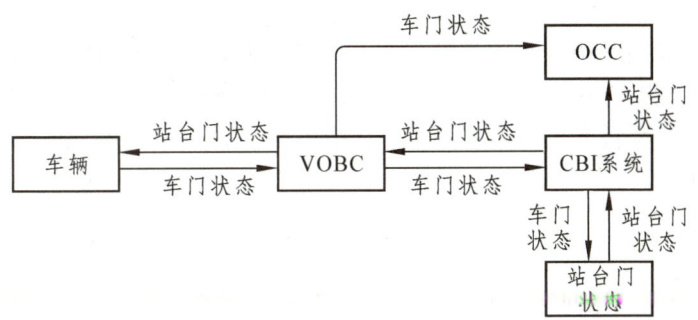

图 2-3　车门/站台门状态信息传递流程

（三）再关门控制

当列车停站时，车辆进行关门操作，若开、关车门3次后仍未成功关闭，车辆将通过TCMS给VOBC反馈进入防夹状态；站台人员确认可以关门后，按压站台关门按钮，由CBI系统通知VOBC输出关车门和站台门命令。

三、远程控制功能

（一）远程触发紧急制动及制动缓解

为了应对紧急情况，OCC应该能够对全自动无人驾驶列车发送紧急制动指令，使列车紧急停车；也可以远程将导致紧急制动的条件恢复，远程缓解紧急制动。

（二）视频与广播

列车每节车厢和司机室内、外需安置摄像头，用于监控客室内、司机室和前方隧道情况。一旦出现紧急情况，视频监控系统能够即时将视频切换至事发地点，为乘客和OCC工作人员提供即时的现场信息，便于相关紧急情况的处理。OCC通过地面无线中心将广播信息发送给车载无线单元，列车广播系统根据车载无线单元的广播信息，实时进行列车广播。

（三）其他功能

OCC还具有远程控制客室照明的打开与关闭、远程监测列车状态等功能。

四、紧急情况处理

（一）紧急手柄与紧急呼叫

为了应对客室中的紧急事件，在每个客室内设置一个紧急手柄，乘客可以在紧急情况下拉下该手柄。一旦手柄被拉下，车辆TCMS和VOBC都将施加紧急制动命令，使列车停车。同时，客室内还设置紧急对讲装置，允许乘客请求与OCC进行实时通信。

（二）火灾报警系统

全自动无人驾驶列车配备火灾报警系统，当发生火灾时，车辆向VOBC提供火灾报警信息；VOBC将火灾报警信息上报至OCC，OCC通过CCTV确认现场火灾情况。当车站发生火灾时，车站火灾报警系统将车站的火灾报警信息传送给OCC，OCC进行火灾确认。当火灾被确认后，将向乘客进行广播，并采取相应措施，对乘客进行救援和疏散。

（三）蠕动模式

当VOBC与车辆TCMS网络间或车辆网络出现故障，或者牵引制动反馈异常等情况但制动硬线未报故障时，列车将向OCC申请进入蠕动模式。蠕动模式是列车限速运行（如25 km/h）的一种后备运行模式。当OCC确认列车进入蠕动模式后，列车将在列车自动防护（ATP）系统的监督下运行进入站台停车，等待司机上车进行救援；如果VOBC与车辆TCMS间通信中断且制动硬线上报故障时，VOBC将向OCC申请救援。

【知识拓展】

蠕动模式

全自动无人驾驶线路大部分与行车控制相关的指令通过ATO和车辆网络的接口传输至各执行单元，一旦车载信号模块、车辆与车载信号的接口设备发生故障或车辆网络出现故障（如车辆与牵引、制动系统间的通信故障，或牵引、制动系统网络故障），若无有效的处理手段，列车不仅无法实现全自动无人驾驶，而且不具备自动降级运行至就近车站的能力，此时需要采用应急驾驶模式中的蠕动模式，列车可自动运行至就近站台，其安全防护仍应处于GoA4。若要实现此场景，具体需实现以下基本功能：

① OCC有明确的报警提示，供调度选择是否需要蠕动模式；
② 列车有移动授权；
③ 具有对列车方向、牵引、制动等的控制功能；
④ 具有超速防护功能；
⑤ 具有安全接口功能及防护功能；
⑥ 尽可能地对标停车；
⑦ 到站后车载信号系统自动扣车。

列车蠕动模式的传统方案如下：

以既有全自动无人驾驶项目为例，通过车载控制器检测信号设备和车辆设备之间的通信状态，如在既定周期内生命信号计数器不再跳变，则判断发生了通信故障。

在列车发生紧急制动后，OCC授权执行蠕动驾驶模式，车载控制器向列车发出进入蠕动驾驶模式的命令。列车进入蠕动驾驶模式，列车的牵引/制动系统接收到车载控制器的硬线级位信号，信号系统控制列车运行至前方车站后停车，如对标停车则打开车门。车载控制器和列车控制电路之间的接口如图2-4所示。

上海地铁15、18号线列车蠕动模式的优化方案如下：

上海地铁15号线、18号线在既有方案的基础上，对蠕动驾驶模式下车载控制器和列车控制电路接口做了进一步的优化，如图2-5所示。与既有方案相比，优化方案在车辆侧增加了"蠕动命令申请"和"目标加速度控制"两项功能。

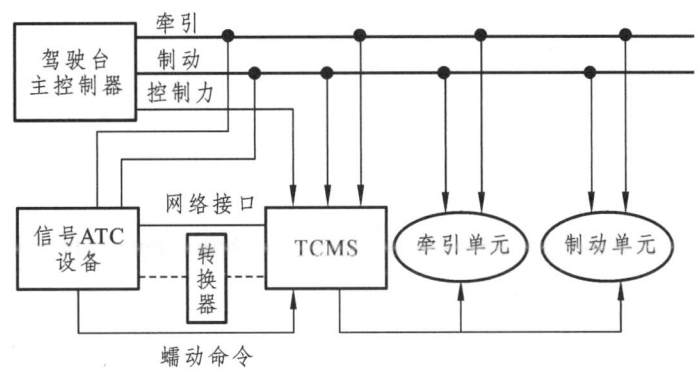

图 2-4　传统车载控制器和列车控制电路之间的接口

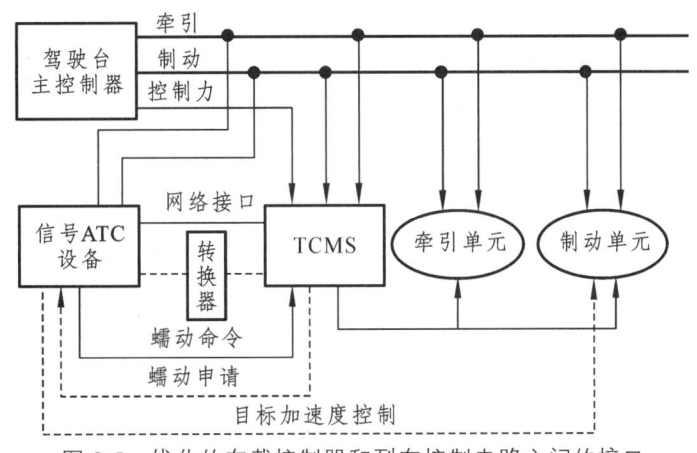

图 2-5　优化的车载控制器和列车控制电路之间的接口

蠕动命令申请：在全自动无人驾驶模式下，若车辆网络内部故障，引起制动系统通信故障（两个网关阀通信故障）或牵引系统通信故障（4个及以上牵引系统通信故障），车辆系统可主动向信号系统申请进入蠕动驾驶模式。车载控制器施加紧急制动停车后向OCC申请进入蠕动驾驶模式，经过OCC确认后，车载控制器向列车发出进入蠕动驾驶模式的命令。

目标加速度控制：在蠕动模式下，列车依然需要平稳起动和制动，以及实现车门与站台门的对位，以确保乘客的安全及后续清客处置效率，因此，车载控制器仍需要通过某种方式对列车的牵引和制动系统进行控制。在既有的硬线模式下，列车牵引/制动控制的目标加速度控制方法通常有单一硬线码位、电流环、PWM（脉冲宽度调制）信号、硬线码位分级控制等，其比较如表2-1所示。

表 2-1　车辆性能比较

控制方法	列车控制的精确性	经济性	适用性	乘客乘坐的舒适性
单一硬线码位	差	无成本	通用	差
电流环	强	较高	一般	好
PWM 信号	强	较高	一般	好
硬线码位分级控制	较强	较低	较高	较好

（1）单一硬线码位：无法实现列车在站台的精准对位，往往会导致清客时乘客的安全性及清客的效率受到影响。此外，列车在起动/制动阶段对乘客的乘坐舒适性有所影响。

（2）电流环：信号车载设备输出的模拟量信号往往无法直接到达执行器，需要借助额外的信号适配模块，用以满足不同信号标准之间的转换，大大增加了接口实现的成本。

（3）PWM信号：该接口方式对输入源的需求差异较大，信号系统车载设备与车辆控制设备往往都需要额外增加PWM编码器和解码器，导致接口成本大幅增加。

（4）硬线码位分级控制：通过控制级位信号与牵引/制动控制单元进行硬线连接，信号系统利用不同级位信号的高/低电平形成不同的真值组合，用以控制列车按级位在区间内平稳行驶、在站台精确对标。目前，上海地铁15、18号线采用硬线码位分级控制方案。

蠕动模式安全性和可用性分析如下：

基于上述方案描述，在ATO接口故障下采用蠕动驾驶模式，列车的安全防护等级仍处于GoA4。此时列车的移动授权由轨旁控制器和车载设备实现，列车的各项接口监控防护由车载控制器和列车硬件电路实现，均不影响列车ATP的安全性和可用性。

上述蠕动驾驶模式下，因列车硬线接口监控均正常，相关防护仍处于可用状态，且可在行车调度界面予以显示。列车可通过车辆-综合监控-LTE（通用移动通信技术的长期演进）的综合承载通道，主动推送车辆的系统实时状态信息，调用两路摄像头信息，以实时观察列车，判断列车是否可继续运行或应立即停车。如需要，行车调度还可通过ATS界面操作区域封锁或单车远程制动，以便等待工作人员登车处理。

蠕动驾驶模式下，上面所述的既有方案和优化方案均能确保列车的安全防护等级，安全防护最大程度由信号车载系统接管，以尽可能地提高应急场景下的行车安全。优化方案的应急操作处理过程简单、可用性强，只需OCC在远程进行一步操作即可完成，大大减少了列车迫停区间的时间，提高了故障应急处置效率。与既有方案相比，优化方案的可用性有大幅度的提升，同时为远期应急驾驶模式适用场景的调整预留了扩展空间。

（四）雨雪模式

雨雪模式是指当列车运行于雨雪等导致列车牵引力和制动力下降的工况下，信号系统采用的特殊控制模式。该模式下VOBC会限制最大牵引和最大制动的输出，从而尽量防止空转、打滑及按照限制的牵引和制动进行列车运行控制。OCC可以对全自动无人驾驶列车设置雨雪模式，并根据天气情况为全线设置临时限速，从而更好地保证特殊天气情况下列车的运行安全。

第三节　全自动运行系统的接口

全自动运行系统的接口应具备兼容性，满足全自动运行与非全自动运行的运营需求。

一、信号系统与车站广播接口

设置站台广播对车门和站台门对位隔离、轧道车经过站台、清客、列车到站等提示信息。

二、信号系统与综合监控系统接口

（1）设置火灾等联动控制功能。
（2）IBP盘（综合后备盘）上可设置站台关门按钮（根据用户需求配置）。

三、信号系统与洗车机接口

洗车库配置全自动洗车机，洗车机与信号控制系统接口，实现全自动洗车作业。接口信息如下：
（1）洗车机向信号系统汇报工作状态（准备就绪、非就绪）；
（2）信号系统向洗车机发送洗车请求，洗车机回复请求确认；
（3）信号系统向洗车机发送停稳信息；
（4）洗车机向信号系统发送列车移动指令；
（5）洗车机在故障或人工按下紧急关闭按钮时，列车应紧急制动；
（6）与洗车机接口界面为洗车机控制柜的外线输出端子处。

四、信号系统与停车列检库及洗车库库门接口

（1）信号与停车列检库及洗车库库门接口实现库门的联锁防护。信号系统采集库门完全开启状态并纳入联锁条件。与库门接口分界为停车列检库及洗车库库门控制柜的外线输出端子处。
（2）信号系统可根据需要实现与库门联动控制，向库门发送开关门命令。

五、信号系统与站台门系统接口

设置信号与站台门网络接口。信号系统与站台门通过冗余的网络，互传个别故障车门/站台门信息，用于实现车门与站台门故障对位隔离功能。

六、信号系统与车辆接口

信号与车辆接口的输入/输出信息主要包括：驾驶室激活状态、全自动运行列车测试指令及状态信息、休眠指令、唤醒指令、跳跃指令、车辆状态及故障信息、障碍物状态、远程控制指令等。

七、专用无线通信与车辆广播接口

设置无线通信系统与列车广播系统接口功能，实现中心对列车广播，以及特定手持台对列车广播功能。原专用无线通信系统与车载广播接口仅实现控制中心调度员对列车的紧急广播，现在还需实现控制中心调度员与客室乘客的紧急对讲功能接口，增加向车辆传送自检故障信息的功能接口。

复习思考题

1. 简述全自动运行系统架构。
2. 简述全自动运行系统的工作原理。
3. 何为蠕动模式和雨雪模式？
4. 简述全自动运行系统的接口及其作用。

第三章 全自动运行系统运营管理

第一节 概 述

一、术语及名词解释

1. 全自动运行系统（fully automatic operation system）

运行在有人值守的全自动运行（DTO）或无人值守的全自动运行（UTO）下的城市轨道交通系统。

2. 非全自动运行系统（none fully automatic operation system）

运行在非自动化列车运行（NTO）模式或半自动化列车运行（STO）模式下的城市轨道交通系统。

3. 有人值守的全自动运行（driverless train operation）

列车工作人员不控制列车加速及减速，也不负责在司机室监视路况和紧急制动操作；而列车的安全离站（包括车门关闭）由列车工作人员负责，或由设备自动完成。

4. 无人值守的全自动运行（unattended train operation）

列车在不配置车上工作人员的条件（所有功能均由系统负责实现）下的运行。

5. 非自动化列车运行（non-automated train operation）

司机在列车司机室观察情况，根据轨旁信号和车载信号控制列车的加速和制动，并在发生紧急情况时及时停车。信号系统可断续、半连续或全程监管司机驾驶。列车上或站台上的工作人员共同负责列车的安全离站，包括车门关闭。

6. 半自动化列车运行（semi-automated train operation）

运营工作人员在列车司机室观察路况，并在发生紧急情况时及时停车。列车的加速和制动由设备自动完成，全程由自动设备系统监管。列车上或站台上的工作人员负责列车的安全离站。

7. 蠕动模式（creep automatic mode）

全自动运行模式下当因车辆网络故障，或车辆网络与信号网络之间通信故障等时，列车停车后，在无司乘人员干预下，由中心调度人工确认后，采用备用接口在信号系统的防护下直接控制车辆的牵引/制动系统低速运行至站台。

8. 站台开门/关门按钮（platform open/close button）

设置于站台上，实现车门与站台门联动打开/关闭的按钮，可用于车门与站台门再开门/关门等。

9. 发车确认按钮（departure confirmed button）

设置于站台上，实现列车乘客清客后的发车确认功能。

10. 车门对位隔离站台门（door fault isolate PSD）

车门故障被隔离后，列车运行至站台后自动隔离对应的站台门，站台门对位隔离后不执行开门动作。

11. 站台门对位隔离车门（PSD fault isolate door）

站台门故障被隔离后，列车运行至站台后自动隔离对应的车门，车门对位隔离后不执行开门动作。

12. 人员防护开关（staff protect key switch）

设置于室内或轨旁，为运营及维护人员进入全自动区域提供安全防护。人员防护开关激活后，全自动运行系统为其建立安全防护分区，分区内的列车立即停车或保持静止状态不发生移动，分区外的列车不允许进入分区内。经过分区，列车及调车进路立即关闭，经由安全防护分区的所有列车及调车进路始端信号机不允许开放。

13. 跳跃（jog）

全自动运行系统控制列车低速小距离运行的模式，适用于车辆未精确停车情况下再次精确对标。

14. 休眠（sleep）

全自动运行系统根据运营计划，在结束运营任务后控制列车回车辆基地停车列检库或正线存车线，对除休眠唤醒单元及车地通信设备外的整列车设备进行断电，完成列车休眠。休眠状态下休眠唤醒单元实时与 ATS 系统通信汇报列车状态并接收 ATS 系统发送的唤醒指令。

15. 唤醒（wake up）

全自动运行系统根据运营计划，为列车上电并完成上电自检、静态测试等。

16. 恶劣天气模式（rain/snow mode）

一种用于应对雨雪、大风等恶劣天气下的运行模式，该模式下全自动运行系统通过限制列车最高运行速度、降低牵引/制动力、加大列车间隔等策略来提高恶劣天气下的列车运行安全。

17. 障碍物检测（obstacle detection）

一种检测车辆发生撞击障碍物的设备。检测到障碍物后，进行障碍物报警并触发车辆紧急制动停车。

18. 列车紧急呼叫装置（emergency call device on board）

安装于车辆客室区域内的紧急呼叫装置，在特殊情况下，由乘客操作该装置。列车紧急呼叫激活后，全自动运行系统应做出反应，系统应联动，中心与乘客进行通话，同时联动车载视频监视系统。

19. 休眠唤醒单元（sleep and wake up module）

一种列车设备，可控制全自动运行列车进行唤醒、休眠等。

二、缩略语

相关缩略语见表3-1。

表3-1 缩略语

序号	缩写	英文	含义
1	ACS	Access Control System	门禁系统
2	AM	Automatic Train Operating Mode	列车自动驾驶模式
3	ATC	Automatic Train Control	列车自动控制系统
4	ATO	Automatic Train Operation	列车自动运行系统
5	ATP	Automatic Train Protection	列车自动防护系统
6	ATS	Automatic Train Supervision	列车自动监控系统
7	CM	Automatic Train Protection Mode	受控人工驾驶模式
8	CAM	Creep Automatic Model	蠕动模式
9	CBTC	Communication based Train Control System	基于通信的列车控制系统
10	CI	Computer Interlocking System	计算机联锁系统
11	DTO	Driverless Train Operation	有人值守全自动运行
12	ESB	Emergency Stop Button	紧急关闭按钮
13	FAM	Fully-Automatic Train Operating Mode	全自动运行模式
14	FEP	Front End Processor	前端处理器
15	GoA	Grade of Automation	自动化等级
16	IBP	Integrated Backup Panel	综合后备盘
17	ISCS	Integrated Supervisory Control System	综合监控系统
18	LTE-M	Long Term Evolution-Metro	地铁长期演进系统
19	MTBF	Mean Time Between Failure	平均无故障运行时间
20	MTTR	Mean Time To Repair	平均修复时间

续表

序号	缩写	英文	含义
21	HMI	Human Machine Interface	人机界面
22	OCC	Operating Control Center	运行控制中心
23	PA	Public Address	广播系统
24	PIS	Passenger Information	乘客信息系统
25	PCB	Platform Close Button	站台关门按钮
26	POB	Platform Open Button	站台开门按钮
27	PSD	Platform Screen Door	站台门系统
28	PWM	Pulse Width Modulation	脉冲宽度调制技术
29	PSCADA	Power Supervisory Control And Data Acquisition System	电力监控系统
30	RAD	Radio Communication	无线通信
31	RF	Radio Frequency	无线扩频通信
32	RAMS	Reliability Availability Maintainability Safety	可靠性、可用性、可维护性、安全性
33	RM	Restricted Manual Driving Mode	限制人工驾驶模式
34	SPKS	Staff Protection Key Switch	人员防护开关
35	TCMS	Train Control Information System	列车控制及监控系统
36	TETRA	Terrestial Trunked Radio	专用无线通信系统
37	UTO	Unattended Train Operation	无人值守全自动运行
38	FAO	Fully Automatic Operation	全自动运行

第二节 全自动运行系统总体说明及模式转换

一、总体说明

全自动运行系统是一项多专业、综合性工程，涉及车辆、信号、综合监控、通信、站台门、场段（车库门、洗车机）等系统。各系统应增加或完善设备配置及功能，满足全自动运行总体要求，并提高系统 RAMS 性能指标，保障全自动运行系统的安全、高效、稳定运行。

运营人员及设备设置（暂定）如下：

（1）中心设置值班主任、行调（含车辆调）、信息调、电调/环调、维调（暂定电调监控正线及场段，其他仅监控正线）；配置工作站具体如下：

① 行调：行调工作站、车辆调工作站（ATS）、综合监控工作站、CCTV 终端、无线列调终端、OA 工作站、调度电话终端。

② 信息调：乘客调工作站（ISCS）、CCTV 终端、无线列调终端、OA 工作站、广播终端。

③ 电调/环调：综合监控工作站、CCTV 终端、OA 工作站、调度电话终端。

④ 维调：综合监控工作站、CCTV 终端等、OA 工作站、调度电话终端。

（2）场段设置场调（场段行车调度）、调度员（信号楼）、检修调度等，对段内生产进行组织场段；配置工作站具体如下：

① 场调：行调工作站、车辆调工作站、综合监控工作站、CCTV 终端、无线列调终端、调度电话终端、电气五防终端。

② 调度员（信号楼）：行调工作站、车辆调工作站、信号派车工作站、CCTV 工作站、无线列调终端。

③ 检修调度：车辆调工作站（与场调复用）、CCTV 终端、OA 工作站。

（3）车站设置值班站长、车站值班员、站台值班人员等；配置工作站具体如下：

① 车站值班员：ATS 控制工作站、综合监控工作站、CCTV 终端、无线列调终端、调度电话终端、OA 工作站、广播终端。

② 站台值班人员：手持 TETRA 终端。

③ 列车司机（UTO 模式下可与站台值班人员、列车维修人员等岗位合并，具体根据运营需求最终确定）。

④ 维护人员。

各工作站功能如下：

行调工作站由信号专业提供，实现监控正线/场段设备运行状态显示、指挥列车运行功能。

车辆调工作站由信号专业提供，实现正线/场段列车的远程监视以及控制功能。

综合监控工作站由综合监控专业提供，根据用户权限实现特定专业/对象的监视以及控制功能。

乘客调工作站由综合监控专业提供，实现对正线列车的远程乘客服务功能。

维修调工作站由综合监控专业提供，实现对机电、供电、综合监控、信号系统等各专业报警信息的监视功能。

二、模式转换

（1）全自动运行模式（FAM）下实现列车的全自动运行功能。该模式为全自动运行线路的主要驾驶模式，仅当列车处于全自动运行区域中才能使用。

（2）蠕动模式（CAM）为全自动运行模式下，车辆网络检测到故障，或车辆 TCMS 与车载信号系统通信故障时，列车限速运行的一种模式。

（3）远程限制运行模式（RRM）为全自动运行模式下，在列车运营过程中，列车发生某些设备故障必须降级至 RRM 模式运行时，中心调度人员能对指定区域内的列车进行设置远程 RRM 指令，列车根据该指令，可在限速条件下完成自动定位功能，降低对运营的影响。

传统驾驶模式在此不另作介绍，各模式之间的转换示意图如图 3-1 所示。

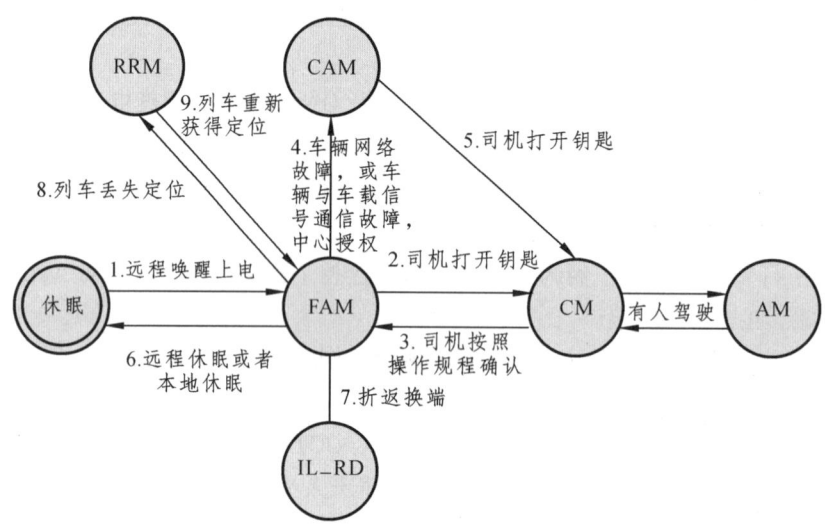

图 3-1　全自动运行驾驶模式转换图

第三节　全自动运行场景

全自动运行场景包含正常运行场景、故障场景及应急场景，如表 3-2 所示。

表 3-2　全自动运行场景分类

序　号	全自动运行场景	具体场景
1	正常运行场景	运营前准备
2		唤醒
3		轧道车运行
4		运营列车出库
5		列车进入正线服务
6		列车区间运行
7		列车进站停车

续表

序 号	全自动运行场景	具体场景
8		列车站台发车
9		列车折返换端
10		清客
11		运营调整
12		末班车运行
13		自动关站
14		列车停止正线服务
15	正常运行场景	列车回库
16		清扫
17		休眠
18		日检及维修
19		洗车
20		场段内转线
21		车上设备状态远程检测
22		全自动区内人员防护
23		站台门故障隔离车门
24		站台门状态丢失
25		车辆设备故障
26		车辆制动系统故障
27		车门故障隔离站台门
28		车门状态丢失
29	故障场景	信号设备故障
30		蠕动模式
31		远程限制运行模式（RRM）
32		综合监控设备故障
33		通信设备故障
34		故障复位控制
35		列车远程控制功能
36		接触网失电

续表

序 号	全自动运行场景	具体场景
37	应急场景	紧急手柄激活
38		紧急呼叫
39		障碍物/脱轨检测
40		车上设施异常
41		再关车门/站台门控制
42		站台紧急关闭
43		车辆火灾
44		车站火灾
45		区间火灾
46		恶劣天气模式
47		列车救援
48		区间疏散
49		区间阻塞
50		区间积水
51		控制中心失效
52		远程紧急制动

一、正常运行场景

（一）运营前准备

1. 场景描述

在每天运营开始前的规定时间开展运营前的准备工作，包括施工作业销记确认、运营计划图/派车计划加载、早间上电、车站开启。

早上运营前 ATS 系统根据列车运行计划，在首列车唤醒前与综合监控联动相关区域 CCTV 图像、PA 等，提示运营人员进行运营前准备。

早间上电前，ATS 系统联动综合监控系统进行接触网上电提示及确认。

2. 场景处理流程

1）施工作业销记确认

中心及车站、场段需进行施工作业销记确认。

（1）正线。

在每天开班运营前的规定时间，中心调度人员和车站值班员共同确认夜间施工及维护作业结束并已清场,各系统设备恢复至正常状态(如 SPKS、信号机封锁、区段封锁等)。

(2)场段。

DCC 调度人员确认夜间场段的施工及维护作业结束并已清场,各系统设备恢复至正常状态(如 SPKS、信号机封锁、区段封锁等)。

2)运营计划图/派车计划加载

根据当日列车运营计划,通过车辆基地的 ATS 工作站编制派车计划,并下发至相关岗位。

每日 04:00(可调整),由信号系统自动调用/中心调度人员设置当日运营计划,下发至各相关系统及岗位。

(1)信号系统自动调用当日运营计划,中心调度人员也可设置当日运营计划。

(2)中心调度人员在每日的固定时间确认当日运营计划,确认无误后下发至各相关系统。

(3)场段 DCC 以车辆检修人员提供的当日具备上线条件的列车、检修用车情况为基础,确认当日用车底数。

(4)场段 DCC 结合当日计划运行图、库内列车实际股道占用情况,通过 ATS 工作站编制派车计划。

(5)场段 DCC 在运营前将派车计划发送给中心调度人员等相关岗位。

3)早间上电

每日投入运营前,行调和电调根据唤醒列车时刻表(正线存车线和停车列检库)提前一段时间 T(可配置)对接触网进行带电检查,进行上电操作。

(1)首列车唤醒前一定时间 T(暂定 60 min,可配置),ATS 系统在中心/场调工作站进行早间上电提示。

(2)ATS 系统与综合监控系统交互信息,联动场段自动化区域 CCTV 图像、PA 等。

(3)行调确认早间上电提示:

① 行调人员确认所有现场人员已经销点。

② 对"早间上电提示"进行确认后,ATS 系统联动综合监控系统电调工作站进行早间上电确认。

(4)电调远程送电:

① 综合监控系统根据 ATS 系统联动命令在电调工作站上进行上电操作提示,特殊情况下,电力调度人员也通过与行调电话沟通,确认具备送电条件的前提下对相关区段人工远程送电。

② 电调确认上电范围后进行远程送电。

③ 综合监控系统监督、显示上电结果,并反馈给 ATS 系统。

(5)非全自动区按照现有操作规程,由行调确定现场作业人员已经出清后,通知电调送电。行调可根据运营需求,人工触发相关区域上电预录制广播。

4)车站开启

(1)根据 ATS 系统提供的运营时刻表,本站运营前 30 min(可配置),综合监控系统提醒自动进行开站作业,车站值班员点击确认。

(2)综合监控系统根据开站时间自动或由车站人员人工开启车站的相关机电设备:站内

照明；车站通风、空调；广播（出入口加广播设备）；PIS；出入口的卷帘门（可选）；电扶梯（可选）。

开站过程中如有异常情况，车站人员告知 OCC 调度人员。

3. 功能分配

1）车辆

无。

2）信号

（1）具备当日列车运行、检修计划录入和查看功能。

（2）具备出库计划编制功能，出库计划应有出车顺序表，并具有导出、打印功能。

（3）正线轨行区、场段全自动区域需设置工作人员防护开关，并能在相关调度工作站显示人员防护开关的激活状态信息。

（4）具备自动调用当日运营计划功能，支持人工创建/修改当日运营计划。

（5）早上运营前 ATS 系统根据列车运行计划，在首列车唤醒前，向综合监控系统发送联动命令。

（6）早间上电前，调度工作站进行上电提示、确认，显示接触网上电状态。

3）综合监控

（1）具备实时进行综合监控系统设备、PSCADA（电力监控系统）、BAS（环境与设备监控系统）、FAS（火灾报警系统）等设备状态监控功能。

（2）通过 PSCADA 查看确认变电站设备状态、接触网带电状态，具备轨行区远程高压上电功能，并在接触网送电失败时能提供相应报警。

（3）能将接触网带电状态反馈给信号系统。

（4）根据信号系统触发命令或操作终端设备，联动通信 CCTV 图像等。

（5）应具备接收列车运行时刻信息的功能。

4）通信

具备接收综合监控系统的联动命令或手动命令显示 CCTV 图像功能、触发场段预录制广播功能，并支持人工广播。

5）站台门

无。

4. 注意事项

（1）关于施工作业销记：

施工销点根据运营管理规章制度进行操作。

（2）关于运营计划图/派车计划加载：

调度人员应当在每日运营开始前提前确认当日运行图，如计划有误，则需要人工手动重新下载。

检修调度应在每日 3：30（可调整）前将当日电客列车运用车、检修用车情况发送给场调。

应结合场段股道实际情况合理编制出库计划。

(3)关于运营前设备检查：

车站 BAS 设备（如电扶梯、照明等）如出现异常，通过 CCTV 或人工现场确认后，在综合监控工作站进行处理或安排现场人工处理。

所有车站设备在运营开始前确认完毕，若有故障及时报修，确保对外运营前完成所有站内设备的正常运行。

确认轨旁信号设备异常后及时组织抢修维护。

(4)关于早间上电：

特殊情况下，电力调度人员可通过与行调电话沟通，确认具备送电条件的前提下对相关区段人工远程送电。

如广播或 CCTV 故障，行调应与场段、正线值班员及相关专业值班人员确认是否可以达电。

如现场已经完成人工上电，行调工作站、电调工作站应显示已上电状态。

非全自动区按照现有操作规程，由行调/场调确定现场作业人员已经出清后，通知电调送电。行调可根据运营需求，人工触发相关区域上电预录制广播。

(5)关于车站开启：

所有车站设备在运营开始前确认完毕，若有故障及时报修，确保对外运营前完成所有站内设备的正常运行。

设备远程开启失败时，车站值班员可通过车站综合监控工作站及 IBP 盘、现场操作等方式人工开站。

开站中遇单一设备故障、开启失败时，继续开站。在车站值班员综合监控工作站显示报警，需安排人员现场处理。

（二）唤醒

1. 场景描述

由系统或人工对场段或正线休眠的列车实施唤醒作业，含以下三种方式：

(1)远程自动唤醒：ATS 系统按计划自动发送唤醒指令。

(2)远程人工唤醒：调度人员远程人工发送唤醒指令。

(3)本地唤醒：人员登车按压车辆上电按钮。

具备唤醒功能的位置如下：

(1)停车列检库线（含全自动区域内的周月检库、试车线模拟车站）。

(2)正线存车线。

(3)终端折返线。

车载设备上电自检成功后进行联合测试，联合测试通过后列车具备全自动运行能力。

2. 场景处理流程

(1)调度人员在列车自动唤醒前通过 ATS 系统确认停车库内或正线休眠点列车均为休眠工况。

(2)调度员确认列车出库计划并录入 ATS 系统，与各列车进行匹配。

（3）信号系统根据出库计划自动向列车发送唤醒指令，判断列车是否上电激活，并将结果上传至调度工作站。

（4）列车上电后车载设备开始自检，并由车载信号设备将自检结果汇总后上报调度工作站。

（5）列车完成上电自检后进行联合测试，信号系统将联合测试的完整信息上报调度工作站。

（6）信号系统自动向唤醒成功的列车下发"待命"工况。

（7）信号系统自动向唤醒成功的列车下发出库计划。

3．功能分配

1）车辆

（1）具备本地唤醒功能。

（2）具备向车载信号设备反馈列车低压上电状态功能。

（3）成功上电后应能执行车辆各设备的自检。

（4）车辆各设备自检完成后将自检结果发送至TCMS并由TCMS将各设备自检结果（含专用无线车载台、车载PIS）转发给车载信号设备。

（5）车辆自检完成后，车载各设备响应车载信号设备的控制指令，一同执行联合测试，并将联合测试的状态反馈给车载信号系统。

（6）在唤醒失败后响应远程/本地休眠指令。

（7）响应信号系统发送的工况指令。

（8）应能将列车TCMS发送的实时状态信息传送给信号系统。

2）信号

（1）具备显示列车工况状态信息及向列车发送工况指令的功能。

（2）根据出库计划依次按时向列车发送自动唤醒指令。

（3）具备远程人工下发唤醒指令功能。

（4）具备判断列车是否上电激活功能。

（5）车载信号设备具备自检功能，并主导联合测试。

（6）实时显示列车唤醒过程中的状态信息。

（7）唤醒成功的列车应能自动进入FAM模式。

（8）应能将车载信号系统的实时状态信息传送给车辆调工作站。

（9）能显示TCMS发送的实时状态信息。

3）综合监控

无。

4）通信

列车上电后专用无线车载台、车载PIS接口设备进行自检，并向车辆TCMS反馈自检结果。

5）站台门

无。

4．注意事项

（1）夜间人工动车后司机应确保列车停回指定位置（动车前的休眠位置）。

（2）调度人员若发现列车工况显示未休眠，需人工确认原因，如无故障，远程人工进行休眠。

（3）调度人员需确认出库计划在规定时间成功激活并下发。

（4）当需唤醒非出库计划内列车（如备车）时，应由调度人员执行远程人工唤醒。

（5）列车无法唤醒将影响列车出库计划，调度人员需及时调整计划。

（6）列车唤醒过程中不得有人员上下列车或倚靠车门。

（7）若远程自动唤醒失败，调度人员可远程人工休眠列车后再发送唤醒指令。

（8）若远程自动唤醒失败，调度人员应通过ATS远程人工唤醒，若仍然无法唤醒，可派遣工作人员登车查看，执行本地人工唤醒或报修。

（二）轧道车运行

1. 场景描述

在每天正式运营开始前，司机以人工驾驶模式控制轧道车出库并进入正线运行，不停站不开门，对整条线路进行检查，轧道车运行路径及模式可配置。轧道车经过站台时，应触发站台跳停广播。

司机应对沿线线路情况进行检查，发现异常时应停车处理并向中心行调汇报。

轧道任务结束后，司机在规定位置（终点折返轨处或始发站台）按照流程手动升级为FAM模式。司机可通过客室门上下车。

2. 场景处理流程

（1）ATS系统可根据计划运行图远程唤醒首列车作为轧道车或远程人工、本地人工唤醒轧道车。

（2）列车唤醒成功后，应由调度人员手动或系统自动取消列车全自动运行授权，列车不自动发车，DCC调度人员确认列车具备出车条件。

（3）司机进入列检库前应在场段DCC进行登记并由调度人员激活SPKS，可在唤醒前或唤醒成功后经过列检库地下通道进入相应区域，通过操作客室门外解锁装置打开车门，进入后将车门恢复后进入驾驶室。

（4）司机打开驾驶台盖板，激活驾驶室钥匙，将驾驶模式调整为CM模式，通知场段DCC调度人员恢复SPKS。

（5）ATS系统自动触发/人工办理出库进路。

（6）联锁系统检查车库门、SPKS等联锁条件满足后，开放出库信号。

（7）司机依据车载信号或地面信号，人工驾驶列车运行。列车起动前，司机可根据相应管理规定确定是否鸣笛。

（8）司机驾驶列车不停站，不开门，监视线路沿线情况，轧道车经过站台时，应触发站台跳停广播。

（9）轧道作业完成后，在规定位置（终点折返轨处或始发站台）按照流程手动升级为FAM模式，关闭驾驶台盖板。

（10）中心调度人员恢复轧道车的全自动运行授权，并设置正线工况。

（11）司机可通过客室门上下车，列车按照计划投入正线运营。

3. 功能分配

1）车辆

（1）司机登乘用客室门应设置车门外解锁装置，具备便于司机平地登乘的辅助装置。

（2）可在客室内复位车门外解锁装置。

2）信号

（1）具备根据计划运行图远程自动唤醒轧道车的功能，支持远程人工唤醒轧道车。

（2）自动唤醒成功后，应自动或人工取消列车全自动运行授权，列车不自动发车。

（3）应根据计划自动触发/人工命令办理相应进路。

（4）应监督 SPKS 状态并进行相应防护处理。

（5）轧道车经过站台时，应触发站台跳停广播。

3）综合监控

无。

4）通信

接收 ATS 系统提供的触发命令，联动车站 PA、PIS 系统。

5）站台门

无。

6）土建

（1）列检库内应设置地下通道。

（2）应在列检库停车位置设置登乘平台。

4. 注意事项

（1）运营组织需考虑线路长度、轧道车速度、轧道车出车位置、轧道车数量及规定的轧道时间来综合制订轧道计划。

（2）司机驾驶轧道车运行过程中按照相应限速规定控制列车运行。

（3）司机驾驶轧道车运行过程中，如果发现轨道异常、异物侵限、线缆脱落等情况，应立即停车，并向中心行调汇报。

（4）当轧道车唤醒失败且无法通过再次休眠、唤醒进行恢复时，可进行人工就地唤醒。

（5）如列车因故无法执行轧道作业，需要人工调整运营计划，更换备车，并将列车故障情况报送维护部门。

（6）轧道车运行应覆盖当日整个线路正常运营交路。

（四）运营列车出库

1. 场景描述

列车出库前，信号系统根据计划适时自动触发打开车库门或场段人员根据 ATS 计划提前远程人工打开车库门，信号系统应监督车库门状态。

列车出库（库线：列检库、正线存车线或终端折返线）有如下情况：

（1）远程自动：ATS系统根据计划，为列车分配计划并触发进路，车载信号设备控制列车自动发车。

（2）远程人工：人工为列车匹配计划或分配目的地码，系统自动触发或人工办理进路，车载信号设备控制列车自动发车。

（3）司机人工：司机根据车载信号或地面信号人工控制列车出库（AM、CM、RM模式）。

2. 场景处理流程

（1）列车出库前，ATS系统根据计划适时自动触发（暂定）/人工远程/本地控制打开车库门。

（2）远程自动。

① 分配计划：ATS系统根据计划，适时自动为列车分配计划（派车计划或运行计划），向列车发送运行方向及倒计时（或发车时刻信息）。

② 触发进路：ATS系统适时为列车触发进路；CI开放出库进路允许信号时应检查SPKS状态、车库门（场段内适用）状态。

③ 发车条件确认：FAM模式，车载信号系统检测倒计时、移动授权等条件满足时允许发车；车载信号系统向车辆发送鸣笛命令。

④ 控制列车运行：车载信号设备控制列车出库运行，列车出库运行过程中按照场段各区域限速运行。

⑤ 信号系统下发"场段运行"工况给车辆，车辆控制空调、照明、车载PIS等设备至指定状态。

⑥ DCC调度人员可通过信号系统监控列车FAM模式运行。

（3）远程人工。

① 分配计划：场调人工为列车分配计划（派车计划或运行计划）或目的地码，ATS系统向列车发送运行方向、倒计时（或发车时刻信息）。

② 触发进路：ATS系统为列车触发进路；CI开放出库进路时应检查SPKS状态、车库门（场段内适用）状态。

③ 发车条件确认：FAM模式，车载信号系统检测倒计时、移动授权等条件满足时允许发车；车载信号系统向车辆发送鸣笛命令。

④ 控制列车运行：车载信号设备控制列车出库运行，列车出库运行过程中按照场段各区域限速运行。

⑤ 信号系统下发"场段运行"工况给车辆，车辆控制空调、照明、车载PIS等设备至指定状态。

⑥ DCC调度人员可通过信号系统监控列车FAM模式运行。

（4）司机人工。

① 分配计划：ATS系统自动为列车分配计划、场调人工匹配计划或目的地码。

② 触发进路：ATS系统自动或场调人工为列车触发进路；CI开放出库进路时应检查SPKS状态、车库门（场段内适用）状态。

③ 发车条件确认：车载信号系统检测移动授权等条件满足时允许发车。

④ 控制列车运行：司机以 AM、CM、RM 模式控制列车出库运行或司机按流程人工升级为 FAM 模式。列车出库运行过程中按照场段各区域限速运行。

3. 功能分配

1）车辆

（1）车辆 TCMS 接收到车载信号系统发送的鸣笛指令后鸣笛（可配置）。

（2）应能执行工况指令，自动控制车载空调、照明、车载 PIS 设备。

2）信号

（1）具备自动触发、人工远程开关车库门，并对库门动作时长、开关状态、故障情况进行监督。

（2）具备远程自动、远程人工、司机人工出库功能。

（3）具备自动/人工分配计划功能，支持人工分配目的地码，监督列车计划分配情况。

（4）具备自动触发/人工办理进路功能，进路开放时应检查相应条件，监督进路触发、办理情况。

（5）应检查满足条件时方可允许出库，并可根据需求触发车辆鸣笛。

（6）出库过程中应对驾驶室钥匙状态、库门"开到位且锁闭"（场段适用）、SPKS 状态、校轮结果进行监督及防护。

（7）库门开关状态、模式及旁路状态应在场段调度工作站上进行显示。

3）综合监控

无。

4）通信

（1）接收外部系统的工况指令，控制车载 PIS 设备。

（2）CCTV 应对车库门区域进行覆盖，支持手动调看图像。

5）站台门

无。

6）车库门

（1）根据信号命令/人工本地打开或关闭。

（2）向信号系统提供车库门状态、操控模式"本地/远程"状态信息。

（3）具备人工旁路功能。

4. 注意事项

（1）列车出库前，可通过 CCTV 辅助查看车库门状态。

（2）SPKS 激活时，车站值班员/场段调度人员应确认所有满足发车条件后方可恢复 SPKS。

（3）ATS 系统应监督列车计划分配、CI 办理进路状态，若失败时应进行报警，调度人员人工分配计划、人工办理出库进路。

（4）车库门已经打开但无法给信号系统打开状态时，通过 CCTV 查看确认后可通过人工旁路车库门。

（5）车库门故障或未在规定时间内动作到位时，ATS 系统应进行报警，并将信息转发至综合监控系统，综合监控系统联动对应区域的 CCTV 图像。

（6）如因故导致出库计划发生偏移，调度人员可人工干预调整。

（五）列车进入正线服务

1. 场景描述

出场或正线存车线的列车，车载信号系统收到 ATS 正线服务工况指令后，向车辆 TCMS 发送"正线服务工况"指令，车辆控制照明、空调、车载 PIS 等进入相应服务模式。

2. 场景处理流程

（1）ATS 系统根据运行计划自动为列车分配计划，或调度人员人工为列车设置目的地码。

（2）FAM 模式下，ATS 系统根据列车位置及计划，向车载信号设备发送"正线服务工况"，具体情况如下：

① 计划列车或人工列车（中心行调人工分配目的地码）由场段完全进入转换轨时。

② ATS 系统赋予正线折返轨、存车线待命工况/退出服务工况列车新的计划或目的地码时。

（3）车载信号系统将"正线服务工况"转发至车辆 TCMS。

（4）车辆 TCMS 控制照明、空调、车载 PIS 等进入相应服务模式。

（5）行调工作站、车辆调工作站应显示列车服务工况信息。

（6）车辆调工作站可人工远程设置照明、空调、车载 PIS 等服务模式。

3. 功能分配

1）车辆

（1）接收车载信号系统发送的"正线服务工况"，并控制照明、空调、车载 PIS 等进入相应服务模式。

（2）接收并执行车载信号系统发送的照明、空调、车载 PIS 等服务模式设置命令。

（3）将照明、空调、车载 PIS 等服务模式状态、故障等信息反馈给车载信号系统。

2）信号

（1）列车出库运行至转换轨或在正线存车线唤醒后进入正线服务时，ATS 系统自动向车载信号系统发送列车"正线服务"工况，车载信号系统将工况命令转发至车辆 TCMS。

（2）ATS 系统根据计划运行图为该列车自动分配车次号，自动分配失败时应故障报警并可进行人工分配，同时支持人工为列车设置目的地码或车次号。

（3）应接收车辆 TCMS 发送的照明、空调、车载 PIS 等服务模式状态、故障等信息，并在车辆调工作站进行显示及报警。

（4）车辆调工作站可人工远程设置照明、空调、车载 PIS 等服务模式。

3）综合监控

无。

4）通信

（1）接收外部系统的工况指令，控制车载 PIS 设备。

（2）将车载 PIS 服务状态、故障等信息发送给车辆 TCMS。

5）站台门

无。

4. 注意事项

（1）进入正线服务各项执行失败时应进行报警，由车辆调工作站人工远程设置照明、空调、车载 PIS 等服务模式。

（2）当车辆 TCMS 控制照明、空调、车载 PIS 等故障时，应进行报警，由行调、车辆调根据故障原因对故障进行复位、安排列车退出运行或安排人员上车处理。

（3）车辆 TCMS 因通信故障等原因无法接收到"正线服务工况"时，应维持当前服务工况。

（4）非全自动运行模式时，司机应人工设置车辆照明、空调、车载 PIS 等服务模式。

（六）列车区间运行

1. 场景描述

在满足规定的运营间隔和区间运行时分的前提下，列车以安全进路、安全间隔、安全速度为目标，在区间自动追踪运行。

列车在区间运行的安全由信号系统和车辆共同保证，信号系统保证列车运行的安全进路、安全追踪间隔和安全运行速度，车辆保证列车机械走行、牵引和制动性能稳定可靠。

2. 场景处理流程

（1）列车根据运营计划自动运行，中心调度人员通过信号系统对列车运行情况进行监视。

（2）列车站台发车后，自动更新下一站车载 PIS 信息并进行车载广播。

（3）列车在区间常用制动停车后，应在行调 ATS 上报警，重新收到移动授权时，自动起动列车并以 FAM 或 CAM 模式继续运行。

（4）列车因故在区间紧急制动停车后，应在行调工作站上报警，若导致紧急制动的原因恢复，自动或人工缓解紧急制动，行调也可通过 CCTV 进行确认后远程缓解紧急制动，列车在获得移动授权后自动起动列车并自动运行到下一站。

3. 功能分配

1）车辆

（1）应将故障信息发送至信号系统。

（2）具备将列车 CCTV 画面推送至中心的功能。

（3）允许中心远程对列车进行广播。

（4）可根据输入的触发指令执行预录广播。

（5）设置乘客与中心紧急呼叫装置。

（6）应接收信号系统触发命令进行列车临时停车广播。

2）信号

（1）中心 ATS 能直观显示列车的驾驶模式、运行状态、早晚点、故障报警、应急情况等信息。

（2）应能控制列车按运营计划在区间自动运行。

（3）应能自动触发车载广播及 PIS 显示信息。

（4）应能提前触发前方停靠站台广播及 PIS 显示信息。

（5）列车区间临时停车时，向车辆发送联动广播命令。

3）综合监控

（1）具备向列车下发文字信息的功能。

（2）乘客调工作站可远程对全列车的客室进行广播或响应乘客紧急呼叫。

4）通信

（1）应为列车运维状态数据提供车地传输通道。

（2）具备将列车 CCTV 图像推送至中心的功能。

（3）可接收中心下发的文字信息，并在 PIS 的显示屏上进行显示。

（4）应能根据信号/综合监控的输入触发列车/站台 PIS、站台 PA 提示列车相关运营信息。

（5）支持中心对客室内广播及乘客紧急呼叫。

5）站台门

无。

4. 注意事项

列车在区间运行时如出现故障、应急等情况，按对应的故障场景及应急场景流程处理。

（七）列车进站停车

1. 场景描述

列车进站对标停车，停准后联动打开车门/站台门，并在停站倒计时结束前联动关闭车门/站台门；列车未停准时，控制列车自动跳跃对标或人工对标，信号系统对跳跃对标或人工对标过程及结果进行监督及防护。

列车进站时应触发站台及车载广播、PIS。

2. 场景处理流程

（1）确认满足进站停车条件：以下条件任意一项不满足，则无法正常进站停车，应停在站外等待，具体如下：

① 移动授权满足进站停车条件。

② 站台门关闭且锁闭。

③ 紧急关闭按钮未按下。

④ SPKS 开关置于非防护位。

⑤ 未设置跳停指令。

（2）列车进站前触发列车/站台进站广播及 PIS 显示。

（3）FAM/CAM 模式列车进站对标停车，并向 ATS 系统汇报停准信息。如列车未停准，根据不同情况做如下处理：

① 欠标未超规定距离（暂定 5 m）：

FAM/CAM 模式列车进站欠标未超规定距离时，应向 ATS 系统报警，并向前跳跃对标。行调工作站、车辆调工作站显示列车跳跃状态。

② 欠标超过规定距离：

FAM/CAM 模式列车进站欠标超规定距离时，应向 ATS 系统报警，并继续自动控制列车对标停车。

③ 过标未超规定距离（暂定 5 m）：

FAM/CAM 模式列车进站过标后应自动施加最大常用制动并向 ATS 系统报警，停车过标未超规定距离时，控制列车向后跳跃对标。

行调、车辆调工作站显示列车跳跃状态。

④ 过标超过规定距离：

FAM/CAM 模式列车进站过标后超过规定距离时，应施加紧急制动不可缓解，不允许退行，并向 ATS 系统报警；系统或人工触发站台及车载广播。

可通过行调工作站远程授权列车缓解紧急制动并继续运行至下一站；或行调安排司机激活驾驶室钥匙，人工驾驶列车对标停车。

（4）进站前 ATS 系统提前触发列车进站广播及 PIS 显示，列车停准后，中心行调工作站显示列车停准状态。

（5）ATS 系统向列车发送停站倒计时信息。

（6）停准时自动联动打开车门/站台门。

（7）停站时间内，保持车门和站台门开启。

（8）停站倒计时结束前联动关闭车门/站台门。

3. 功能分配

1）车辆

（1）FAM、CAM 模式列车处于跳跃状态时：

车辆根据信号输出的方向指令控制列车；车辆应对信号系统输出的方向指令进行防护。

（2）处于 FAM、CAM 模式的列车，车辆根据车载信号设备输出的驾驶室激活端确定列车前进方向。

（3）FAM、CAM 模式零速时，车辆应对信号系统输出的方向指令进行防护，出现异常时车辆 TCMS 向车载信号系统进行报警，车载信号系统向车辆调报警。

（4）接收车载信号系统触发命令，联动车载 PIS、PA。

（5）根据车载信号系统的指令执行开/关车门作业，应能配合信号和站台门使站台门和车门同步开启。

（6）FAM 模式下全自动开、关门指令的传递不受开门模式选择开关影响。

2）信号

（1）检查满足条件时授权列车进站。

（2）控制列车进站对标停车并对停准结果进行防护，列车未停准时向中心提供报警，并将报警信息转发综合监控系统。

（3）列车未停准时，控制列车自动跳跃对标，且对跳跃对标过程及结果进行监督、防护。

（4）应触发车载及站台进站、到站广播，PIS 显示。

（5）行调工作站、车辆调工作站显示列车停准、跳跃状态信息，并显示过标、跳跃失败的报警信息。

（6）停准后联动打开正确一侧的车门/站台门。

（7）停站倒计时结束前联动关闭车门/站台门。

（8）ATS 工作站应能显示车门和站台门的开关状态。

（9）过标超距或跳跃失败时，中心行调应可授权列车缓解紧急制动并继续运行至下一站。

（10）FAM 模式下全自动开、关门指令的传递不受开门模式选择开关影响。

（11）应可配置最小停站时间并进行防护。

3）综合监控

（1）具备接收信号 ATS 系统提供的未停准报警信息，并在乘客调工作站进行显示。

（2）列车过标超过规定距离时，在乘客调工作站上人工进行车辆及车站广播，或发布乘客紧急文本信息。

4）通信

接收外部系统触发命令，联动站台进站、到站、跳站等广播信息，以及列车/站台 PIS 信息显示。

5）站台门

（1）站台门系统应能根据信号系统指令执行开、关门操作，在无法接收到信号系统指令时，应能根据设置在站台的控制盘指令或车控室内综合后备盘指令执行开、关门操作。

（2）站台门系统应监督门状态并将状态汇报至信号系统，在故障情况下提供相应故障门的声光报警信息以及故障门人工隔离/旁路功能。

（3）站台门应具备与车门的对位隔离功能及其提示功能。

（4）车门和站台门间隙应有异物探测装置，并具备旁路功能。

（5）系统应能实现再开、关门功能。

（6）PSL（就地控制盘）的设置位置应满足全自动运行及其降级时的使用需要。

4. 注意事项

（1）跳跃对标：

①FAM/CAM 模式列车跳跃对标时，可向前或向后跳跃调整。

②应对列车跳跃距离、跳跃次数及跳跃方向转换进行防护；超过相应限制要求时，应输出紧急制动，并向行调、车辆调工作站报警。

③可通过行调工作站远程授权列车缓解紧急制动并继续运行至下一站；或行调安排司机上车并激活驾驶室钥匙，人工驾驶列车对标停车。

（2）站台门的应急门应设置合理，当列车对位不准时，可以通过打开站台门应急门和其对应的车门，使乘客上下车。

（3）列车以 AM、CM、RM 模式运行过程中，若方向手柄回零位，列车立即实施紧急制动。

（八）列车站台发车

1. 场景描述

ATS 系统从列车在站台停稳后开始计时，停站时间结束后，全自动运行列车自动站台发车。

2. 场景处理流程

（1）根据时刻表发车时间，停站列车进行倒计时。

（2）发车时间到且发车条件满足后，列车自动发车。全自动运行车载信号系统检查以下条件满足后发车。发车条件包括：

① 车门、站台门关闭且锁闭、间隙探测无障碍物。
② 紧急关闭按钮未按下。
③ 出站信号开放。
④ 区间 SPKS 开关设置为非防护位。
⑤ 非扣车状态。
⑥ 其他防护功能未激活（如有）。

（3）车载 PIS、PA 提示离站信息。

（4）在列车停站期间，ATS 系统进行扣车操作时列车车门和站台门应重新打开，并应自动触发站台广播。扣车命令取消后，列车自动关闭车门和站台门并发车。

3. 功能分配

1）车辆

（1）接收车载信号系统牵引、制动等控制命令，并执行相应动作。

（2）接收车载信号系统命令，联动车载 PIS、PA 等。

（3）车门关闭前，车辆通过客室门声光或声音报警提示车门即将关闭。

2）信号

（1）应能根据时刻表自动排列发车进路并开放信号。

（2）信号具备检查发车条件功能，应能在发车条件满足后自动发车。

（3）车载 MMI（人机界面）显示发车倒计时。

（4）应能自动触发车载 PIS、PA。

（5）停站时间结束后，信号系统自动向车门和站台门发送关门指令。

（6）应能在 ATS 工作站上显示车门和站台门开关状态。

3）综合监控

无。

4）通信

接收外部系统命令进行预录制站台广播和站台/车载 PIS 信息显示。

5）站台门

（1）响应信号发送的开/关站台门指令。

（2）设置间隙探测设备，并设置旁路功能。

（3）间隙探测设备的启动时机应与车门开关相匹配。

（4）间隙探测检测结果纳入站台门关闭且锁闭状态，以作为列车站台发车的前提条件之一。

（5）PSL 的设置位置应满足全自动运行及其降级时的使用需要。

（6）站台门关闭过程中输出声光提示。

（7）系统具备再开关门功能。

4. 注意事项

当存在以下情况时，列车需停在站内不发车：

（1）车门或站台门汇报未关闭且锁闭状态。

（2）紧急关闭按钮按下。

（3）出站信号未开放。

（4）SPKS 开关设置为防护位或设置其他防护措施（如有）。

（5）中心行调取消了全自动运行授权。

（6）部分车门或站台门故障场景，具体参见"车门故障隔离站台门"和"站台门故障隔离车门"。

（7）当 SPKS 开关置为防护位后发生故障无法复位时，需人工保证轨行区安全、已经无人且具备行车条件的前提下，通过 SPKS 旁路开关旁路 SPKS 防护状态，使列车正常出站。

（8）列车具备发车条件时，出站信号机未开放，需尝试信号重开操作。

（9）列车运行晚点时，当具备发车条件时，立即发车。

（九）列车折返换端

1. 场景描述

（1）折返方式包括：

① 全自动运行模式下的自动折返。

② 非全自动运行模式下的自动折返。

③ 人工折返。

（2）折返包括：

① 站前折返，在站台进行换端时，要求保持车门处于打开状态。

② 站后折返，停在站后折返轨换端时，要求保持车门处于关闭且锁闭状态，折返完成并在发车站台停车后，立即打开车门/站台门。

2. 场景处理流程

（1）ATS 系统根据时刻表自动触发折返进路，并适时办理折出进路。

（2）全自动运行模式下的自动折返：

① 车载信号系统在 FAM/CAM 模式下可根据 ATS 计划或命令自动换端。

② 站前折返时，自动换端完成后根据 ATS 系统发送的停站时间完成自动关门并发车。

③ 站后折返时，应控制列车运行至发车站台打开车门/站台门。

（3）非全自动运行模式下的自动折返：

① 车载信号系统在折返站台或控制列车运行至站后折返轨停车后，经过必要操作自动换端。

② 司机激活对端驾驶室，站前折返时关门后发车；站后折返时，根据车载信号发车。

（4）人工折返：

① 司机驾驶列车运行至规定站台或站台折返轨。

② 人工关闭驾驶室并激活对端驾驶室。

③ 满足发车条件时，人工驾驶列车运行至下一站台。

（5）站前折返换端时，车门/站台门应保持打开状态。

3．功能分配

1）车辆

（1）接收信号指令，并联动列车清客广播、PIS 显示。

（2）正常情况下，在站前折返换端时应能保持开门状态。

（3）应能根据列车端部激活状态控制头尾灯。

2）信号

（1）车载信号系统可进行站前折返换端和站后折返换端，且保持驾驶模式及"正线运行"工况不变。

（2）ATS 系统根据时刻表自动触发折返进路，并适时办理折出进路。

（3）当列车运行至折返区域后，ATS 系统自动为列车重新分配车次号。

（4）列车停准后车载信号系统根据 ATS 系统发送的停站时间，自行倒计时发车。

（5）具备进路变通功能。

（6）折返线支持双方向全自动运行功能。

（7）发送列车/站台清客广播、PIS 显示。

（8）站前折返换端时持续向车辆提供零速信息，用于保持车门开启。

3）综合监控

无。

4）通信

（1）通信专业需配备中心车辆调度电话、乘客调度电话，并且能够实现中心与车控室工作人员的通话功能。

（2）接收外部系统的清客指令，并联动列车/站台 PIS、站台 PA 显示。

5）站台门

（1）接收信号系统指令，打开或关闭站台门。

（2）在站前折返时，没有开门和关门命令时，能保持站台门原来的打开状态。

4．注意事项

（1）当进路由通过进路转为折返进路时：

① 由行调人员进行进路变更操作。

② 进路办理完成后,在分配车次或头码后,列车自动换端。
③ 折返时,则需由中心行调远程/站台值班人员人工确认清客作业。
(2)当进路由折返进路转为通过进路时:
① 如此时车门已打开,通过远程或站台值班人员人工关闭车门。
② 如列车已完成换端,在分配车次或头码后,列车自动再次换端。
③ 进行进路变更时应通过车站广播和车辆广播通知乘客。
④ 站前折返,在站台进行换端时,要求保持车门处于打开状态。

(十)清客

1. 场景描述

ATS 系统自动或人工对车站或列车设置清客命令,联动通信系统及车辆对乘客进行提示。
(1)清客包括:
① 自动清客。
② 人工临时清客。
(2)对于清客命令,可进行如下操作:
① 远程确认清客。
② 站台确认清客。
③ 远程取消清客。
④ 清客命令对 FAM/CAM 模式计划、头码列车有效,非 FAM/CAM 模式列车按既有流程处理。

2. 场景处理流程

(1)自动清客。
① 对于线路终端的大交路折返站,可自动按站台设置清客。
② 对于线路中间的小交路折返站,自动按列车设置清客。需要自动设置清客的列车为:执行在该车站折返的计划列车。
③ 对于回场段列车,可自动按列车设置清客。
④ 列车在清客站台的上一站出站后,ATS 系统发送清客指令给车载信号系统。
⑤ 车载信号系统向车辆 TCMS 发送清客命令,车辆联动车载广播、车载 PIS,降低客室照度,提示乘客下车。
⑥ ATS 系统联动车站广播,同时联动站台 PIS 提示本站清客。
⑦ 列车运行至清客站台后,打开车门/站台门并保持。
(2)人工临时清客。
中心行调可人工指定临时清客列车(下一站清客)或站台临时清客。
① 需要进行人工临时清客如下:
列车临时清客:针对掉线列车(包括车辆、信号等故障)的清客,如表 3-3 所示。

表 3-3 列车临时清客表

序号	名称	功能说明
1	列车检测到障碍物或脱轨	发生障碍物/脱轨检测,列车实施紧急制动,人工排除障碍物后,转人工驾驶至站台清客
2	单车制动不缓解	单车制动不缓解个数为 1 时可远程切除,大于 1 时应转人工驾驶,运行至站台清客
3	车门故障	车门故障个数(暂定 3 个)大于运营规定,应执行清客
4	车辆烟火报警	车辆烟火报警,远程确认确实为火灾,应运行至站台清客
5	申请进入蠕动模式	车辆网络故障,车载 VOBC 与车辆 TCMS 通信故障,车辆性能与信号监控产生重大偏离申请进入蠕动模式,蠕动模式运行至站台清客,或转人工驾驶运行至站台清客
6	车载信号系统故障	车载信号系统故障无法恢复,应人工驾驶列车至站台清客,退出运营

站台临时清客:线路因故障中断运营时,需对站台设置临时清客,如表 3-4 所示。

表 3-4 站台临时清客表

序号	名称	功能说明
1	前方车站火灾	当前方车站发生火灾等突发事件无法运营时,对相邻站台设置临时清客
2	区间断电	区间断电短时间内无法恢复时,组织小交路运行时,对折返站站台设置临时清客
3	其他情况	其他故障造成线路中断运营的情况

② ATS 发送清客指令给车载信号系统。

③ 车载信号系统向车辆 TCMS 发送清客命令,触发车辆广播、车载 PIS,降低客室照度,提示乘客下车。

④ ATS 系统联动车站广播,同时联动站台 PIS 提示本站清客。

⑤ 列车运行至清客站台后,打开车门/站台门并保持。

(3)站台确认清客。

① 站台值班人员人工进行清客确认,按压站台关门按钮。

② CI 采集到站台关门按钮按下信息,将该按钮按下状态发送给车载信号系统。

③ 车载信号系统收到站台关门按钮按下信息后,联动车门/站台门关闭。

④ 针对设置发车确认按钮的车站,站台值班人员确认允许发车后,按压发车确认按钮,列车自动发车。

⑤ 针对没有设置发车确认按钮的车站,站台值班人员确认允许发车后,向中心行调报告完成清客,行调远程确认发车后,列车自动发车。

（4）远程确认清客。

① 中心行调通过调用车载 CCTV 视频，自动触发车载 PA，远程辅助确认清客完毕后，采用远程关门方式关闭车门。

② 车载信号系统接收到远程关门指令后，联动关闭车门、站台门。

③ 中心行调远程确认发车后，列车自动发车。

（5）远程取消清客。

① 行调可以临时取消终端站、折返站的自动清客功能。

② 行调应可采用恢复操作，恢复自动清客功能。

③ 行调应可取消临时清客命令。

④ 取消清客后，当运营列车到达终端站或折返站时，ATS 系统不向该列车发送清客命令，列车在该站正常开关门作业。

3. 功能分配

1）车辆

（1）车辆 TCMS 网络接收车载信号系统的"清客"指令。

（2）联动车载广播及车载 PIS 提醒乘客下车。

（3）应能执行车载信号系统发送的"退出正线服务"工况，自动关闭空调、照明、车载 PIS 等设备。

2）信号

（1）具备根据运行计划自动设置清客站台功能，并能联动车辆及车站广播。

（2）具备远程人工针对任意站台设置清客功能，并显示清客状态。

（3）清客未完成时向 TCMS 持续发送清客命令，并保持车门站台门打开状态。

（4）车载信号设备接收到站台关门按钮按压命令或中心远程关门命令后，联动车门站台门关闭。

（5）车载信号设备接收到站台发车确认按钮按压命令或中心清客确认命令后，控制列车自动发车。

（6）设置站台关门按钮、站台开门按钮、站台发车确认按钮（根据需求设置，按下后发车）。

（7）系统保留行调远程清客确认功能。

（8）能够向综合监控系统提供清客信息。

（9）车载信号设备接收到"取消清客"命令后，在此站进行正常开关门操作。

（10）针对清客后退出运营的列车应能发送"停止正线服务"工况命令。

3）综合监控

（1）可通过综合监控工作站调用车载 CCTV 图像辅助确认清客完成。

（2）乘客调工作站界面上显示相应站台的清客状态。

4）通信

（1）接收外部系统清客命令，联动站台广播播放相应预录制广播。

（2）接收外部系统清客命令，联动车载/站台 PIS 提示本站清客。

5）站台门

接收信号系统命令，执行关闭/打开站台门。

4. 注意事项

（1）站台关门后，如发现乘客未下车等异常情况，可通过操作站台开门按钮再次打开车门、站台门。

（2）因故障不能执行则应等待司机上车手动关闭车门，站台值班人员关闭站台门或操作 PSL 旁路后人工驾驶继续运营。

（3）当车载信号系统与车辆 TCMS 通信故障时，应在工作站显示报警信息，并下发临时清客请求。

（十一）运营调整

1. 场景描述

中心调度人员可通过跳停、扣车、人工替换计划运行图（可用于临时调整运营车次和临时交路）、选择列车增加/删减（实现加开、替开等运营需求）、提前发车、调整站停时间、改变列车目的地、设置/取消线路临时限速、调整列车反方向运行、调整列车运营状态（列车下线、待命）等措施实现运营调整。

2. 场景处理流程

1）扣车

（1）中心实施扣车。

① 行调人员操作行调工作站设置扣车。

② ATS 系统将扣车信息发给车载信号系统。

③ 车载信号系统接收到扣车信息后，列车运行到扣车站台打开车门不关闭。

④ 可针对上行、下行、全线扣车、指定车站至起始站等分类扣车。

⑤ 通知乘客：

站台广播和 PIS 通知站台乘客列车扣车。

车载广播、车载 PIS 通知列车上乘客本站扣车。

（2）车站扣车。

① 车站人员通过车站 ATS 工作站扣车。

② ATS 系统将车站扣车信息发送给车载控制器。

③ 信号系统对尚未进入和已进入车站的列车实施扣车，列车停在车站后打开车门及站台门并保持。

（3）信号系统自动扣车。

信号系统根据线路实际情况、列车运行情况、故障及应急情况等进行判断，实施自动扣车。如区间超过最大列车数联动扣车、清客联动扣车、车辆告警联动扣车（如乘客紧急呼叫联动扣车）、站台门/车门打开失败联动扣车、区间失电联动扣车、火灾告警联动扣车等。

（4）取消扣车。

自动扣车满足动车条件后可自动取消扣车状态，人工设置的扣车命令可以人工取消，可按照"谁扣谁取消，自动扣车满足动车条件自动取消"的方式执行。

2）跳停

（1）行调操作行调工作站设置跳停。

（2）ATS 系统将跳停信息发给车载信号系统。

（3）车载信号系统接收到跳停信息后，列车经过跳停站时，车载信号系统不发送跳停站的进站、到站、离站广播触发信号。

（4）ATS 系统将跳停信息发送给通信系统，触发车站跳停广播和 PIS 显示。

（5）车载信号系统将跳停信息发送给车辆，触发跳停广播和 PIS 显示。

3）列车增加/删减

（1）中心行调根据运营情况确定是否需要增加/删减列车，并在行调工作站上输入增加/删减列车。

（2）场段调度人员确认增加/删减列车车况。

（3）场段调度人员布置增加/删减任务，根据中心行调要求在场段工作站输入备车出库派车计划/回库目的地。

（4）中心行调人员通过行调工作站设置车次号及相应工况。

（5）列车执行增加/删减计划。

4）提前发车/设置站停时间

（1）当需要进行运营调整作业或在紧急状态下，中心行调可在行调工作站上对停在车站的列车设置停站时间或提前发车作业。

（2）行调设置站停时间或提前发车命令后，车载信号系统收到站停时间或提前发车命令时对倒计时进行调整，当倒计时为零时，车载信号系统关闭车门和站台门后起动列车。

（3）站停时间或提前发车命令对停在站台的列车一次有效。

5）更改列车目的地

（1）当进行运营调整时，需要对列车更改目的地时，可在行调工作站上进行操作。

（2）选择更改列车，在行调工作站上将列车进行删除（删除的是计划车）。

（3）选择此列车设为头码车，输出目的地头码号，只能设置列车所在上行或下行线路的头码、列车运营方向向前的头码。

6）设置/取消线路临时限速

（1）因运营调整或行车安全考虑，可对正线线路全部或部分区段设置临时限速。

（2）行调可通过行调工作站设置起止区段，选定需设置临时限速的正线区段。

（3）设置临时限速值，经行调二次确认后，临时限速设置成功，行调工作站显示界面上有线路临时限速显示，列车运行进入临时限速区域，响应临时限速运行。

（4）当运营临时调整结束，列车可恢复正常速度运营时，行调可通过行调工作站取消临时限速，经二次确认后即可取消临时限速。

7）调整列车反方向运行

（1）正向运行的列车，如因运营调整，需反方向运行时，行调通过行调工作站首先取消该列车正向运行车次，已开放的正线运行前方进路需人工解锁。

（2）设置列车反方向运行目的地码，列车反方向运行前方进路开放后，列车反方向运行至目的地后，人工进行开关门作业。

（3）中心调度人员应提前通知相关车站和列车，并通过广播告知乘客。

（4）中心调度人员按照"司机登乘原则"安排司机登车人工驾驶。

（5）中心调度人员人工办理进路。

（6）司机人工驾驶列车运行。

3. 功能分配

1）车辆

接收车载信号系统命令联动车载 PIS、PA 等。

2）信号

（1）具备计划跳停功能，支持对列车（单列、多列）及站台（单站、多站）设置跳停的功能。

（2）扣车或跳停时，信号触发站台广播、站台 PIS 相关信息。

（3）行调工作站对扣车、跳停站台特殊显示。

（4）向车辆、通信、综合监控发送扣车、跳停信息。

（5）可对列车、站台设置或取消扣车作业。

（6）将跳停、扣车信息转发给车辆 TCMS，用于触发车载广播及 PIS 信息提示。

（7）车载 MMI 显示扣车、跳停图标。

（8）扣车后列车自动打开车门及站台门并保持。

（9）ATS 系统应具备删除/增加列车，调整站停时间/提前发车功能。

（10）对列车计划更改时进行冲突检查。

（11）行调工作站可设置列车属性（计划车、头码车、人工车）。

（12）设置提前发车后，司机显示屏应显示为发车状态（倒计时清零），条件满足后应能立即发车。

（13）列车在限速区域运行过程中速度不超过所设置的限速运行。

（14）应具有反向运行模式，可由调度人员人工设置进入该模式。

（15）反向运行时，列车至少应能以 ATP 模式运行。

（16）ATS 应能人工排列反向进路。

3）综合监控

接收信号系统发送的扣车、跳停信息。

4）通信

（1）接收信号系统发送的命令，联动播放相应站台广播。

（2）接收外部系统发送的命令，联动列车/车站 PIS 系统提示。

5）站台门

响应信号系统命令开关站台门。

4. 注意事项

（1）如果车载信号系统与 ATS 系统通信故障，车载信号系统应执行完成最后一条指令。

（2）列车停在车站内收到跳停命令将不执行。

（3）转换轨（正线场段转换轨）可设置扣车。

（十二）末班车运行

1. 场景描述

在末班车到达车站前，车站广播应自动提前告知旅客末班车的发车时间，末班车离开后，车站播送当天运营结束广播，提醒末班车和旅客出站或已进站的旅客离开车站。

2. 场景处理流程

当天最后一班列车运行时，系统根据时间自动播放广播，提醒乘客为最后一班列车，站台 PIS 显示某方向的最后一班列车。

末班车停站时，调度人员可对车内乘客进行广播提醒，当列车到达终点站时，进行清客处理。

末班车运行前方是换乘站时，换乘站应提前通过邻线站台广播通知邻线乘客末班车即将到站信息，提醒乘客换乘。

3. 功能分配

1）车辆

无。

2）信号

（1）末班车运行过标后不自动运行至下一站，在中心行调工作站显示报警。

（2）触发末班车运行相关的站台广播及 PIS 显示。

3）综合监控

无。

4）通信

（1）根据运营要求可对车站进行自动广播或人工广播。

（2）站台 PIS 显示末班车相关内容。

5）站台门

无。

4. 注意事项

站台值班人员进行清场巡视，避免造成乘客滞留车站。

（十三）自动关站

1. 场景描述

车站运营结束后，综合监控系统根据 ATS 系统提供的运营时刻表，在规定的时间内按照规定的程序对车站实行自动关站作业。

2. 场景处理流程

（1）综合监控系统申请关站：

当日车站运营结束 10 min 后，综合监控系统联动触发关站广播，提醒滞留旅客和工作人员车站即将关闭，并在车站值班员工作站显示关站确认提示窗。

（2）车站值班人员确认关站：

① 车站值班员可通过现场巡查或 CCTV 巡视等方式掌握车站 PIS、车站广播、售检票、通风空调、照明、电扶梯和出入口卷帘门设备的即时状态，确认关站条件。

② 车站值班员确认具备关站条件后，通过车站综合监控工作站进行关站确认操作。

（3）综合监控关站：

① 综合监控系统延时 2 min（可设置）自动关闭车站，在延时的时间段依然进行自动关站广播。

② 综合监控系统自动关闭车站的相关机电设备，按照以下顺序进行关站作业（可根据运营要求调整）：

- 自动售检票设备自动进入待机状态。
- 关闭车站 PIS 显示屏。
- 执行环控系统停运模式。
- 车站值班员调用 CCTV 图像，逐一手动确认，电扶梯逐一关闭，CCTV 调用图像按钮与电扶梯启停按钮做闭锁关系。
- 车站值班员调用 CCTV 图像，逐一关闭出入口的卷帘门，CCTV 调用图像按钮与出入口卷帘门启停按钮做闭锁关系。
- 调整照明停运模式。

3. 功能分配

1）车辆

无。

2）信号

发送当前运营时刻表至综合监控系统。

3）综合监控

（1）根据关站时间联动车站广播自动播放相关预录制广播。

（2）根据关站时间联动车站 PIS 自动触发显示车站即将关闭信息。

（3）可调看卷帘门区域 CCTV 图像，显示卷帘门控制画面，经车站值班员确认后关闭卷帘门。

（4）可调看电扶梯区域 CCTV 图像，显示电扶梯控制画面，经车站值班员确认后关闭电扶梯。

（5）车站 PIS、AFC、通风空调、照明、电扶梯、卷帘门等设备纳入综合监控车站自动化设备设计，可经确认后一键关闭。

4）通信

（1）车站广播接收综合监控系统联动指令，触发车站即将关闭预录制广播，提醒滞留乘客。

（2）车站 PIS 接收综合监控系统联动指令，触发车站即将关闭信息显示，提醒滞留乘客。

（3）车站 CCTV 接收综合监控系统调用指令，并在车站 CCTV 监视器上显示相关图像。

5）站台门

无。

4．注意事项

（1）上下行末班车离开后，应自动播放当天运营结束的预录制广播，提醒乘客不要进站或已进站的乘客离开车站。随后在规定的时间逐个关闭车站。

（2）自动关站失败时，车站值班员可通过车站综合监控工作站及车站 IBP 盘、现场操作等方式人工关闭。

（3）完成关站后，车站根据当日调度计划组织进行施工/维护作业，并按施工/维护作业规章进行相应防护。

（十四）列车停止正线服务

1．场景描述

在 FAM 模式下，回场段列车完全进入转换轨时，或者进入正线存车线的停止正线运营列车，收到停止正线服务指令后将停止正线服务，进入停止正线服务工况。

2．场景处理流程

（1）回场段列车停止正线服务。

① ATS 系统自动向完全进入转换轨列车发送"停止正线服务"指令。

② 车载信号系统收到指令后，向车辆发送停止正线服务指令，清除车次，车辆关闭照明、空调、车载 PIS。

（2）进入正线存车线/终端折返线停止正线服务。

① ATS 系统自动向进入存车线/终端折返线列车发送"停止正线服务"指令，清除车次。

② 车载信号系统收到指令后，向车辆发送指令"停止正线服务"，车辆关闭照明、空调、车载 PIS。

③ 因列车设备故障进入存车线/终端折返线并停止正线服务的列车，列车保持上电状态，并等待人员上车处理。

④ 列车按计划在存车线/终端折返线正常休眠并参与次日运营时（该停车区域支持休眠唤醒），次日支持自动唤醒及人工远程唤醒。

3．功能分配

1）车辆

车辆实时接收车载信号系统发送的停止正线服务工况指令。

2）信号

（1）ATS 系统判断列车是否满足进入停止正线服务工况条件，自动为该列车清除头码或车次，并向列车发送"停止正线服务"指令。

（2）车载信号系统实时接收 ATS 系统发送的停止正线服务指令。

（3）如果该列车为回场段列车，则按照派车计划自动或人工设置头码，排列至库线的列车进路。

（4）如果该列车为进入正线存车线停止运营的列车，则延时一段时间后自动向该列车发送休眠指令。

3）综合监控

无。

4）通信

接收外部系统的"停止正线服务"工况，关闭车载 PIS。

5）站台门

无。

4. 注意事项

（1）车载信号系统与 ATS 系统通信故障，列车停在转换轨或存车线不发车，列车执行信号系统最后发送的工况命令。

（2）车载信号系统与车辆 TCMS 通信故障，列车停在转换轨或存车线不发车，列车执行信号系统最后发送的工况命令。

（十五）列车回库

1. 场景描述

列车停止正线服务后，由转换轨回库。

2. 场景处理流程

（1）自动或者人工设置列车头码或车次号，触发进路。

（2）CI 检查车库门状态。

（3）列车计算移动授权。

（4）列车入库时自动鸣笛。

（5）根据移动授权控制列车库内停车。

（6）信号系统按场段内、库内限速进行防护；

（7）列车完全进入库线停稳后，自动删除头码或车次号。

3. 功能分配

1）车辆

接收并执行车载信号系统指令（列车运行、回库鸣笛指令）。

2）信号

（1）按照派车计划自动或人工设置头码/回库计划，排列回库进路。

（2）从场段内调车或者洗车后回库时，ATS 系统自动或人工为列车设置头码，办理回库进路。

（3）该列车完全进入库线停稳后，自动清除头码/回库计划号。

（4）监视车库门状态。

3）综合监控

无。

4）通信

无。

5）车库门

（1）根据信号命令/人工本地打开或关闭。

（2）向信号系统提供车库门状态、操控模式"本地/远程"状态信息。

（3）具备人工旁路功能。

4. 注意事项

（1）如车库门为"开到位且锁闭"状态，但开到位且锁闭状态未能给信号系统，调度人员可通过CCTV辅助判断车库门状态，通过人工旁路车库门，使列车回库。

（2）当SPKS开关置于防护位后发生故障无法复位时，需人工保证轨行区安全、已经无人且具备行车条件的前提下，通过SPKS旁路开关旁路SPKS防护状态，使列车正常回库。

（3）当列车以蠕动模式运行回库，车辆无法响应鸣笛命令时，场调可人工对库内进行广播。

（4）ATS系统根据时刻表进行车库门打开或关闭，也可本地或远程电气按钮控制车库门打开或关闭，本地控制权优先于远程控制。

（十六）清扫

1. 场景描述

列车回到停车列检库后，在安全措施（如启用SPKS）防护下进行清扫作业。

2. 场景处理流程

（1）列车回库停稳后，车载信号系统切除列车牵引并自动向车辆TCMS发送清扫工况，车辆TCMS控制空调、照明等至规定服务模式（也可直接休眠）。

（2）在一个SPKS防护区域内的回库计划列车均回库停稳后，在场段调度工作站上显示相应SPKS防护区域具备清扫条件。

（3）具备按SPKS分区设定清扫时间功能，并联动库内广播。

（4）清扫人员在DCC登记后，由场调控制SPKS开关于防护位。

（5）清扫（日检）人员解锁第一个客室门上车进行清扫作业。

（6）在清扫时间（可配置）结束前一定时间（可配置），触发库内/列车清扫结束提示广播。

（7）清扫人员将第一个客室门关闭后离开SPKS防护区域，并在DCC销记后，场调解除SPKS防护位。

（8）在清扫时间结束后，场段调度工作站上提示进行列车休眠确认。

（9）清扫作业时，场段调度工作站可终止、调整清扫时间。

（10）清扫时间结束后，列车自动休眠或人工对列车进行休眠。

3. 功能分配

1）车辆

（1）接收车载信号系统清扫工况指令，控制列车空调、照明等至规定服务模式。

（2）接收车载信号系统命令，联动列车提示广播。

2）信号

（1）列车回库停稳后进入清扫工况，切除列车牵引。

（2）能根据回库计划判断 SPKS 分区具备清扫条件。

（3）响应 SPKS 操作，并建立防护分区。

（4）清扫结束前，向车辆 TCMS、综合监控系统发送清扫结束提示信息。

（5）清扫结束后，场段调度工作站应提示休眠列车。

（6）场段调度工作站应可终止、调整清扫时间。

3）综合监控

在门禁被打开后，应能在 DCC 综合监控工作站上给出门禁开/关状态信息。

4）通信

接收综合监控系统命令并联动库内相应广播。

5）站台门

无。

4. 注意事项

确认所有清扫人员均已撤出 ATC 控制区域，具备正常行车条件后方可办理清扫注销。

（十七）休眠

1. 场景描述

休眠方式分为如下三种：

（1）远程自动休眠：ATS 系统按计划自动发送休眠指令。

（2）远程人工休眠：中心行调、车辆调、场调人工发送休眠指令。

（3）本地休眠：人工按压车辆休眠按钮。

具备休眠功能的位置如下：

（1）停车列检库线（含全自动区域内的周月检库，试车线模拟站台）。

（2）正线存车线。

（3）终端折返线。

2. 场景处理流程

（1）远程休眠

远程休眠含远程自动休眠、远程人工休眠，具体流程如下：

① 向列车下发休眠命令：

ATS 系统根据计划自动或中心行调、场调人工向 FAM 模式列车发送休眠命令。

② 信号系统检查列车满足远程休眠条件（车辆零速、牵引切除、无其他后续任务等）。
③ 休眠准备。
④ 列车断电。
⑤ 休眠结果监督。

具体步骤如下：

① 车载信号系统实时向 ATS 系统发送当前状态。
② ATS 系统自动或人工向车载信号系统发送休眠指令。
③ FAM 模式时，车载信号系统收到 ATS 系统的休眠指令后，自动撤销方向，同时车载信号系统向车辆 TCMS 发出休眠请求命令。
④ 车辆 TCMS 接收到车载信号系统的休眠请求命令，车辆判断允许休眠后，并向车载信号系统发送休眠确认；车辆判断不允许休眠后，保持当前状态，同时向中心行调/场段调度工作站发送休眠失败报警。
⑤ 车载信号系统收到车辆 TCMS 的休眠确认后，FAM 模式自动取消激活驾驶台指令，同时向 ZC 发送注销请求。
⑥ 休眠唤醒单元向车辆发送该休眠指令（网络）。
⑦ 车辆收到车载信号系统网络发送的休眠指令后，车辆控制整车延时 30 s 断电。
⑧ 车载信号系统判断休眠是否成功，将休眠结果及时反馈 ATS 系统。
⑨ 调度工作站显示休眠状态，若休眠不成功，进行报警提示，通知人工处理。

（2）本地休眠。

FAM/CAM 模式下，司机按压车辆休眠按钮后，开始延时断开车辆非永久母线。信号自动撤销方向，并完成与 ZC（局域控制中心）的注销工作，撤销司机室激活指令。

非 FAM/CAM 模式下，司机按压车辆休眠按钮后开始延时断开车辆非永久母线。

以上两种情况，均执行下述步骤：

① 车载信号系统判断休眠是否成功，将休眠结果及时反馈给 ATS 系统。
② ATS 调度工作站显示休眠状态，若休眠不成功，进行报警提示。由司机通过本地观察，向行调/场调汇报休眠故障，由中心行调/场调通知人工检修。

（3）蓄电池为休眠唤醒单元及通信设备供电。

3．功能分配

1）车辆

（1）车辆 TCMS 接收车载信号系统的休眠请求，并反馈结果。
（2）按压车辆休眠按钮断电时，检查到驾驶室激活信号已经被撤销，车辆延时为全列断电。
（3）车辆收到休眠唤醒单元发来的单端休眠指令后，整车延时断电。
（4）列车休眠状态下，蓄电池为休眠唤醒单元及通信设备供电。
（5）休眠后，应对蓄电池状态进行持续监测，当发生蓄电池欠压时，向信号系统发送报警。

2）信号

（1）ATS 判断列车完全进入库线并清扫完成后，具备休眠条件（列车无故障、处于非检修状态、列车停在休眠唤醒停车窗：停车列检库线、正线存车线、终端折返线），ATS 系统自动或人工向列车发送休眠请求指令。

（2）车载信号系统接收到休眠请求指令，判断满足条件后，向车辆 TCMS 发送休眠请求指令。

（3）车载信号系统接收到车辆 TCMS 休眠确认后，完成 ZC 撤销工作和司机室激活信号，并向休眠唤醒单元发送"列车允许休眠"指令。

（4）休眠唤醒单元向车辆 TCMS 发送休眠指令。

（5）休眠唤醒单元判断是否休眠成功，并将信息上传到调度工作站。

（6）休眠后，应能接收向唤醒模块供电的蓄电池状态监测信号，当发生蓄电池欠压时，具备报警提示功能。

（7）向综合监控系统提供休眠失败信息。

3）综合监控

接收信号系统发送的休眠失败信息。

4）通信

无。

5）站台门

无。

4. 注意事项

（1）休眠唤醒单元采集到检修按钮为检修状态，将此状态上报行调工作站、车辆调工作站，并且不执行唤醒休眠命令。

（2）ATS 系统若收到列车休眠失败状态，则向行调、车辆调和维修调报警提示，并由维修调通知人工处理。

（3）在以下情况下，车载信号系统不响应远程休眠指令：

① 当收到远程休眠指令时，列车处于非 FAM 模式、非零速状态下、司机驾驶室激活时。

② 钥匙激活时，车载信号系统处于人工驾驶模式，不执行远程休眠指令。司机按压车辆休眠按钮后，按本地休眠流程执行。

③ 列车接收到休眠指令，检查满足条件后，向 ZC 申请休眠注销，ZC 回复注销确认，并检查列车休眠时是否可能存在隐藏列车。

④ 休眠异常时，场调（车辆调工作站操作人员）通知人工上车处理。

⑤ 蠕动模式下不支持远程休眠。

（十八）日检与维修

1. 场景描述

（1）日检。

日检是指每日在停车列检库内对列车进行日常检查、维修及维护，检修人员应在安全防护（如启用 SPKS）下对指定列车进行日检作业，同时根据需要按下检修按钮。

（2）维修。

维修指列车进行大修、架修、定修时，须进入非全自动区时系统的处理方式，或列车在全自动区域进行一般性维护的处理方式。

2. 场景处理流程

1）日检

日检分为车内检查和车外检查。在车内检查时，提供照明，不断高压电；车外检查时，断高压电。

（1）车内检查。

在列车回到停车库后，检修人员向场段调度人员申请办理检修手续并领取物品。

在 DCC 登记后，检修人员经安全措施（如 SPKS）防护后从登乘平台经第一个客室门登乘列车。

检修人员上车后，将检修按钮打至"检修位"后进行检修工作。

车内检修工作完成后，检修人员经第一个客室门离开车厢并关闭该门。

检修结束后，将检修按钮复位，检修人员负责清场，确认安全措施已撤除，检修人员均已撤出全自动区域，具备正常行车条件后方可销点。

（2）车外检查。

场段调度人员确认拟进行车外检修的列车所在的防护分区内所有拟回库列车均已入库后，方可同意办理检修施工。

检修人员向场段调度人员申请办理检修手续并领取门禁卡、相关物品。

在 DCC 登记后，经调度操作安全措施（如 SPKS）防护后，并根据检修需要进行落弓断电，检修人员通过门禁刷卡进入相应的防护区域进行车外检修。

检修结束后，检修人员负责清场，确认安全措施已撤除，检修人员均已撤出全自动区域，具备正常行车条件后方可办理检修销点。

2）维修

非全自动区大修、架修、定修。维修列车需人工上电或车下人工缓解制动后，由轨道车牵引进入非全自动区进行维修。

3. 功能分配

1）车辆

（1）车辆设置检修按钮，检修按钮激活时应输出紧急制动。

（2）检修按钮激活后，车辆自动进入检修工况，打开照明和空调，车辆 TCMS 应停止向场段调度工作站发送状态及报警信息。

（3）检修按钮激活时，不响应远程休眠指令，应响应本地休眠、唤醒命令。

2）信号

（1）实时监督车辆检修按钮状态。

（2）非休眠列车，检修按钮激活时应输出紧急制动；检修按钮恢复后应缓解紧急制动。

（3）检修按钮激活时，向场段调度工作站、车辆调工作站汇报列车处于检修状态，并停止发送其他列车信息及报警。

（4）检修按钮激活时，ATS系统应禁止向列车发送远程休眠、唤醒命令，车载信号系统应进行防护，仅响应本地休眠、唤醒命令。

（5）应具备安全防护措施（如SPKS等）。

3）综合监控

门禁系统应根据SPKS开关激活的防护区域，激活相对应区域的门禁。

4）通信

无。

5）站台门

无。

4. 注意事项

（1）检修按钮为非自复按钮，有状态显示。按钮按下时为检修状态，指示灯点亮。

（2）维修时，若休眠唤醒单元断电，在维修完成时，需要恢复休眠唤醒单元供电。

（3）对于完成检修后进行休眠的列车，应确保列车停在停车窗内，否则会导致车辆无法唤醒。

（4）在检修作业防护区域，运营与检修发生"接触网送电"矛盾时，现场检修人员应具有优先权。

（5）列车运行中，使用检修按钮，车载信号系统采集到检修按钮有效，则信号系统触发列车紧急制动；检修按钮恢复后，列车零速时缓解紧急制动，运行级别不变。

（十九）洗车

1. 场景描述

根据洗车计划或人工为列车分配计划，触发至洗车库进路，列车运行至洗车库，与洗车机交互完成洗车作业。

（1）洗车场景包括：

① 计划列车全自动洗车。

② 无计划全自动洗车。

③ 有人驾驶洗车。

（2）洗车库设置类型包括：

① 折返式洗车库。

② 通过式洗车库。

2. 场景处理流程

系统根据洗车计划自动开启洗车机，或由场段人员现地人工或远程开启洗车机，洗车机检查正常后，向信号系统汇报洗车机准备就绪。

1）计划列车全自动洗车

（1）洗车条件确认。

满足如下条件时，场调进行洗车作业任务确认提示：

① 计划列车到达预定时刻及预定地点（停车列检库或转换轨）。

② 洗车机准备就绪。

③ 列车为 FAM 模式。

（2）确认洗车作业：场调确认洗车作业任务。

（3）分配洗车计划并触发至洗车库进路：ATS 系统根据计划为列车分配洗车计划，并触发至洗车库进路，CI 开放信号时需检查列检库及洗车库库门状态。

（4）控制列车运行至洗车库前停车：车载信号系统按照场段限速控制列车运行至洗车库前停车。

（5）申请洗车：车载信号系统向洗车机进行洗车申请，洗车机确认条件满足后确认洗车作业。

（6）进入洗车工况，控制列车运行至头端洗位置：车载信号系统将洗车工况发送至车辆 TCMS，列车匀速运行，车载信号系统控制列车在头端洗位置停准后向洗车机发送相关触发命令。

（7）头端洗（可配置）：洗车机对列车进行端洗，端洗结束后，向车载信号系统发送端洗结束信息。

（8）侧洗：洗车机启动侧洗，车辆控制列车匀速（3~5 km/h）运行。

（9）尾端洗（可配置）：车载信号系统/车辆控制列车在尾端洗位置停准后向洗车机发送相关触发命令；洗车机对列车进行尾端洗。

（10）控制列车运行至库外：尾端洗作业结束后，洗车机向车载信号系统发送端洗结束信息，车载信号系统/车辆控制列车运行至库外。

（11）折返换端（折返式洗车适用）：车载信号系统根据 ATS 系统命令控制列车折返换端。

（12）申请通过洗车库：车载信号系统向洗车机申请通过洗车库，洗车库回复允许通过后，控制列车以不超过洗车库限速通过洗车库。

（13）继续运行至规定位置：车载信号系统根据 ATS 系统命令控制列车运行至规定位置，洗车作业结束。

2）临时计划的全自动洗车

（1）人工确认洗车条件。

满足如下条件时，场调可进行洗车作业：

① 列车在预定地点（停车列检库或转换轨）。

② 洗车机准备就绪。

③ 列车为 FAM 模式。

（2）人工为列车分配洗车计划，系统自动触发/人工办理至洗车库进路，CI 开放信号时需检查列检库及洗车库库门状态。

（3）后续流程与本节"1）计划列车全自动洗车"中（3）~（13）内容一致。

3）有人驾驶洗车

（1）人工确认洗车条件。

满足如下条件时，场调可进行洗车作业：

① 列车在预定地点（停车列检库或转换轨）。

② 洗车机准备就绪。

（2）人工为列车分配洗车计划/目的地码，系统自动触发/人工办理至洗车库进路，CI 开放信号时需检查列检库及洗车库库门状态。

（3）运行至洗车库前：司机以 CM、RM 模式人工驾驶列车运行至洗车库前停车。

（4）头端洗：司机根据洗车库库内信号，在允许洗车时控制列车运行至端洗位置；洗车机人工确认后进行头端洗；头端洗结束后，洗车机收回洗车臂，并显示允许移动信号。

（5）侧洗：洗车机开始侧洗作业，司机人工驾驶列车匀速运行（暂定 3~5 km/h）；司机控制列车对准尾端洗位置，洗车机停止侧洗作业。

（6）尾端洗：洗车机人工确认后进行尾端洗；尾端洗结束后，洗车机收回洗车臂，并显示允许移动信号。

3. 功能分配

1）车辆

（1）车辆 TCMS 接收车载信号系统发送的洗车工况命令（网络）。

（2）车辆根据洗车工况控制列车低速运行（车速 3~5 km/h）。

2）信号

（1）场段 DCC 根据当天运营计划选择空档时间设置待洗列车的车组号、洗车时刻，并能自动或远程人工下发"洗车"工况。

（2）列车洗车出库时，ATS 系统根据洗车开始时刻提前 10 min（可设定）向洗车库门发送开门命令，若洗车库门超过规定时间（60 s，可设定）未打开，则在场段调度工作站报警。

（3）应与洗车机接口交互信息实现全自动洗车，当洗车机就绪且洗车库门打开状态下，ATS 系统按洗车计划向场段调度工作站提示洗车请求。

（4）在洗车库入库端应能向洗车设备发送洗车请求，待接收洗车机"洗车机就绪"后控制车辆以洗车模式洗车。

（5）应对洗车过程中洗车机故障、列车紧急制动进行监督及防护，当信号系统失去与洗车机的信息时，列车应立即制动，发生故障终止洗车后，在接收到洗车机允许通过信号时，应可控制列车继续运行。

（6）一批次连续洗车计划全部完成后，场段调度工作站提示是否关闭洗车库门，场调确认后 ATS 系统向洗车库门发送关闭命令，洗车库门自动关闭。

（7）应对列车洗车速度进行超速防护。

3）综合监控

无。

4）通信

（1）洗车库设置摄像机，并在 DCC 设置监控终端。

（2）根据外部系统触发指令向场段调度人员推送洗车库的 CCTV 画面。

5）站台门

无。

6）洗车机

（1）在洗车机主体正常且远程控制终端正常开启时，洗车机才能向信号系统发送"洗车机就绪"信号，允许进行洗车。

（2）洗车设备具有远程、就地开启并设置模式功能，能够远程、就地中止洗车作业；洗车设备应具有自诊断功能，出现无法洗车的故障时，应立即向信号系统发送洗车机故障信息。

（3）洗车机收到信号发出的洗车请求后，应在准备就绪后恢复"洗车机就绪"。

（4）洗车设备根据与信号交互信息执行自动洗车作业。

（5）洗车作业完毕后，洗车设备自动停止运行，进入规定模式。

（6）洗车机应在 DCC 设置 CCTV 监视终端对洗车库洗车作业进行监控。

4. 注意事项

（1）由场段派车工作站人工制订洗车计划，设置待洗列车的车组号、洗车时刻。

（2）需提前对洗车机进行上电，通过上电自检成功后对外输出准备就绪。

（3）当预定的被洗列车不在规定位置或洗车机未准备就绪时，ATS 系统不提示洗车，应向场段调度工作站进行提示。

（4）全自动洗车时，若洗车机故障或人工按下洗车机急停按钮时，洗车机需要向车载信号系统发送相应状态信息。车载信号系统对列车实施紧急制动。

（5）洗车过程中，若车辆、信号等故障导致列车紧急制动时，车载信号系统应立即向场段调度工作站报警并停止洗车，退出洗车工况，洗车机应终止洗车并收回洗车臂。

（6）洗车失败后恢复列车运行：

① 因故导致洗车作业终止时，远程/人工处理故障。

② 故障处理完毕后，洗车机可自动/人工确认向车载信号系统发送允许通过信号，车载信号系统控制列车运行至规定位置。

③ 洗车时，车载信号系统向车辆 TCMS 发送"洗车工况"，车辆控制照明、空调、车载 PIS 等进入相应服务模式。

（二十）场段内转线

1. 全自动区域内转线

1）场景描述

场段内全自动区内可实现自动调车作业。

2）场景处理流程

（1）场段调度人员根据列车使用情况，编制场内调车计划。

（2）根据场内调车计划或由场段调度人员手动为列车分配目的地码。

（3）场段调度人员人工或信号系统自动排列进路，分配列车移动授权，列车以全自动运行模式驶入指定目的地。

3）功能分配

（1）土建。

无。

（2）车辆。

① 在场段内调车作业时，列车关闭客室内照明、空调、车载 PIS。

② 列车应有指定的客室车门便于司机从外侧（通过钥匙）进入，并能在车厢内锁闭该扇车门。

③ 启动指示灯应能显示在无人驾驶模式下列车是否具备移动授权。

（3）信号系统

① 系统具有手动或自动排列场内进路功能。

② 系统应具有存储及发送场内目的地码功能，且可以通过场段调度工作站进行设置。

③ 向车辆输出列车的工况信息。

4）注意事项

（1）在自动转线过程中，车载信号系统与 ATS 系统通信故障情况下不影响本次转线作业。

（2）编制场内调车计划时，应考虑列车停放顺序。

（3）场段调度人员通过 ATS 系统监控场内进路排列情况及调车情况。

2. 非全自动区域内转线

1）场景描述

根据调车计划，列车在非全自动区按人工驾驶模式驶入指定目的地。

2）场景处理流程

（1）场段调度人员根据列车使用情况，编制场内调车计划。

（2）场段调度人员手动排列进路，司机按地面信号人工驾驶[RM 或 EUM（紧急非限制人工驾驶模式）]列车驶入指定目的地。

3）功能分配

（1）土建。

应设置全自动区和非全自动区，并进行隔离。

（2）车辆。

无。

（3）信号系统。

系统具有手动排列场内进路功能。

4）注意事项

（1）编制场内调车计划时，应考虑列车停放顺序。

（2）场段调度人员通过 ATS 监控场内进路排列情况及调车情况。

3. 全自动区域至非全自动区域转线

1）场景描述

根据调车计划，列车按在"全自动/非全自动转换区"区域转换驾驶模式后，驶入指定目的地。

2）场景处理流程

（1）车场调度人员根据列车使用情况，编制场内调车计划。

（2）场段调度人员根据场内调车计划为列车分配相关路径的目的地码。

（3）场段调度人员人工或系统自动排列进路，分配列车移动授权，列车以全自动运行模式驶入"全自动/非全自动转换区"区域。

（4）司机在通过车辆启动指示灯确认列车处于全自动运行模式且不具备移动授权后，从登乘平台经指定的客室门登乘列车。

（5）司机将列车从全自动运行模式切换至人工驾驶模式（RM 或 EUM）。

（6）场段调度人员手动排列进路，司机人工驾驶列车驶入非全自动区指定目的地。

3）功能分配

（1）土建。

① 应设置全自动区和非全自动区，并进行隔离。

② 为保证全自动区内的上、下车作业人员的安全，每个防护区域应配置独立、封闭的安全通道，并设置登乘平台；登乘平台应设置一扇登乘门，登乘门宽度应大于车门，供维修人员、司机、清扫人员等登车。

③ 在"全自动/非全自动转换区"区域处设置登乘平台。

（2）车辆。

① 列车应有指定的客室车门便于司机从外侧（通过钥匙）进入，并能在车厢内锁闭该扇车门。

② 设置车外启动提示灯。

（3）信号系统。

① 系统具有手动或自动排列场内进路功能。

② 系统应具有存储及发送场内目的地码功能，且可以通过场段调度工作站进行设置。

③ 向车辆输出列车的驾驶状态信息。

④ 车载信号系统向车辆系统输出列车的驾驶状态信息，启动指示灯应能显示在无人驾驶模式下列车是否具备移动授权。

4）注意事项

（1）编制场段内调车计划时，应考虑列车停放顺序。

（2）场段调度人员通过 ATS 监控场内进路排列情况及调车情况。

（3）"全自动/非全自动转换区"区域的管理应按照全自动区的管理要求进行管理。

（4）若列车在库内故障，司机在库内登车，人工驾驶列车驶入非全自动区域。

（5）若列车在全自动运行区域内故障，无法自动运行，需人工登车处理。

4. 非全自动区域至全自动区域转线

1）场景描述

根据调车计划，列车按在"全自动/非全自动转换区"区域转换驾驶模式后，驶入指定目的地。

2）场景处理流程

（1）场段调度人员根据列车使用情况，编制场内调车计划。

（2）场段调度人员人工排列进路，司机按照调车计划人工驾驶列车（RM 或 EUM）驶入"全自动/非全自动转换区"区域。

（3）司机将列车驾驶模式切换至全自动运行模式。

（4）司机通过指定的客室门下车，关闭该门并离开全自动区域后，告知场段调度人员。

（5）场段调度人员根据场内调车计划为列车分配目的地码；

（6）场段调度人员人工或系统自动排列进路，分配移动授权，列车以全自动运行模式驶入全自动区指定目的地。

3）功能分配

（1）土建。

① 应设置全自动区和非全自动区，并进行隔离（物理隔离）。

② 为保证全自动区内的上、下车作业人员的安全，每个工作人员防护区域应配置独立、封闭的安全通道，并设置登乘平台；登乘平台应设置一扇登乘门，登乘门宽度应大于车门，供维修人员、司机、清扫人员等登车。

③ 在"全自动/非全自动转换区"区域处设置登乘平台。

（2）车辆

① 在场内调车作业时，列车关闭客室内照明、客室内空调通风、车载 PIS。

② 列车应有指定的客室车门便于司机从外侧（通过钥匙）进入，并能在车厢内锁闭该扇车门。

③ 设置车外启动提示灯。

（3）信号系统

① 系统具有手动或自动排列场内进路功能。

② 系统应具有存储及发送场内目的地码功能，且可以通过场段调度工作站进行设置。

③ 向车辆输出列车的驾驶状态信息。

④ 车载信号系统向车辆系统输出列车的驾驶状态信息，启动指示灯应能显示在无人驾驶模式下列车是否具备移动授权。

4）注意事项

（1）编制场段内调车计划时，应考虑列车停放顺序。

（2）场段调度人员通过 ATS 监控场内进路排列情况及调车情况。

（3）"全自动/非全自动转换区"区域的管理应按照全自动区的管理要求进行管理。

（4）若列车在全自动运行区域内故障，无法自动运行，需人工登车处理。

（二十一）车上设备工作状态远程检测

1. 场景描述

车载信号系统、车辆 TCMS 系统将列车状态及报警等信息（车辆自检信息，含 TETRA）上传至中心调度工作站，为中心调度人员提供必要信息，强化列车远程监测功能。

2. 场景处理流程

车载信号系统、车辆 TCMS 系统通过车地无线将列车状态及报警等信息上传至中心调度工作站，主要包含信息如下：

（1）列车运行状态信息、列车关键设备状态及故障信息（如制动控制单元、走行部在线检测、蓄电池充电机等）、列车相关设备的工作状态信息。

（2）车辆 TCMS 显示屏信息。

（3）车载信号 MMI 显示屏信息。

（4）车载智能照明系统（可选）手动、中心远程控制状态。

（5）司机台盖板、电气柜柜门防护及报警状态信息。

（6）休眠时，列车应具备蓄电池状态上传至中心，当发生蓄电池欠压时，向中心报警提示。

（7）车辆关键系统需对列车运行和故障状态进行处理，TCMS 处置相关故障信息且上传到中心。

（8）车辆实时监督车辆相关设备的工作状态，对车辆制动系统故障、障碍物检测激活、客室门紧急解锁、紧急呼叫装置激活、车门状态丢失、车辆火灾等影响列车运行安全的情况进行防护并将事件信息上传至中心。

（9）车辆需具备对关键安全电路及元器件状态进行状态监测，并上传至中心。

（10）车辆具备对关键电路故障进行远程复位，并将故障信息上传至中心。

（11）车辆具备客室门发生障碍物检测、紧急解锁情况时，将故障信息上传至中心。

（12）车辆需具备对受流装置进行中心远程操控，并将故障信息上传至中心。

3．功能分配

1）车辆

车辆 TCMS 通过信号车地无线通道将车辆状态及报警信息上传至行调工作站、车辆调工作站。

2）信号

（1）将车载信号设备状态及报警信息、车载 MMI 信息上传至行调工作站、车辆调工作站。

（2）车辆调工作站显示列车信息。

（3）为车辆提供列车至中心传输通道，主要信息为与行车安全相关的列车状态及报警数据。

3）综合监控

乘客调工作站显示列车状态及报警信息。

4）通信

无。

5）站台门

无。

4．注意事项

针对车上设备故障及应急情况下的处理措施见后续故障场景及应急场景相关描述。

（二十二）全自动区域内人员防护

1．场景描述

对于全自动区，应按区域设置 SPKS 人员防护开关；人员防护开关激活时，应进行相应防护，并联动相应区域的门禁系统。

2. 场景处理流程

1）人员防护开关设置原则

（1）场段防护范围原则：

① 对停车列检库每两股道设置一个防护分区，SPKS 开关设在 DCC（暂定）。

② 场段内咽喉区设置防护分区。

③ 洗车库设置防护分区。

④ 试车线设置防护分区。

（2）正线 SPKS 防护范围原则：

① 每侧站台轨行区设置 2 个防护分区，正线存车线可根据需要单独设置 SPKS，或者通过站台 SPKS 进行防护。

② 出站防护分区负责本站出站计轴（不含站台轨）至下一站进站前计轴之前的区段。

③ 进站防护分区负责本站进站计轴（含站台轨）至上一站出站计轴。

④ 正线与场段间的 SPKS 防护分界为进场段（JC/JD）信号机处计轴。

（3）人员防护开关集中设置于车控室、场段 DCC（暂定）。

2）人员防护开关激活

（1）应对其防护区域内的 CBTC 及以上列车实施紧急制动。

（2）关闭该防护区域相关的信号机（降级模式列车适用）。

（3）信号系统将该防护区域视为封锁区域。

3）人员防护开关恢复

（1）应对其防护区域内的 CBTC 及以上列车缓解紧急制动，列车自动发车。

（2）因 SPKS 激活导致关闭的信号机，人工执行信号重开才能允许信号开放。

3. 功能分配

1）车辆

无。

2）信号

（1）设置 SPKS 人员防护开关及旁路开关。

（2）根据 SPKS 开关状态建立、取消防护分区。

（3）显示 SPKS 状态及防护分区建立状态。

（4）SPKS 开关激活后，对应范围内信号为禁止状态。

（5）将 SPKS 开关激活信息发送给门禁系统。

3）综合监控

门禁系统应根据 SPKS 开关激活的防护区域，激活相对应区域的门禁开关。

4）通信

无。

5）站台门

无。

4. 注意事项

（1）如果要跨越股道（2股道一个分区），需要将跨越股道及目标股道的SPKS均置为有效。

（2）SPKS开关防护区建立后，应允许单操该区域内的道岔。

（3）SPKS开关与供电不宜联锁。

（4）人员防护开关无法激活时，应通过其他手段进行防护。

（5）人员防护开关激活后无法恢复时，应通过SPKS旁路开关取消防护分区。

二、故障场景

全自动运行发生故障时，应尽量使列车继续运行至站台进行故障处理，避免区间救援。设备故障未导致列车区间停车，至少应行驶至下一站进行故障处理。

轨旁设备故障导致区间停车，应尽快排查故障恢复列车运行。如故障不能短时间内处理完毕，应安排应急人员登车介入。

车辆及车载设备发生故障导致区间停车，可采用远程复位、远程旁路及远程重启等手段恢复故障。如故障不能完全恢复，可根据故障情况采取蠕动模式（CAM）、远程限制运行模式（RRM）使列车继续运行至站台。如列车完全不能继续运行，应进行救援。

（一）站台门故障隔离车门

1. 场景描述

站台门故障并人工锁闭隔离后，列车在该站台停站时，该侧站台的列车相对应的车门也保持锁闭，不参与停站的开门作业。

2. 场景处理流程

（1）站台门发生故障并隔离后，对乘客进行提示：

① 站台门应点亮对应站台门的故障指示灯。

② 车辆联动相对应的隔离车门上方的动态地图显示此门不打开的信息。

（2）列车进站停稳后，信号系统分别向车辆和站台门发送打开车门指令和打开站台门指令，已隔离站台门对应的车门由车辆控制不打开。

（3）列车驶离站台规定距离后，不再与该站台的站台门通信，车载信号系统不再转发该站台门故障信息给车辆TCMS。本列车对由站台门故障隔离导致的车门对位隔离状态进行复位。

3. 功能分配

1）车辆

（1）接收信号系统转发的站台门故障隔离信息，处理对应车门侧的车门隔离不打开。

（2）车辆触发隔离站台门相对应的车门上方动态地图上显示的此门不打开的信息。

（3）车辆应能联动车载广播提醒乘客车门对位隔离信息（暂定）。

2）信号

（1）信号系统接收站台门故障隔离信息并进行报警。

（2）ATS调度工作站显示站台门开关总状态。

（3）信号系统向车辆TCMS转发站台门隔离状态信息。

（4）车门及站台门不联动的情况在ATS调度工作站上显示相应的报警信息。

（5）当列车处于FAM、CAM、AM、CM模式时，均应支持站台门故障隔离车门。

3）综合监控

（1）站台门故障时联动站台相应区域的CCTV图像。

（2）综合监控工作站显示站台门故障报警。

（3）综合监控工作站显示车门隔离站台门和站台门隔离车门状态信息。

（4）乘客调工作站能够调取CCTV图像。

4）通信

响应综合监控系统触发命令，能在中心、车站显示站台CCTV图像。

5）站台门

（1）支持对位隔离功能。

（2）站台门隔离信息提示（站台门的故障状态和对位隔离状态需要区分显示）。

4. 注意事项

（1）FAM模式或CAM模式下，若车门未接收到站台门故障隔离信息（站台门与信号的网络接口故障，但继电接口仍有效）时，无须人工介入，不影响列车开关门及发车。

（2）无法实现联动车门/站台门功能时，列车运行至站台停车，整侧站台门未正常打开，车门开启，信号系统向中心报警，并由调度人员通知站台值班人员处理。

（3）站台门故障时应能点亮相应的故障指示灯，列车进站前或上一站列车出站前在对应的车门上方动态地图显示此车门不打开的信息。

（4）应提前点亮站台门故障对应车门的故障指示灯。

（二）站台门状态丢失

1. 场景描述

站台门状态丢失是指站台门关闭且锁闭信号无效。

2. 场景处理流程

（1）列车运行进站或出站过程（在站台有效范围内）中，若站台门状态丢失，车载信号系统立即实施紧急制动；若站台门状态恢复且处于关闭和锁闭状态时，车载信号系统自动缓解紧急制动，继续以全自动模式运行；出站超出站台有效范围，列车继续运行。

（2）列车停稳在站台停车窗内时，若站台门状态丢失，车载信号系统立即切除牵引；站台门状态恢复，处于关闭且锁闭状态时，车载信号系统检查满足发车条件，继续以全自动运行。

（3）当由于站台门关闭且锁闭状态丢失导致列车无法继续运行时，可通过人工操作PSD"互锁解除"开关来切除信号系统对站台门状态的监督，使列车继续运行。

3. 功能分配

1）车辆

无。

2）信号

（1）信号系统应采集站台门状态，并在调度工作站上进行显示。

（2）根据列车位置，信号系统针对站台门状态丢失对列车进行防护。

3）综合监控

（1）显示站台门、端门状态及故障报警。

（2）显示间隙探测报警信息。

（3）通过与站台门系统的接口，联动相应CCTV图像。

4）通信

（1）中心/车站支持人工广播通知乘客故障信息。

（2）中心支持人工发布PIS系统信息，通知乘客故障信息。

（3）接收综合监控系统命令，中心/车站显示CCTV图像。

5）站台门

（1）可操作PSD"互锁解除"开关来切除信号系统对站台门状态的监督。

（2）站台门将间隙探测检测结果整合至站台门关闭且锁闭状态后，发送给信号系统。

4. 注意事项

（1）站台门故障（可关闭）的处理方式：由站台值班人员人工关闭站台门后，对该站台门进行隔离操作。

（2）站台门故障（无法关闭）的处理步骤：①由站台值班人员通过互锁解除开关解除站台门与信号系统的互锁。②信号系统采集到站台门互锁解除信息后，可开放信号。

（3）端门状态为打开时，站务人员可以通过调看CCTV图像或现场确认端门是否打开。如端门打开，站务人员需通过调看端门对应的CCTV回放进行核查。

（三）车辆设备故障

1. 场景描述

列车运行过程中车辆设备发生故障后，根据故障的影响范围采取不同的处理措施。

2. 场景处理流程

车辆主要故障及处理流程如表3-5所示。

表 3-5　车辆主要故障及处理流程表

序号	故障名称	全自动运行模式下远程处理建议
1	制动故障	详见"车辆制动系统故障"场景描述
2	空压机故障	单台或多台空压机发生故障，故障信息和主风压力状态发送至控制中心，控制中心显示故障告警。查看车辆调工作站是否提示空压机控制断路器跳断，如有，则将其复位。若远程处理无效，1台故障另1台正常，则维持全自动运行至终点站，转本地处理。若2台空压机均故障，根据主风压力情况进行处置。主风压力正常，列车以 FAM 运行至下一站，转本地处理。若主风压力低触发紧急制动，参见"主风压力低"描述
3	辅助系统故障	单台或多台辅助逆变器发生故障，列车将故障信息发送至控制中心，控制中心显示故障告警。查看车辆调工作站是否提示 SIV（辅助逆变器）电源断路器跳断，如有，将其复位。若远程处理无效，1台辅助逆变器严重损坏时，全自动运行至下一站，转本地处理。2台辅助逆变器 SIV 严重故障，若远程处理无效，等待工作人员上车处理。若人工处理无效，则停车降弓等待救援
4	蓄电池充电机故障	单台或多台蓄电池充电机发生故障，列车将故障信息发送至控制中心，控制中心显示故障告警。如有任意1台蓄电池充电机有110 V，输出则继续运行；如无效，则退出服务。若列车泊停区间，人工执行远程故障复位操作，若复位成功，列车继续以 FAM 模式运行；若复位失败，则对列车进行救援
5	高速断路器无法闭合故障	查看车辆调工作站 HB（高速断路器）控制断路器是否跳闸，如有，则将其复位。若远程处理无效：一个高速断路器故障，导致1个牵引逆变器未投入，全自动运行至终点站退出服务，转本地处理；两个及以上高速断路器故障，导致2个及以上牵引逆变器未投入，尽量维持列车进站转本地处理，故障消除继续全自动运行；如无效，则根据相关规章清客后运行至就近存车线退出服务
6	牵引系统故障	牵引逆变器发生故障，列车将牵引逆变器故障信息发送给控制中心，控制中心显示故障告警。查看车辆调工作站是否提示 VVVF 控制断路器跳断，如有，则将其复位。若远程处理无效，根据故障数量及故障程度，维持列车进站，或运行至终点站转本地处理。若复位失败，人工处理，甚至救援
7	列车牵引无效，保持制动无法缓解	车辆调确认网压和受电弓状态，若无网压或受电弓降弓，排除供电系统故障后尝试使用车辆调工作站进行远程升降弓处理。 查看车辆调工作站是否提示有断路器跳断，如有，则将其复位。若远程处理无效，转本地处理
8	受电弓故障	列车弓网监测系统监测到受电弓状态异常等可能会导致弓网冲突的故障后，控制中心显示故障告警。调看故障车受电弓状态监测视频及相关信息，确认是否发生弓网事故，若是，则按照《弓网故障应急预案》处理。 如未发生弓网事故，查看车辆调工作站是否提示受电弓控制断路器跳断，如有，则将其复位。如断路器未跳断，车辆调远程操作降弓再升弓（等待10 s），如故障消除，则继续运行至终点站退出服务。如未正常升起，转本地处理
9	冰雪天气接触网异常故障	HMI/车辆调显示网压过低故障，多个 VVVF 显黄，列车尽量贴近限速值驾驶至下一站，切勿在区间内停车

续表

序号	故障名称	全自动运行模式下远程处理建议
10	TCMS-HMI屏故障或显示网络连接中断	使用全自动运行模式运行至终点站退出服务。 查看车辆调工作站是否提示蠕动模式,如有,则使用蠕动模式运行至前方站清客退出服务。如无法动车,转本地处理
11	TCMS系统网络故障	查看车辆调工作站是否提示有相应的断路器跳断,如有,则将其远程复位。若相应断路器未跳断且能动车,尝试使用全自动运行模式继续运行至终点站退出服务。查看车辆调工作站是否提示蠕动模式,如有,则使用蠕动模式运行至下一站清客退出服务。如无法动车,转本地处理
12	车门故障逃生门故障	详见"车门故障隔离站台门""车门状态丢失""再关车门控制"场景
13	空调故障	一台客室空调机组故障,继续运行至终点站,转本地处理,无论是否故障恢复继续运行。 多台客室空调机组故障,车辆调检查SIV工作状态,如SIV故障,依照SIV故障处理步骤处理。 若为空调自身故障,继续运行至终点站,备车替开,在终点站按"空调不启动-本地处理建议"处理。 整列空调不启动或故障,继续运行至前方站清客,退出服务或继续运行至终点站,按"空调不启动-本地处理建议"处理
14	照明故障	列车运营时,出现单节车及以上的照明故障,中心收到相应的故障信息后,远程尝试再次开启照明。如远程操作失效,则根据相关规定运行至终点或站台停车后组织清客下线或维持全天运营
15	乘客信息系统故障	LCD(液晶显示屏)电子图文显示器不显示或卡滞,列车运行到终点站后转本地处理。 CCTV视频监控不显示或未连接,列车运行至终点站处理。 客室LCD电子动态地图显示屏故障,广播功能正常,车辆调通过车辆调工作站查看动态电子地图电源断路器、广播系统控制是否跳断,如跳断,则远程复位;如未跳断,终点站转本地处理
16	车载通信系统/广播功能故障	全自动或半自动或手动广播正常,OCC远程广播不可用时,下一站转非全自动模式运行。 全自动、半自动、手动广播全部不可用,OCC广播正常。中心调度使用OCC广播,列车运行到终点站备车替开,转本地处理。 所有广播不可用,车辆调通过车辆调工作站查看广播系统断路器是否跳断,如跳断,则远程复位;如未跳断,转本地处理。
17	烟火报警	车辆调检查车辆调工作站、HMI屏提示的火灾信息,通过CCTV视频监控查看客室情况,确定是否发生真实火警。 如发生火灾,不影响运行时,维持进站,安排人员先期灭火;若影响运行、迫停区间时,转非全自动运行模式,立即上报并按《火灾应急预案》处理。 如系统误报,车辆调使用车辆调工作站远程复位。 详见"车辆火灾"场景

续表

序号	故障名称	全自动运行模式下远程处理建议
18	障碍物及脱轨检测故障	车辆调/司机查看 HMI 界面有无障碍物及脱轨检测故障提示
19	列车亏电唤醒失败	详见"唤醒"场景
20	关键微型断路器断开故障	详见"故障复位控制"场景。
21	LCU 故障	通过车辆调工作站查看 LCU 断路器是否跳断，如跳断，则进行远程复位；如未跳断，转本地处理
22	主风压力低	车辆由于主风压力低信号而施加紧急制动，车辆将报警信息发送至控制中心，中心调度确认报警后，转人工登车处理。如确认压力值低于 600 kPa，则人工登车操作强迫泵风尝试恢复总风压力值；如压力值无法恢复，则对列车进行救援
23	逃生门关闭状态丢失	逃生门关闭状态丢失后，列车施加紧急制动并禁止牵引，将报警信息发送至控制中心，联动该处摄像头，中心收到故障报警后，人工登车处置并调用列车监控视频查看该逃生门状态

3. 功能分配

1）车辆

（1）能够将车辆设备主要故障及报警信息发送给车载信号系统。

（2）能够根据不同故障类型联动车载广播。

2）信号

能够接收车辆发送的故障及报警信息，并能在行调工作站、车辆调工作站进行显示。

3）综合监控

乘客调可进行相应的远程人工广播。

4）通信

根据车辆触发命令联动车载 PIS、CCTV。

TETRA 支持远程车辆广播功能。

5）站台门

无。

4. 注意事项

无。

（四）车辆制动系统故障

1. 场景描述

在车辆制动系统故障、车辆制动力损失的情况下，车载信号系统应能以一定的策略对列车进行控制。

2. 场景处理流程

（1）当车辆制动系统故障时，车辆通过 TCMS 将车辆紧急制动损失程度（损失的转向架个数）发送给车载信号系统。

（2）当列车有 2 个及以上转向架空气制动不施加时，判定为车辆制动重故障，向信号系统提供"制动重故障"信号。车载信号系统收到此信号后，FAM、CAM、RRM、AM、CM、RM 模式列车将实施紧急制动不缓解，此时应切除车载信号系统转 EUM 模式。

3. 功能分配

1）车辆

（1）车辆应实时监测制动系统状态，将制动力损失情况（制动力损失的转向架个数）发送给车载信号系统。

（2）紧急制动情况下应联动车载广播。

2）信号

（1）当车载信号系统收到制动重故障信号后，FAM、CAM、RRM、AM、CM、RM 模式列车实施紧急制动不缓解，需切除车载信号系统转 EUM 模式。

（2）中心行调工作站、车辆调工作站应能显示列车故障报警信息。

（3）发生单个转向架空气制动不缓解时，可在车辆调工作站上人工远程强迫缓解。

3）综合监控

乘客调工作站应显示车辆制动系统故障报警信息。

4）通信

接收车辆 TCMS 触发命令联动车载 PIS。

5）站台门

无。

4. 注意事项

无。

（五）车门故障隔离站台门

1. 场景描述

当列车车门故障隔离后（仅对人工切除车门适用），本列车停站时对应的站台门应能保持锁闭，不参与停站的开门作业，如站台门打开车载信号系统，应对其打开状态进行防护。

2. 场景处理流程

（1）车门发生故障并隔离后，应对乘客进行提示：

① 车辆联动相对应的隔离车门上方的动态地图显示此门不打开的信息。

② 车辆联动车载广播提醒乘客车门故障信息（暂定）。

③ 站台门系统应点亮故障车门对应站台门的故障指示灯。

（2）列车进站停稳后，车载信号系统自动打开车门及站台门，故障车门由车辆控制不打开，故障车门对应的站台门由站台门系统控制不打开。

（3）站台不广播车门故障和隔离站台门的具体信息，在站台 PIS 显示屏进行相应提示。

（4）列车驶离站台规定距离后，信号系统不再向该站台的站台门发送车门故障隔离站台门信息，本站台的站台门由于车门导致的隔离状态复位。

（5）列车在站台对标停车后如3个及以上（暂定）车门无法打开，通过站台开门按钮或中心通过远程开门仍然无法打开车门，在本站进行清客。清客过程中，站台操作人员解锁登乘列车的客室门及对应站台门进入列车，转为人工驾驶模式手动打开车门、站台人员打开站台门后完成清客。清客完毕后关闭车门及站台门，人工驾驶列车退出运营。

3. 功能分配

1）车辆

（1）当车门发生故障时，车辆TCMS向车载信号系统发送车门故障隔离信息。

（2）车辆在相对应动态地图上显示此门不打开的信息。

（3）车辆应能联动车载广播提醒乘客车门故障信息（暂定）。

（4）车门及站台门编号需车辆和站台门专业协商一致，形成正确的映射关系。

2）信号

（1）信号系统接收车门故障隔离信息。

（2）行调工作站、车辆调工作站界面显示站台门隔离的状态及报警信息。

（3）将车门隔离报警信息转发至综合监控系统，乘客调工作站显示报警信息。

（4）当列车处于FAM、CAM、AM、CM模式时，均应支持车门故障隔离站台门。

（5）行调工作站、车辆调工作站界面针对车门故障隔离站台门和站台门故障隔离车门的状态信息应区分显示。

3）综合监控

（1）综合监控工作站显示车门故障报警。

（2）综合监控工作站显示车门故障隔离站台门和站台门故障隔离车门状态信息。

（3）乘客调工作站能够调取CCTV图像。

4）通信

响应车辆触发命令，推送相应车载CCTV图像。

5）站台门

（1）响应信号系统发送的车门故障隔离状态，保证对位隔离功能。

（2）站台门应点亮已隔离车门对应站台门的故障指示灯（站台门的故障状态和对位隔离状态需要区分显示）。

4. 注意事项

（1）FAM模式或CAM模式下，若站台未接收到车门故障隔离信息（站台门与信号的网络接口故障，但继电接口仍有效）时，无须人工介入，不影响列车开关门及发车。

（2）FAM模式或CAM模式下，存在个别车门故障无法打开（非隔离）的情况下（车门关闭且锁闭信号仍有效），不影响列车站台作业及发车，向行调工作站、车辆调工作站报警，由中心行调通知人工处理。

（3）列车运行至站台停车，整侧车门未正常打开，站台门开启，信号系统向中心报警，并由调度人员通知站台值班人员处理。

（4）当列车跳停时，信号系统不发送跳停站台对位隔离信息。

（5）车门故障隔离站台门需结合前后车情况综合考虑触发命令的发送时机，避免影响其他正常列车的正常开关门作业。

（六）车门状态丢失

1. 场景描述

FAM 模式或 CAM 模式下，当列车因故障造成车门状态丢失时，信号系统根据列车所处位置采取相应的控制措施，行调工作站、车辆调工作站应显示相应的报警信息。

2. 场景处理流程

列车运行过程中在线路上任意位置列车车门状态丢失时，信号系统根据列车的具体位置采取如下措施：

（1）列车零速时车门状态丢失，信号系统将禁止列车起动（或发车）。

（2）列车非零速时车门状态丢失，信号系统经计算检测到列车在有效区域时（有效区域是指当列车紧急停车后，至少有一个车门完全位于站台区域），信号系统将对列车实施紧急制动；若列车位于有效区域外或信号系统经计算检测到列车将在有效区域外停车，信号系统将控制列车继续运行至下一站停车。

列车在站台停稳时，车辆检测到零速后切除牵引，打开车门和站台门不再自动关闭；车载 CCTV 系统将车门状态丢失对应车门的图像主动推送给乘客调 CCTV 监视器。

（1）当车门状态丢失时，若发生站台火灾，信号系统按照优先响应站台火灾处理方式：

① 出站信号未开放时，列车停在站外不进火灾站台。

② 出站信号机开放时，按照列车跳停火灾站台进行处理。

（2）当车门状态丢失时，若发生车辆火灾，按照优先响应车辆火灾处理方式：列车运行至站台停车，打开车门，等待人工上车；

（3）当车门状态丢失时，若列车位于区间且车辆零速，应向中心 ATS 报警，列车切除牵引，推送 CCTV 图像至行调、车辆调 CCTV 监视器；若车门状态恢复，由中心调度通过 CCTV 进行确认后，可授权列车继续运行。

（4）除站台火灾和车辆火灾的情况外，其他场景均按照优先响应车门状态丢失处理方式：列车运行至站台停车，等待人工上车。

3. 功能分配

1）车辆

（1）FAM 模式或 CAM 模式下，车门状态丢失且列车为非零速时，车辆不切牵引；车门状态丢失且列车为零速时，车辆切除牵引。

（2）车辆 TCMS 应能采集乘客操作车门紧急解锁开关的动作，并发送给车载信号系统。

2）信号

（1）根据列车位置，信号系统对车门状态丢失进行防护。

① 列车零速时车门状态丢失，信号系统将禁止列车起动（或发车）。

② 列车非零速时车门状态丢失，信号系统经计算检测到列车在有效区域时（有效区域是

指当列车紧急停车后,至少有一个车门完全位于站台区域),信号系统将对列车实施紧急制动;若列车位于有效区域外或信号系统经计算检测到列车将在有效区域外停车,信号系统将控制列车继续运行至下一站停车。

③ 列车在站台停稳时,车辆检测到零速后切除牵引,打开车门和站台门不再自动关闭。

(2)信号系统应采集车门状态并进行显示,同时将相关状态信息发送至综合监控系统。

(3)信号系统将车辆 TCMS 采集的乘客操作车门紧急解锁开关的动作发送至行调、车辆调和乘客调。

(4)应具备不同场景叠加优先处理机制。

① 当车门状态丢失时,若发生站台火灾,信号系统按照优先响应站台火灾处理方式。

• 出站信号未开放时,列车停在站外不进火灾站台。

• 出站信号机开放时,按照列车跳停火灾站台进行处理。

② 当车门状态丢失时,若发生车辆火灾,按照优先响应车辆火灾处理方式:列车运行至站台停车,打开车门,等待人工上车。

③ 除站台火灾和车辆火灾的情况外,其他场景均按照优先响应车门状态丢失处理方式:列车运行至站台停车,等待人工上车。

3)综合监控

应能显示车门故障报警。

4)通信

推送车门状态丢失区域的图像给乘客调 CCTV 监视器或大屏。

5)站台门

无。

4. 注意事项

无。

(七)信号设备故障

1. 场景描述

信号设备故障主要包括车载信号设备故障、车地通信设备故障和轨旁信号设备故障。其中,轨旁设备故障主要针对信号 ATS 设备故障、信号 ZC 设备故障、联锁故障、道岔故障、计轴故障。

2. 场景处理流程

1)车载信号设备重启

(1)车载信号设备两系均故障时,列车紧急制动,并向中心调度工作站报警。

(2)车辆调工作站可对车载信号设备进行远程重启。

(3)车载信号设备应对重启条件及过程进行防护。

(4)车载信号设备重启后应能恢复列车正常运行。如重启不成功,中心调度员通知站台值班人员由就近站台登乘列车处理,并人工驾驶列车运行至站台清客,清客完成后驾驶列车退出运营。

（5）车载信号系统应向 ATS 系统汇报控制端、非控制端车载设备状态及故障信息。

2）信号 ATS 设备故障

（1）中心 ATS 单机设备故障时，热备冗余设备无缝切换投入工作，并触发 ATS 调度工作站和维修中心工作站报警。

（2）当中心 ATS 主备服务器均故障时，系统自动切换至备用中心的 ATS 服务器并报警。

（3）当主备中心的 ATS 主备服务器等冗余设备均故障时，自动降级至站级 ATS 控制。车站级 ATS 设备自动管理各自监控范围内列车的运行，列车仍可按 FAM 模式继续运行至下一站，中心行调通知站台值班人员上车，转人工驾驶模式运行。

（4）车站级 ATS 分机设备故障但联锁控制设备正常工作的情况下，联锁能给列车分配进路，ZC 设备能够给列车分配移动授权，区间的 FAM 模式列车可继续进站待命，通知站台值班人员上车，转人工驾驶模式运行。

（5）车站级 ATS 工作站完全故障情况下（其他设备正常），中心调度工作站显示相应报警信息，由中心调度人员对该站进行监控，区间的 FAM 模式列车继续运行。

（6）主备中心设备可自动或人工切换并报警。

3）联锁故障

（1）当联锁单机设备故障时，可自动无缝切换到备机工作。

（2）当联锁双机故障，该联锁管辖区域的列车将紧急制动，并向中心调度工作站发送报警信息。

（3）联锁双机故障时，需人工现场处理并排除故障，车站联锁设备故障恢复后，列车根据调度指令恢复运行。

（4）如车站联锁双机故障短时间内无法恢复，则故障处理期间安排人员登乘列车，按运营规定组织联锁故障下的运营。

4）信号 ZC 设备故障

（1）ZC 采用冗余架构，其中一系故障时，系统将自动切换到另一系运行，不影响系统功能。

（2）当 ZC 完全故障时，其控制区域中的所有列车紧急制动，降级为非 CBTC 列车。

（3）ZC 设备故障时，需人工现场处理并排除故障（如重启 ZC），故障恢复后列车根据调度指令安排人员上车转人工驾驶，并在站台停车后重新升级到全自动运行。

（4）如 ZC 设备故障（双机）短时间内无法恢复，该区域范围内安排人员上车后降级到 RM 模式运行。当列车运行至 ZC 工作正常的区域并与其建立有效连接后，可在站台停车后重新升级至全自动运行。

5）车载 DCS 设备故障

（1）车载 DCS 设备应采用双网冗余结构，单网故障不影响列车正常运行。

（2）车载 DCS 通信设备采用在车头和车尾分别设置而构成的双网络实现，车地无线双网同时工作，当一个网络故障时，车地通信不会中断，不影响列车的运行。

（3）轨旁通信设备故障（中心通信服务器正常）时，该区域内的列车紧急制动停车，转为非 CBTC 列车，其他区域的列车应不受影响。

（4）中心通信服务器故障无法使用时，全线列车紧急制动停车，转为非 CBTC 列车。

（5）车地通信中断的列车由联锁通过计轴进行列车位置跟踪，实现与其他列车的安全间隔防护。

6）道岔设备故障

（1）在正线/场段道岔发生失去表示、转换不到位等故障，人工尝试恢复道岔（人员进入轨行区需进行 SPKS 防护）或变更进路方式维持列车运行。

（2）如果列车紧急制动后停在道岔区域，需要安排人员以 RM 驾驶模式将列车驶离。

7）车载信号系统丢失定位

（1）车载信号设备定位信息应头尾冗余，正常时采用控制端信息，控制端车载定位设备故障或控制端丢失位置时不影响列车运行。

（2）车地通信正常情况下，列车丢失定位时，可远程授权列车以远程限制运行模式（RRM）运行一定距离，再次获得定位后自动恢复 FAM 模式运行。

（3）安排人员及时进行故障设备修复或根据具体情况组织临时交路运行。

（4）如因站台区域应答器故障，系统将无法判断列车是否精确停车，导致列车无法自动打开车门及站台门，安排人员上车处理。

8）计轴故障

（1）计轴故障时由 ZC 确认列车位置并保证行车安全。

（2）轨旁计轴磁头受扰的情况下按相关规定进行计轴预复位/计轴复位操作。

（3）计轴主机故障情况下及时进行设备故障修复。

3. 功能分配

1）车辆

无。

2）信号

（1）中心 ATS 设备不可用时，应能切换至备用中心 ATS 设备或车站级 ATS 设备。

（2）具备车站级控制功能。

（3）监控系统设备故障，按故障等级进行报警及提示。

（4）关键设备冗余配置，单系/单体故障不影响列车正常运行。

（5）具备远程限制运行模式（RRM）。

（6）车载信号系统具备中心远程重启功能。

3）综合监控

无。

4）通信

无。

5）站台门

无。

4. 注意事项

无。

（八）蠕动模式

1. 场景描述

FAM 模式列车发生下面所述特定故障后，车载信号系统向 ATS 系统申请进入蠕动模式，中心行调、车辆调授权后，列车以规定的限速（暂定 25 km/h）继续运行。

2. 场景处理流程

（1）信号系统判断 FAM 模式列车发生如下故障时，申请进入蠕动模式：

① 车载信号系统与车辆 TCMS 网络出现通信故障。

② 车载信号系统判断列车多次超速（暂定单程 2 次）导致紧急制动。

③ 车载信号系统判断牵引、制动系统反馈异常。

发生如上故障时列车紧急制动停车，车载信号系统向 ATS 系统申请进入蠕动模式。

（2）车辆判断 FAM 模式列车发生如下故障时，申请进入蠕动模式：

① 车辆网络部分故障，如全列有 2 个及以上制动控制单元生命信号同时丢失。

② 牵引损失 1/2，列车零速后。

发生如上故障时列车紧急制动停车，车辆 TCMS 向车载信号系统汇报故障并主动申请进入蠕动模式，车载信号系统向 ATS 系统申请进入蠕动模式。

（3）行调、车辆调确认进入蠕动模式：

① 行调工作站、车辆调工作站显示列车故障报警信息并提示列车申请进入蠕动模式。

② 行调、车辆调授权列车进入蠕动模式。

③ 列车转为蠕动模式并缓解紧急制动，继续运行至下一站台对标停车，打开车门站台门并保持。

（4）列车后续处理：可安排人员上车转换为人工驾驶模式驾驶列车继续运行，或中心调度组织站台清客后并授权列车继续以蠕动模式运行退出服务。

3. 功能分配

1）车辆

（1）车辆发生本节 2.（2）中所述故障后向车载信号系统申请进入蠕动模式。

（2）根据信号蠕动模式输出，牵引、制动指令及模拟量等信息切换至硬线接口。

（3）车载广播设备响应远程广播。

2）信号

（1）车载信号系统判断列车发生本节 2.（1）所述的故障后，向 ATS 系统申请进入蠕动模式。

（2）中心行调工作站、车辆调工作站应能显示列车故障报警（包含制动重故障）信息。

（3）ATS 系统接收到车载信号系统的蠕动模式申请后，在行调工作站、车辆调工作站上显示列车申请进入蠕动模式。

（4）通过行调工作站、车辆调工作站授权后列车进入蠕动模式，并在站场图上显示蠕动模式状态。

（5）列车以蠕动模式运行过程中，若列车产生紧急制动（包括检测到障碍物等车辆引起的紧急制动），应施加紧急制动不缓解，在中心行调工作站、车辆调工作站显示相关报警，需通知人工上车处理。

（6）可对蠕动模式列车变更计划或调整运行目的地，并授权列车继续运行。

3）综合监控

（1）乘客调工作站可远程对列车进行广播。

（2）乘客调工作站显示列车故障信息、蠕动模式信息等。

4）通信

TETRA 支持远程车辆广播功能。

5）站台门

根据信号系统指令或站台开关门按钮指令控制站台门动作。

4. 注意事项

（1）FAM 模式下，车辆汇报制动重故障时应禁止进入蠕动模式，向行调工作站、车辆调工作站报警，需转人工驾驶。

（2）蠕动模式下，车辆汇报制动重故障时，实施紧急制动不可缓解，向行调工作站、车辆调工作站报警，需转人工驾驶。

（3）蠕动模式下，列车如再次超速，则实施紧急制动不可缓解，向行调工作站、车辆调工作站报警，需转人工驾驶。

（4）蠕动模式下，应在列车退出运营后安排维修人员及时处理故障，列车不允许远程休眠。

（九）远程限制运行模式（RRM）

1. 场景描述

列车以 FAM 模式运行时，列车丢失定位紧急制动停车后应向中心申请进入远程限制运行模式（RRM），由行调授权后，在保证安全的前提下，控制列车低速运行重新建立升级条件或运行至指定区域。信号系统应保证 RRM 模式授权、RRM 模式运行全过程中的安全。

通过采用 RRM 模式，系统可在满足条件后自动升级为 FAM 模式恢复运营。

2. 场景处理流程

1）RRM 模式申请

车载信号设备向中心 ATS 系统申请进入 RRM 模式，具体判断条件如下：

（1）发生了允许进入 RRM 模式的故障，如列车定位丢失或设备故障重启后造成的列车定位丢失等。

（2）列车零速且处于紧急制动状态。

2）RRM 模式授权

行调根据 ATS 调度工作站故障及联动提示信息，判断满足如下条件时，可授权列车进入 RRM 模式：

（1）发生了允许进入 RRM 模式的故障。

（2）列车运行前方进路处于锁闭状态，信号已开放。

（3）故障列车前方至指定区域范围内无其他列车。

3）进入 RRM 模式

车载信号设备判断满足如下条件时，进入 RRM 模式：

（1）发生了允许进入 RRM 模式的故障。

（2）列车零速且处于紧急制动状态。

（3）接收到 ATS 系统恢复的 RRM 模式授权。

（4）接收到地面 ZC 判断满足进入 RRM 模式的条件（与车载信号设备通信正常、列车所处进路或区段锁闭、前方进路锁闭且信号已开放）。

（5）车载信号设备获得中心 ATS 系统的 RRM 模式授权后，应对进入 RRM 模式的时间进行监督，在规定的时间内模式转换成功时，向中心反馈进入 RRM 模式；若在规定的时间内模式转换未成功，向中心汇报模式转换失败。

4）RRM 模式运行

进入 RRM 模式后，车载信号系统应根据地面 ZC 授权移动范围，向车辆输出牵引、制动命令控制列车以不超过限制速度（暂定 25 km/h）运行。

当发生如下情况时，应立即施加紧急制动并退出 RRM 模式：

（1）列车超速。

（2）车载信号设备与地面 ZC 通信故障。

（3）地面 ZC 要求的列车紧急停车，如 SPKS 激活、站台紧急停车按钮激活等。

（4）驾驶台钥匙激活。

5）RRM 模式升级为 FAM 模式

列车以 RRM 模式运行时，若列车运行过程中重新完成定位，满足升级条件时，应自动升级为 FAM 模式恢复运行，并向中心 ATS 汇报状态。

列车运行至站台轨仍未完成定位升级为 FAM 模式，应实施紧急制动，安排人员上车处理。

3. 功能分配

1）车辆

RRM 模式申请时，响应信号系统指令联动车头位置的摄像头，显示列车前方的线路状况。

2）信号

（1）RRM 模式申请以及中心 ATS 系统的 RRM 模式授权确认。

（2）RRM 模式申请时，信号系统应向车辆、综合监控发出 RRM 启用指令并联动车头位置的摄像头，显示列车前方的线路状况。

（3）地面 ZC 负责 RRM 模式移动授权计算，以及 RRM 模式下列车运行安全，在发生影响列车运行安全的事件（如进路取消、列车越过授权范围等）时，应立即向列车输出紧急制动命令。

（4）地面 ZC 应监督列车定位状态，在运行至站台轨后仍未定位成功，应立即向列车输出紧急制动命令。

（5）列车以 RRM 模式运行时，若列车运行过程中重新完成定位，满足升级条件时，应自动升级为 FAM 模式恢复运行，并向中心 ATS 汇报状态。

3）综合监控

列车进入 RRM 模式后，应能调看车头处摄像头，在中心远程显示列车运行前方的线路状况。

4）通信

响应外部系统触发命令，推送相应车载 CCTV 图像。

5）站台门

无。

4. 注意事项

（1）RRM 模式下列车运行安全由信号系统保证，但授权仍需要调度检查安全条件。

（2）RRM 模式并不能解决所有列车降级的情况，如地面 ZC 故障、区间相邻区段多列车同时降级等。

（十）综合监控设备故障

1. 场景描述

综合监控设备故障主要包括：中心综合监控设备完全故障、车站综合监控设备完全故障、综合监控骨干通信网络完全故障。

2. 场景处理流程

1）中心综合监控设备完全故障

（1）中心级综合监控系统完全故障，工作站监控功能受限。

（2）中心调度人员通知车站值班员中心综合监控系统故障，降级至车站管理。

（3）电力调度临时调整为变电所现场控制方式。

（4）中心调度人员通知维修人员进行抢修。

（5）车站及区间隧道机电设备监控功能和火灾报警管理功能由车站实现。

2）车站综合监控设备完全故障

（1）一个或若干车站级综合监控系统完全故障，中心级综合监控系统无法实时获取车站级设备信息，工作站部分监控功能受限。

（2）中心调度人员派遣车站值班员重新启动车站冗余服务器，若系统仍不能恢复，车站值班员报告中心调度人员系统故障，安排专业维修人员抢修。

（3）中心调度人员通知车站值班员加强现场巡检和人工监护。

（4）受影响车站的电力调度临时调整为变电所现场控制方式。

3）综合监控骨干通信网络完全故障

（1）综合监控骨干通信网络完全故障，中心级综合监控系统与车站级综合监控系统的通信中断，工作站监控功能受限。

（2）中心调度人员通知专业维修人员进行抢修。

（3）专业维修人员重启骨干网传输设备，若网络通信仍不能恢复，降级至车站综合监控。

（4）中心调度员通知多车站值班员加强现场巡检和人工监护。

（5）受影响车站的电力调度临时调整为变电所现场控制方式。

3. 功能分配

1) 车辆

无。

2) 信号

无。

3) 综合监控

（1）综合监控关键设备冗余配置，单系/单体故障不影响列车正常运行。

（2）中心综合监控设备不可用时应能切换至备用中心综合监控设备。

（3）具备车站级控制功能。

（4）综合监控系统设备故障，按故障等级进行报警及提示。

4) 通信

无。

5) 站台门

无。

4. 注意事项

无。

（十一）通信设备故障

1. 专用无线通信系统设备故障

1) 场景描述

中心维护人员通过专用无线通信系统网管发现核心设备（含无线二次开发服务器）、调度台、基站、车载台故障；或中心调度发现乘客紧急呼叫功能及中心对车广播功能无法使用，中心无线调度台不能完成与车站通话功能时，通知维护人员处理。

2) 场景处理流程

（1）中心维护人员通过通信网管或中心调度使用中发现故障，上报维修调度。

（2）如为地面设备故障，中心调度派遣维护人员通过重启、更换备品备件等方式尝试修复故障；如为车载台故障，则中心调度扣车并派遣维护人员、站台值班人员登车处置。

（3）若调度台故障无法及时修复，中心调度可使用手持台与相关方通信，并安排站台值班人员登车进行监测；若车载台故障在规定时间无法恢复，站台值班人员持续进行监测，列车运行至终点站退出运行。

（4）若无线集群调度核心设备（含二次开发服务器）、基站设备故障无法及时修复，由中心调度人员对故障影响区域进行扣车，安排站台值班人员登车后转人工驾驶。

（5）故障恢复后，中心调度安排站台值班人员下车。

3）功能分配

（1）车辆系统。

无。

（2）信号系统。

具备对车站或列车扣车功能。

（3）综合监控。

应能接收并显示通信系统的告警信息。

（4）通信系统。

①专用无线通信网管应能实时显示系统全面准确的运行状态并在故障时告警。

②专用无线通信车载台的状态应能发送给TCMS系统。

（5）站台门系统。

无。

4）注意事项

专用无线通信系统为全自动运行核心系统，无线集群调度核心设备（含二次开发服务器）应热备冗余，当中心主用设备故障时，应不影响正常行车调度指挥功能。

2. PIS系统车地无线通信设备故障

1）场景描述

中心维护人员通过PIS系统网管发现PIS车地无线通信网络故障，或中心调度发现无法调取车辆视频或无法下发PIS信息时，通知维护人员处理。

2）场景处理流程

（1）中心维护人员通过网管或中心调度发现故障。

（2）如为地面设备故障，中心调度派遣维护人员到现场处置，并安排站台值班人员登车进行监测。

（3）如为车载设备故障，中心调度对列车进行扣车，并安排维护人员登车进行故障处置，站台值班人员登车监测列车运行。

（4）若故障在规定时间无法恢复，站台值班人员持续进行监测，列车运行至终点站退出运行；若故障恢复，安排站台值班人员和维护人员下车。

3）功能分配

（1）车辆系统。

无。

（2）信号系统。

具备对车站或列车扣车功能。

（3）综合监控。

应能接收并及时显示通信系统的告警信息。

（4）通信系统。

①PIS系统网管应能实时显示系统全面准确的运行状态并在故障时告警。

②PIS 系统车载设备的状态应能发送给 TCMS 系统。

（5）站台门系统。

无。

4）注意事项

无。

（十二）故障复位控制

1. 场景描述

本功能包括故障复位控制和远程强迫缓解两部分。车辆调工作站显示的故障信息（可复位断路器断开、制动不缓解故障报警信息）经过确认后，根据 ATS 系统的提示信息人工确认后，可通过车辆调工作站采取向车辆发送远程复位和远程强迫缓解指令。远程复位指令只允许发送 1 次（可设定），远程强迫缓解指令只允许发送 1 次（可设定）。

2. 场景处理流程

车载信号系统与 ATS 系统通信正常时，可通过车辆调工作站向车辆发送远程复位和远程强迫缓解指令。

（1）故障复位控制功能分为车辆自动复位及远程复位。

车辆自动复位：列车在 FAM 模式下，零速、可复位断路器断开且司机盖板关闭时，车辆执行自动复位 1 次。

远程人工复位：列车在 FAM 模式下，列车零速且司机盖板关闭时，可通过车辆调工作站向车辆发送远程复位指令，车辆 TCMS 只响应远程复位指令 1 次（可设定）。

①可复位的车载信号断路器列表如表 3-6 所示。

表 3-6 可复位的车载信号断路器列表

序号	可复位断路器名称	可复位断路器断开及复位后对设备的影响
1	头端 ATO 断路器	FAM 模式下，头端 ATO 断电，列车紧急制动，若自动复位或远程人工复位成功后，等待中心人工确认后发车
2	尾端 ATO 断路器	FAM 模式下，尾端 ATO 断电，头端监督到尾端 ATO 故障，向中心报警，列车运行至站台停稳后，满足自动复位条件立即复位；若自动复位不成功，人工择机进行远程复位；若人工远程复位仍不成功，则列车运行至车站人工上车处理
3	头端 ATP 断路器	FAM 模式下，头端 ATP 断电，列车实施紧急制动，经自动复位或远程人工复位恢复供电后，以 RRM 模式运行，列车满足升级条件后恢复为 FAM 模式
4	尾端 ATP 断路器	FAM 模式下，尾端 ATP 断电，头端监督到尾端 ATP 故障，向中心报警，列车运行至站台停稳后，满足自动复位条件立即复位；若自动复位不成功，人工择机进行远程复位；若人工远程复位仍不成功，则列车运行至车站人工上车处理

② 可复位的车辆断路器列表如表 3-7 所示。

表 3-7　可复位的车辆断路器列表

序号	可复位断路器名称	可复位断路器断开及复位后对设备的影响
1	司机室激活断路器	设联阶段确定
2	空压机启动控制断路器	设联阶段确定
3	列车控制断路器	设联阶段确定
4	制动装置控制电源 1	设联阶段确定
5	制动装置控制电源 2	设联阶段确定
6	制动控制电源 1	设联阶段确定
7	制动控制电源 2	设联阶段确定
8	安全回路电源	设联阶段确定
9	转向架远程隔离供电电源	设联阶段确定
10	辅助电源控制	设联阶段确定
11	列车激活控制	设联阶段确定
12	RIOM（远程输入/输出单元）模块供电控制	设联阶段确定
13	司机室广播供电	设联阶段确定
14	客室广播供电	设联阶段确定
15	车载 PIS 主机供电	设联阶段确定
16	无线电主机	设联阶段确定
17	车载火灾报警主机供电	设联阶段确定
18	车门控制电源	设联阶段确定
19	车门电源 1	设联阶段确定
20	车门电源 2	设联阶段确定

（2）远程强迫缓解功能如表 3-8 所示。

表 3-8　远程强迫缓解功能

序号	远程强迫缓解功能	说　　明
1	通过车辆调工作站向车辆发送	可远程缓解单个转向架空气制动

3. 功能分配

1）车辆

（1）列车在 FAM 模式下，零速、可复位断路器断开且司机盖板关闭时，车辆可自动复位 1 次。

（2）列车零速、可复位断路器断开且司机盖板关闭时，接收并执行远程复位指令1次（可设置）。

2）信号

（1）车辆调工作站显示车辆故障报警信息。

（2）根据车辆故障报警信息，可通过车辆调工作站下发相应指令进行远程复位。

3）综合监控

无。

4）通信

TETRA支持远程车辆广播功能。

5）站台门

无。

4. 注意事项

（1）远程复位功能需车辆TCMS与车载信号系统网络通信正常，车地无线通信正常。

（2）当司机盖板打开或车辆处于非零速状态时，车辆接收到中心的远程复位或远程缓解指令后不执行该命令。

（十三）列车远程控制功能

在某些故障情况下需远程对列车照明、停放制动、受电弓、空调进行控制时，可通过车辆调工作站进行远程控制。

1. 客室照明控制

正常情况下，车辆根据运行工况自动打开或关闭客室照明。在某些故障情况下需远程对列车进行客室照明控制时，车辆应优先响应车辆调人工远程对客室照明进行的打开或关闭控制，车辆调工作站显示列车客室照明打开/关闭状态信息。

2. 停放制动控制

在某些故障情况下需远程对列车施加或缓解停放制动时，当FAM模式或CAM模式列车为零速时，车辆调可远程施加或缓解停放制动，车辆调工作站显示列车停放制动施加/缓解状态信息。

3. 受电弓控制

在某些故障情况下需远程对列车进行升弓、降弓控制时，可进行如下操作：

（1）当FAM模式列车为零速时，车辆调可远程对车辆受电弓进行升弓、降弓控制。

（2）车辆调人工选择单/双受电弓，发送降单/双弓命令，车辆收到降单/双弓指令，自动断开高速断路器后降下受电弓。

（3）车辆调人工选择单/双受电弓，发送升单/双弓命令后，车辆收到升单/双弓指令，控制受电弓升弓后自动闭合高速断路器。

（4）车辆调工作站显示列车受电弓升/降状态信息。

（5）车辆增设受电弓监测系统。

4. 空调控制

（1）正常情况下车辆根据工况自动启动或关闭空调，在某些特殊情况下需远程对列车空调进行控制时，车辆调可人工远程对单列车空调进行开关控制、模式设定、温度设定等操作。

（2）全线列车空调参数采用统一参数（含根据环境温度自动调整选项），该参数由车辆调进行统一设定、统一下发。当列车唤醒后，可通过信号系统向列车发送列车空调参数。

（3）车辆调工作站显示列车空调参数、空调模式、空调温度等状态信息。

5. 功能分配

1）车辆

车辆提供远程控制接口，接收信号系统的远程控制指令。

2）信号

（1）信号系统接收设备状态信息、故障报警信息，并将状态信息、故障报警信息显示在车辆调工作站上。

（2）可通过车辆调工作站对客室照明、受电弓、空调系统、停放制动进行远程控制。

3）综合监控

无。

4）通信

无。

5）站台门

无。

6. 注意事项

无。

（十四）接触网失电

1. 场景描述

当线路正常运营时，接触网断路器/隔离开关跳闸导致一个或多个供电分区失电，中心应有相应的报警。中心调度人员安排维修人员查看现场情况并进行抢修。若抢修时间过长，可考虑进行列车人员疏散，其他未受影响的区域可根据具体情况组织临时交路运行。

2. 场景处理流程

1）正线接触网失电

（1）接触网失电后在中心调度工作站显示相应的报警信息，列车惰行停车。

（2）中心收到接触网失电报警信息后，中心调度人员通过综合监控工作站确认直流开关跳闸、接触网失电，并在列车停车后组织失电区段的列车降弓待命。

（3）由中心调度人员开启失电列车所在区间隧道通风。

（4）正线供电区段失电时，信号系统对进入该供电分区的前一个车站设置站台扣车。

（5）中心调度人员对断电区段接触网尝试送电，如送电成功，则恢复正常运营；如送电失败，安排人员进行抢修或考虑越区送电。

（6）如抢修时间较长，则需对区间迫停列车进行人员疏散，其他未受影响的区域可根据具体情况组织临时交路运行。

2）场段接触网失电

（1）当场段内接触网断路器/隔离开关跳闸，导致一个或多个供电分区失电，在 DCC 综合监控工作站和中心综合监控工作站上进行报警提示。

（2）中心调度人员通过综合监控工作站确认直流开关跳闸、接触网失电。

（3）中心调度人员尝试对断电区段进行远程复位，进行断路器/隔离开关合闸。

（4）若尝试送电失败，安排专业维修队伍进入场段对牵引电力系统进行抢修。

（5）设备故障修复后，专业维修队伍对接触网进行试送电。

（6）送电成功后，维护人员确认进入场段的专业维修队伍及工具均出清线路。

（7）各相关岗位确认故障区段恢复供电。

3. 功能分配

1）车辆

（1）车载广播应能响应人工远程广播。

（2）车辆的蓄电池应满足 45 min 紧急负载工况。

（3）具备远程升降列车受电弓功能。

2）信号

（1）应能显示接触网失电故障报警信息。

（2）应能对进入该失电分区的前一站站台设置扣车。

3）综合监控

（1）应能显示接触网失电故障报警信息。

（2）应能向车站和车载 PIS 下发乘客服务信息。

（3）应能调看列车 CCTV 图像。

（4）应能向车站和车载 PA 下发预录制广播信息。

（5）应能向信号系统转发相关供电分区失电状态。

（6）应能开启隧道通风模式。

4）通信

（1）应能对车站 PA 进行人工广播，TETRA 支持远程车辆广播功能。

（2）应能在列车和站台 PIS 显示相关信息。

（3）应能响应综合监控命令，显示车内 CCTV 图像。

5）站台门

无。

4. 注意事项

无。

三、应急场景

（一）紧急手柄激活

1. 场景描述

车辆客室内设置紧急手柄，紧急手柄激活后，系统根据列车位置进行相应处理，同时联动车载 CCTV 和对应的紧急呼叫装置至中心调度。

2. 场景处理流程

（1）车辆客室紧急手柄激活后，车辆将此信息发送给信号系统，同时实现车载 CCTV 和对应的紧急呼叫装置联动，可联动车载广播和车载 PIS。

（2）根据列车所在不同位置进行处理：

① 列车在区间运行及进站过程中，若紧急手柄激活，列车继续运行至站台对标停车，打开车门/站台门并保持，站台值班人员需上车处理。人工复位后，可通过按压站台关门按钮（PCB）或中心远程关门后自动发车。

② 列车在停站过程中：

a. 若车门未关闭前紧急手柄激活，车门/站台门保持打开。

b. 若车门/站台门关闭后紧急手柄激活，且列车未起动，信号系统应切除牵引，打开车门/站台门并保持。

站台值班人员需上车处理。人工复位后，可通过按压站台关门按钮（PCB）或中心远程关门后自动发车。

③ 列车在出站过程中：

a. 若紧急手柄激活，车载信号系统判断紧急制动停车后列车车身与站台位置有重合（暂定至少一节车）时，则紧急制动停车，站台值班人员需上车处理。人工复位后，可通过按压站台关门按钮（PCB）或中心远程关门后自动发车。

b. 若紧急手柄激活，车载信号系统判断紧急制动停车后列车车身与站台位置无重合时，列车运行至下一站处理。

（3）车辆 TCMS 显示屏上显示紧急手柄拉下图标。

（4）车载信号系统 HMI 显示屏和车辆调工作站显示紧急手柄报警信息。

（5）车辆联动车载 CCTV 将紧急手柄拉下报警区域的图像显示在车辆调、乘客调 CCTV 监视器和司机台 CCTV 监视器上，同时车辆联动对应的紧急呼叫装置至中心乘客调工作站。

（6）乘客调通过 CCTV 监视器查看车内情况，广播安抚乘客并可指导乘客采用紧急呼叫装置与其通话以了解车内情况。

3. 功能分配

1）车辆

（1）设置紧急手柄，在车载 TCMS 显示屏上显示紧急手柄状态。

（2）紧急手柄激活时，将信息发送给车载信号系统，同时联动车载 CCTV 至中心车辆调、乘客调 CCTV 监视器，联动相应紧急呼叫装置至中心乘客调。

（3）紧急手柄激活后自动联动车内广播、车载 PIS。

2）信号

（1）接收车辆发送的紧急手柄激活状态信息，并在车载 HMI 和车辆调工作站上显示。

（2）根据列车所处位置，采取相应处理措施。

3）综合监控

（1）接收紧急手柄激活状态信息，并在乘客调工作站上显示。

（2）乘客调通过 CCTV 监视器确认后，可对列车进行广播安抚乘客，并可指导乘客采用紧急呼叫装置与其通话以了解车内情况。

4）通信

（1）TETRA 支持远程车辆广播功能。

（2）响应车辆 TCMS 联动，在车辆调、乘客调 CCTV 监视器上显示对应区域 CCTV 图像。

（3）接收车辆 TCMS 触发命令联动对应的紧急呼叫装置至中心乘客调。

（4）接收车辆 TCMS 触发命令联动车载 PIS。

5）站台门

无。

4. 注意事项

（1）车上 CCTV 摄像头图像无法上传中心时，中心调度联系站台值班人员待列车进站停车后处理。

（2）紧急手柄拉下后，因故无法人工复位时，需安排人员上车转人工驾驶。

（3）紧急手柄安装于客室内，为非自复位式，需要使用专用钥匙复位。

（二）紧急呼叫

1. 场景描述

车辆客室内设置紧急呼叫按钮。乘客按压紧急呼叫按钮后，系统自动联动视频监控，由中心调度远程查看现场情况并处置。

2. 场景处理流程

（1）当乘客按压紧急呼叫按钮后，车辆将紧急呼叫报警信息发送至车载信号系统，并联动车载 CCTV 将对应区域 CCTV 图像显示在乘客调 CCTV 监视器和司机台 CCTV 监视器上。

（2）专用无线调度台显示乘客紧急呼叫报警信息。

（3）乘客调工作站、车辆调工作站上显示紧急呼叫报警信息，乘客调工作站可手动调看车载 CCTV 图像。

（4）乘客调通过无线调度台接听乘客紧急呼叫。中心无线调度台收到紧急呼叫请求，乘客调可通过 CCTV 图像了解车内状态，并按需选择接听乘客紧急呼叫，与乘客进行通话。当多个乘客紧急呼叫触发时，中心乘客调可手动选择其中一个进行接听，其余未被接听的呼叫应保留请求，待前一通话结束后，可选择其他呼叫请求，并继续接听。

（5）乘客调工作站结束紧急呼叫后，紧急呼叫相应的报警信息自动复位。

3. 功能分配

1）车辆

（1）设置紧急呼叫按钮，并将紧急呼叫报警信息发送至车载信号系统。

（2）联动车载CCTV将对应区域CCTV图像显示在乘客调CCTV监视器和司机台CCTV监视器上。

（3）与通信系统、综合监控系统配合实现紧急呼叫语音、状态落地。

2）信号

车辆调工作站显示紧急呼叫报警信息。

3）综合监控

（1）乘客调工作站显示紧急呼叫报警信息，并可手动调看车载CCTV图像。

（2）乘客调工作站可选择接听/挂断乘客紧急呼叫；应支持多个乘客紧急呼叫并显示，选择任一接通后，其余未被接听的紧急呼叫应保留请求。

4）通信

（1）响应车辆联动并将视频推送至乘客调CCTV监视器和司机台CCTV监视器，当出现多个乘客紧急呼叫请求时，应能按四画面/九画面显示相应的视频图像。

（2）响应综合监控系统命令手动调取视频至乘客调CCTV监视器。

（3）应支持多个乘客紧急呼叫请求，选择任一接通后，其余未被接听的紧急呼叫应保留请求。

（4）将紧急呼叫报警信息发送至综合监控系统。

5）站台门

无。

4. 注意事项

（1）车辆紧急呼叫按钮为自复位式，乘客按下此按钮后闪烁提示，仅允许中心乘客调或司机挂断。

（2）紧急呼叫响应优先级定义：本地司机台优先于中心远程，即司机台盖板打开时，优先推送至司机台，如超时未接听（暂定15 s）则转接至中心。

（三）障碍物/脱轨检测

1. 场景描述

列车在全自动运行过程中，障碍物检测设备检测线路轨行区限界范围内的障碍物，脱轨检测装置检测车辆转向架与轨道的关系。当障碍物检测设备检测到轨行区障碍物或脱轨检测装置检测到列车脱轨时，系统应立即实施紧急制动停车，并进行相应的防护及联动处理。

2. 场景处理流程

（1）车辆应实时对障碍物/脱轨进行检测，障碍物/脱轨检测装置激活后应立即触发列车紧急制动停车，同时联动车载广播对乘客进行提示，推送车载图像（车辆前端行车摄像机）至中心CCTV监视器。

（2）车辆将障碍物/脱轨检测结果发送至车载信号系统，车载信号系统将该信息发送至 ZC 及 ATS，在中心调度工作站进行报警。

（3）ZC 建立防护区：ZC 建立本线及受影响邻线的防护区域，防护区内的列车实施紧急制动，防护区外的列车按移动授权正常运行。

（4）ATS 进行联动处理：ATS 根据本线及邻线防护区域，对相关站台联动扣车。

（5）中心调度通过 CCTV 图像查看现场情况，安排车站值班人员激活车站 SPKS 开关，对相应区域进行防护后，组织人员现场处理。

（6）人工现场清除障碍物，并确认轨道上无遗留障碍物时，复位障碍物/脱轨检测装置，车辆、信号缓解紧急制动。

（7）车站值班人员恢复 SPKS 开关。

（8）ZC 取消防护区：障碍物/脱轨检测恢复后，行调工作站上提示行调进行 ZC 防护区取消确认，行调确认后，ZC 取消本线、邻线防护区，行调人工取消相关车站扣车命令。

（9）列车恢复运行。

3. 功能分配

1）车辆

（1）设置障碍物/脱轨检测装置，并具备本地旁路功能。

（2）车辆在检测到障碍物或脱轨信息后，实施紧急制动。

（3）车辆将检测结果（"障碍物/脱轨检测有效"）发送给车载信号系统。

（4）车辆在检测到障碍物或脱轨信息后，联动车载 CCTV 和车载 PA（可配置），推送列车运行前方轨道的 CCTV 图像至中心调度工作站，联动车载 PA 对乘客进行提示。

（5）可对障碍物/脱轨检测装置进行本地人工复位。

2）信号

（1）车载信号系统接收车辆发送的障碍物/脱轨检测结果，并对列车施加紧急制动。

（2）ZC 建立防护区域，对防护区域内的列车实施紧急制动。

（3）在行调工作站、车辆调工作站上显示障碍物/脱轨检测报警信息。

（4）ATS 可根据本线防护及邻线防护区域，对相关站台联动扣车。

3）综合监控

（1）乘客调工作站显示障碍物/脱轨检测报警信息。

（2）乘客调工作站可远程调用列车 CCTV 图像，并可远程对列车或车站进行广播。

4）通信

（1）响应车辆联动并将视频推送至中心调度 CCTV 监视器和司机台 CCTV 监视器。

（2）响应综合监控命令手动调取视频至中心调度 CCTV 监视器。

（3）TETRA 支持远程车辆广播功能。

5）站台门

无。

4. 注意事项

（1）障碍物/脱轨检测故障恢复后，行调人工取消扣车。

（2）如果发生无法解除障碍物/脱轨检测报警，紧急制动未能自动缓解，则需安排人员上车缓解紧急制动，以 EUM 模式人工驾驶列车回场段维修。

（四）车上设施异常

1. 场景描述

全自动运行列车在运行过程中发生司机台盖板开启、电气柜门开启、逃生门盖板开启、灭火器取出等情况时，应在中心调度工作站上显示相关报警信息，车辆联动车载 CCTV 自动推送对应区域的 CCTV 图像至中心调度工作站。

2. 场景处理流程

1）司机台盖板、电气柜门开启

（1）司机台盖板、电气柜门非预期开启时应向中心报警，相关报警信息发送至中心调度工作站，车载 CCTV 推送对应区域的图像至中心调度工作站 CCTV 监视器。

（2）中心乘客调通过人工广播劝阻乘客不要擅动司机台、电气柜。

（3）列车运行至下一站实施人工扣车，安排人员上车关闭司机台盖板或电气柜门。

（4）若中心调度经 CCTV 确认是误报警，维持运行至终点站退出运营。

2）逃生门盖板

（1）逃生门盖板非预期开启时向中心告警，相关报警信息发送至中心调度工作站，车辆联动车载 CCTV 将对应区域的图像在中心调度工作站 CCTV 监视器上显示。

（2）中心乘客调通过车载 CCTV 了解逃生门状态。

（3）若逃生门盖板封盖打开，但经确认未发生紧急情况，中心乘客调通过人工广播劝阻乘客不要接近逃生门，列车运行至下一站人工扣车，安排人员上车关闭逃生门盖板。

（4）若确认发生紧急情况需进行疏散时，则按相关管理要求组织疏散。

3）灭火器取出

（1）车上灭火器取出后，车辆联动车载 CCTV 将对应区域的图像在中心调度工作站 CCTV 监视器上显示。

（2）中心调度根据 CCTV 图像、是否接收到车辆火灾报警以及利用乘客紧急呼叫进行通话等进行综合判断，确认现场情况。

（3）中心调度人员如通过 CCTV 判断确实发生车辆火灾，及时转入车辆火灾工况（参见车辆火灾场景）；如确认未发生车辆火灾，通过人工广播劝阻乘客不要擅动灭火设备并将灭火器归位。

3. 功能分配

1）车辆

（1）车载 TCMS 应能将司机台盖板开启、电气柜门开启、逃生门盖板开启、灭火器取出信息发送至车载信号系统、车载 PIS 系统。

（2）能提供远程人工广播及乘客紧急呼叫功能，逃生门盖板开启时，将激活对应乘客紧急呼叫装置。

（3）应能将逃生门打开或关闭状态发送给信号系统。
（4）灭火器固定装置需具备打开或取出的状态报警信息输出。

2）信号

行调工作站、车辆调工作站应显示司机台盖板开启、电气柜门开启、逃生门盖板开启、灭火器取出报警状态。

3）综合监控

（1）乘客调工作站应显示紧急呼叫状态及报警。
（2）乘客调工作站应显示司机台盖板开启、电气柜门开启、逃生门盖板开启、灭火器取出报警。
（3）乘客调可人工调看CCTV图像。

4）通信

（1）支持中心对列车广播、乘客紧急呼叫功能。
（2）响应车辆联动并将视频推送至乘客调CCTV监视器和司机台CCTV监视器。
（3）响应综合监控命令手动调取视频至乘客CCTV监视器。

5）站台门

无。

4. 注意事项

无。

（五）再关车门/站台门控制

1. 场景描述

（1）车门夹人夹物时，车辆自动开关车门多次（暂定三次）后仍未关闭，通过TCMS给车载信号系统反馈车门防夹状态，站台值班人员确认可以关门后，按压站台关门按钮，车门/站台门联动关闭。

（2）站台门夹人夹物时，站台门系统自动多次（暂定三次）后仍未关闭；站台值班人员确认可以关门后，按压站台关门按钮，车门/站台门联动关闭。

（3）再关车门/站台门功能包括：
① 本地（站台）再关门。
② 中心远程再关门。

2. 场景处理流程

（1）本地再关门控制：
① 车辆TCMS向车载信号系统发送车门防夹状态；站台门系统向信号系统、综合监控系统发送站台门防夹状态。
② 信号系统接收到车门防夹状态/站台门防夹状态后在相应调度工作站显示报警信息。
③ 站台值班人员确认可以关车门时，按压站台关门按钮，联锁采集该按钮状态，转发给车载信号系统。

④ 车载信号系统向车辆、站台门发送关门指令。

⑤ 车辆、站台门接收到关门命令时，仅未关闭的车门/站台门执行关门命令，已关闭的不动作。

（2）远程再关门控制：

① 车门、站台门防夹时，系统应联动站台 CCTV 和车载 CCTV 供调度人员远程辅助确认。

② 车辆调可为 FAM/CAM 模式列车发送远程关门指令，车载信号系统联动车门、站台门关闭。

3. 功能分配

1）车辆

（1）车门具备防夹功能并向车载信号系统发送防夹状态。

（2）接收信号发送的关门指令，具备再关门功能。

（3）车门防夹时，联动推送对应区域的车载 CCTV 图像。

（4）具备声光报警装置。

2）信号

（1）接收并显示车门、站台门防夹状态。

（2）站台设置站台关门/开门按钮，具备本地关门/开门功能。

（3）针对停在站台停车窗内的列车可进行远程开关车门/站台门操作。

（4）车门、站台门防夹时，如果信号系统无法检测到站台门或车门"关闭且锁闭"，则已经停在站台的列车将禁止起动离开车站。

（5）具备显示车门防夹报警的功能，并能将车门防夹报警信息转发至综合监控系统。

（6）具备显示站台门防夹报警的功能。

3）综合监控

（1）接收并显示站台门发送的防夹报警信息。

（2）接收并显示信号系统转发的车门防夹报警信息。

（3）站台门防夹时，综合监控系统应联动站台 CCTV 远程辅助确认。

4）通信

响应外部系统指令，推送相应区域的 CCTV 图像至中心调度 CCTV 监视器。

5）站台门

（1）具备防夹功能并向综合监控系统发送防夹报警信息。

（2）接收信号系统发送的关门指令，具备再关门功能。

（3）站台设置 PSL，站台门故障不能关闭时可进行互锁解除。

（4）具备声光报警装置。

4. 注意事项

无。

（六）站台紧急关闭

1. 场景描述

站台或 IBP 盘上的紧急关闭按钮按下后，该车站相应站台实施紧急关闭，系统联动处理，信号系统控制列车运行、显示相关报警信息，中心调度人员可进行远程广播、PIS 信息下发及 CCTV 图像调用等。

2. 场景处理流程

（1）站台紧急关闭后应在行调工作站、乘客调工作站上显示相应报警信息。

（2）站台紧急关闭后，对于尚未进入站台的列车，应禁止其进入站台。

（3）站台停车的列车实施紧急制动，禁止列车出发进入区间，已打开的车门保持开启状态直至站台紧急关闭解除，已关闭的车门保持关闭状态。

（4）站台紧急关闭后，如列车已起动但尚未完全离开站台，列车应实施紧急制动停车，车门保持关闭，等待后续系统指令或人工处理。

（5）站台紧急关闭解除后，列车根据运行授权恢复自动运行或人工驾驶运行。

（6）列车停车后，车载广播自动播放预录制广播或由乘客调远程人工广播。

（7）如在列车开/关门过程中实施站台紧急关闭，则车门及站台门应继续打开或关闭。

3. 功能分配

1）车辆

自动触发或接收命令，联动车载 PA。

2）信号

（1）如设置 SPKS，SPKS 激活后将建立相应防护分区。

（2）站台紧急关闭时，站台停车的列车已打开的车门保持开启状态直至站台紧急关闭解除，已关闭的车门保持关闭状态。

（3）在行调工作站、车辆调工作站显示站台紧急关闭报警信息。

3）综合监控

（1）乘客调工作站显示站台紧急关闭报警信息。

（2）可调取站台紧急关闭车站和车载 CCTV 图像。

（3）可联动或人工对车站 PIS 发布乘客信息。

（4）联动车站 PA 播报预录制广播，具备人工对车站和列车进行远程广播功能。

4）通信

（1）响应外部系统联动或人工发布的指令，站台 PIS 显示对应乘客信息，站台 PA 播报广播提醒乘客。

（2）可对站台紧急关闭范围内的列车实施远程广播。

5）站台门

无。

4. 注意事项

（1）站台如有乘客按下站台紧急关闭按钮，需通过 CCTV 远程或站台值班人员现场进行复核、确认。

（2）实施站台紧急关闭后如需进行疏散，根据相关应急预案进行有序疏散，并通过广播、PIS 系统显示屏等及时进行疏导。

（3）如需人员进入区间进行处理，需按规定将 SPKS 置于防护位，并由电调确定是否需进行断电。

（4）如发现有人员擅入轨行区，车站值班人员应立即实施站台紧急关闭，联动站台 PA 进行紧急广播、站台 PIS 进行紧急信息发布，并人工激活对应 SPKS，建立防护分区，禁止列车驶入该区域。

（七）车辆火灾

1. 场景描述

全自动运行列车在运行过程中检测到火灾报警后，系统进行相应联动处理（联动车载摄像头将火灾位置图像推送至中心），可远程对火灾报警进行确认、复位处理。

正线全自动列车发生火灾时优先选择运行至就近站台进行后续处置，对于进入长大区间范围运行的火灾列车，优先选择运行至就近疏散点停车进行后续处置，回场段运行列车优先选择运行至转换轨进行后续处置，出场段列车应立即停车进行后续处置。

2. 场景处理流程

（1）火灾报警。

① 车辆将火灾报警信息通过车载信号系统上报给 ATS 系统，并由 ATS 系统转发给综合监控系统。

② 车辆联动车载 CCTV 将火灾报警区域 CCTV 图像显示在中心调度工作站 CCTV 监视器及司机台 CCTV 监视器上。

（2）列车运行控制。

车辆火灾报警确认前、确认为火灾后，应按如下原则进行处理：

① 列车在区间或出站过程中，继续控制列车运行至前方站台停车，打开车门/站台门并保持。

② 列车在停站过程中或已关闭车门但未发车时，应禁止列车发车，打开车门/站台门并保持。

③ 列车出场段运行时，应运行至转换轨停车，等待人工处理。

④ 列车回场段运行时，应立即停车，等待人工处理。

（3）火灾确认。

当中心调度人员观察后确认为火灾，远程或本地对车辆火灾进行确认操作；信号系统将火灾确认信息发送给车辆 TCMS。

（4）火灾确认后车辆火灾联动。

① 车辆应联动车载预录制广播和车载 PIS 提醒乘客。

②信号系统应联动相关站台进行扣车、跳停等相关处理,已进入相应区间的列车应立即停车。

③根据车辆火灾情况,通过综合监控系统选择应急联动模式,联动 PIS、PA。

(5)车辆火灾复位。

①当火灾报警确认为误报时,远程或本地对车辆火灾进行复位。

②如确认为火灾且已处理完毕后,需对火灾报警装置进行本地复位。

(6)列车恢复继续运行。

3. 功能分配

1)车辆

(1)车辆应配置火灾检测装置,并将列车火灾信息汇报给车载信号系统。

(2)车辆 TCMS 应联动车载 CCTV 推送火灾报警区域的 CCTV 图像。

(3)可对火灾报警进行远程/本地确认,确认为火灾后,关闭车辆空调系统,联动车载 PIS、PA。

(4)车辆 TCMS 收到信号系统发送的火灾报警复位指令后,复位火灾报警。

2)信号

(1)监督车辆火灾报警,并进行相应的防护处理。

(2)车辆调工作站、行调工作站应显示车辆火灾检测状态及报警,车辆调工作站可对火灾进行远程确认、复位。

(3)确认火灾后,应联动站台扣车、跳停处理。

(4)将火灾报警、火灾复位、火灾确认状态转发至综合监控系统。

3)综合监控

(1)乘客调工作站应显示车辆火灾信息及报警。

(2)应具备车辆火灾应急联动模式,联动车站 PIS、PA、CCTV。

(3)应具备远程对列车人工广播功能。

4)通信

(1)接收外部系统指令,联动车站 PIS、PA 和车载 PIS,并将火灾报警区域的 CCTV 图像推送至中心调度工作站 CCTV 监视器和司机室 CCTV 监视器。

(2)可远程对列车进行人工广播。

5)站台门

无。

4. 注意事项

(1)正线范围内发生车辆火灾时,车站值班人员应根据中心调度及车辆火灾信息开展相关应急操作,如释放车站 AFC 闸机、释放公共区域应急通道门禁等。

(2)场段运用库内发生车辆火灾时,场段值班人员应根据现场情况及车辆火灾信息开展相关应急操作,如激活 SPKS 防护、确保消防通道畅通等。

（3）信号系统接收到车辆火灾报警信息时，调度员需对车辆火灾报警提示进行确认后，信号系统再执行车辆火灾联动模式，此时信号系统对车辆火灾进站停车处理的优先级高于跳停命令处理。

（八）车站火灾

1. 场景描述

车站发生火灾时，信号、综合监控、车辆、通信等系统按照一定的规则完成相应处理。

2. 场景处理流程

（1）当中心、车站综合监控工作站显示火灾报警信息时，综合监控系统联动车站CCTV显示火灾现场的图像。

（2）人工确认火灾后，应触发车站火灾联动，包括联动车站消防广播、消防灭火设备、门禁、AFC闸机、电扶梯等车站设备。

（3）综合监控系统将车站火灾信息发送给信号系统，行调工作站自动弹出车站火灾联动对话框，待行调确认后，向相应列车发送火灾应急指令。

（4）乘客调可人工触发车辆广播、车载PIS显示。

（5）确认车站无火灾后，需人工在行调工作站上取消扣车、跳停等。

3. 功能分配

1）车辆

（1）车载信号系统向车辆TCMS发送车站火灾信息时，相关区间和车站的车辆关闭新风系统。

（2）列车驶离火灾站台一定距离后，车载信号系统取消向TCMS发送车站火灾信息，车辆自动恢复新风系统。

（3）车辆响应信号系统的扣车、跳停命令，联动车载PIS、PA。

2）信号

（1）接收综合监控系统发送的车站火灾报警信息，行调工作站自动弹出车站火灾联动对话框。

（2）行调确认车站火灾联动后，系统自动执行相邻上一站站台扣车，火灾车站站台跳停，向相邻区间进站方向的列车、停在火灾站台的列车发送火灾应急指令：

① 当该火灾站台有停站列车时，停站列车应关闭车门，应立即发车。

② 当该火灾站台无停站列车，区间内有待进站列车时，若出站信号开放，满足跳停条件，则实施跳停；若出站信号未开放，则停在站外，等待跳停条件满足后自动越过车站。

③ 已进入站台区域正在减速停车的列车，若具备跳停条件则执行跳停；若不具备跳停条件，则正常进站停车，车载信号系统不自动打开车门，保持车门关闭，等待跳停条件满足后自动越过车站。

3）综合监控

（1）综合监控工作站应有火灾报警信息显示。

（2）综合监控系统应能联动发生火灾车站 PIS 显示紧急信息，并可在中心人工对受火灾影响而扣车的上下行后方车站发送广播，提示乘客离站。

（3）综合监控系统应能联动车站 CCTV 系统，按照已定义好的图像序列调用该车站火灾的图像。

（4）综合监控系统应能通过车载广播、车载 PIS 向车内受影响列车的乘客说明运营调整情况。

（5）综合监控系统应能将车站火灾报警信息传递给信号系统。

4）通信

（1）车站 CCTV 应响应综合监控系统联动指令，推送已定义好的图像序列至中心和车站的 CCTV 监视器。

（2）车站 PA 应响应 FAS 系统联动指令，播放相应的消防广播和疏散引导提示。

（3）车站 PIS 应响应综合监控系统联动指令，显示紧急文本。

（4）响应综合监控指令，触发对应车站广播，提示乘客离站。

5）站台门

无。

4. 注意事项

（1）若信号机未开放时，需调度人员人工开放出站信号机，使列车能够跳停经过火灾站台。

（2）当终点站发生站台火灾列车无法进站时，列车站外停车，组织乘客区间反向疏散。

（九）区间火灾

1. 场景描述

区间发生火灾时，信号、综合监控、车辆、通信等系统按照一定的规则完成相应处理。

2. 场景处理流程

（1）当 FAS 系统检测到区间发生火灾时，综合监控系统进行区间火灾报警，并将区间火灾报警信息及火灾位置信息发送给 ATS 系统。

（2）信号系统应在行调工作站上自动弹出区间火灾联动对话框，经行调确认后，系统自动执行火灾区间对应上一车站站台扣车；同时检查该区域的列车运行状态，将区间的火灾报警信息发送给该区间运行的列车。

（3）信号系统下发区间火灾信息给区间运行列车后，车辆自动关闭新风系统，中心调度人员可人工介入，可通过列车运行方向前端摄像头调看区间状况。列车到达站台后，信号系统取消发送区间火灾信息，车辆自动恢复新风系统。

（4）区间火灾确认后，环调根据火灾地点及列车位置确定区间风机运转方向，通过综合监控工作站手动启动区间火灾模式。

（5）乘客调可对区间运行列车进行人工广播、乘客紧急信息文本发布。

（6）确认区间火灾扑灭后，行调需人工在行调工作站上取消站台扣车。

3. 功能分配

1）车辆

（1）车辆接收到车载信号系统发送的区间火灾信息后，关闭新风系统。

（2）列车到达站台后，车载信号系统停止向车辆发送区间火灾信息，车辆自动恢复新风系统。

2）信号

（1）信号系统接收到综合监控系统发送的区间火灾信息时，行调工作站、车辆调工作站显示区间火灾报警信息，行调工作站自动弹出区间火灾联动对话框。

（2）联动上下行前一站站台进行扣车。

（3）已进入火灾发生地所在区间的列车，中心调度人员预判火灾影响人工介入处理。

3）综合监控

（1）综合监控工作站应有区间火灾报警信息显示。

（2）综合监控系统应能通过车载广播、车载 PIS 向车内受影响列车的乘客说明运营调整情况。

（3）综合监控系统应能将区间火灾报警信息发送给信号系统。

4）通信

（1）通信系统应能根据信号系统发出的扣车指令，进行站台广播和乘客信息显示提醒乘客。

（2）车载 PIS 应能响应综合监控的指令，显示相应信息提醒安抚乘客。

5）站台门

无。

4. 注意事项

发生区间火灾如需进行区间疏散，按"区间疏散"场景执行。

（十）恶劣天气模式

1. 场景描述

恶劣天气模式是指列车在高架和地面线路运行时，遇到恶劣天气的情况下，为保证行车安全采取的对列车速度、牵引/制动最大加减速度、列车紧急制动率进行限制的一种控车策略。

中心调度人员可根据天气预报在系统内提前设置恶劣天气模式，或根据列车在某一区域空转、打滑状态触发进入恶劣天气模式。恶劣天气模式应根据线路条件按区域进行设置，车辆在该区域可自动或人工确认后进入恶劣天气模式。

2. 场景处理流程

（1）列车运行状态监督。

① 车辆实时监督列车空转、打滑状态，并将空转、打滑信息发送至车载信号系统。

② 车载信号系统将自身判断的空转、打滑信息以及车辆发送的空转、打滑信息发送至 ATS 系统。

③ ATS 系统监督列车运行状态，满足进入恶劣天气模式的条件时，提示行调确认进入恶劣天气模式。

（2）进入恶劣天气模式。

① 行调确认进入恶劣天气模式后，ATS 系统向指定区域内列车发送恶劣天气模式指令。

② FAM、CAM 模式下，车载信号系统接收到 ATS 系统发送的恶劣天气模式指令，在列车运行至车站、转换轨、折返轨停车后转换为恶劣天气模式。

（3）恶劣天气模式下，系统进行如下防护：

① 限制列车紧急制动率。

② 限制列车按最高限速（暂定 40 km/h）。

③ 限制列车牵引制动加减速度（暂按不超过 60%）。

（4）取消恶劣天气模式。

① 中心行调可随时人工取消恶劣天气模式。

② 列车处于恶劣天气模式时，如车辆仍持续汇报空转、打滑信息，应在行调工作站上报警并提示是否退出恶劣天气模式。

（5）退出恶劣天气模式。

① FAM、CAM 模式下，车载信号系统收到 ATS 的取消恶劣天气模式指令后，列车在车站、转换轨、折返轨、区间停车点（含区间疏散点）停车，随后退出恶劣天气模式，转为正常控车模式。

② 列车运行至地下线路站台时，自动退出恶劣天气模式。

3. 功能分配

1）车辆

（1）实时监督列车空转、打滑状态，并将空转、打滑信息发送至车载信号系统。

（2）接收车载信号系统的恶劣天气模式命令，对列车紧急制动率、牵引制动最大加减速度进行限制。

（3）接收车载信号系统命令，联动车载广播。

2）信号

（1）车载信号系统接收车辆发送的空转、打滑信息，并将自身判断的空转、打滑信息发送至 ATS 系统。

（2）ATS 系统接收车载信号系统发送的列车运行状态，满足进入恶劣天气模式的条件时进行提示。

（3）具备远程设置和取消恶劣天气模式的功能。

（4）车载信号系统具备进入和退出恶劣天气模式的功能。

（5）恶劣天气模式下，对列车紧急制动率、列车牵引制动加减速度、列车最高运行速度进行防护。

（6）恶劣天气模式下，如有运营需求，调度人员可通过 ATS 工作站进行人工替换运行图操作。

3）综合监控

（1）乘客调工作站显示相应列车状态。

（2）可触发预录制车站广播或人工广播。

4）通信

响应综合监控系统指令，在对应车站进行广播。

5）站台门

无。

4. 注意事项

（1）恶劣天气模式下，中心调度应及时调整列车运行计划。

（2）设置/取消恶劣天气模式失败时，应在行调工作站上显示失败报警，可再次设置/取消。

（3）恶劣天气模式的进入及退出需在车站、转换轨、折返轨等地点停车后转换。

（4）全线列车设置/取消恶劣天气模式，仅对高架和地面线路内的列车有效，如区间存在高架和地面线，按整个区间设置；若设置失败，应在行调工作站上报警。

（十一）列车救援

1. 场景描述

当列车因严重故障无法行驶时，人工驾驶救援列车救援故障列车。

2. 场景处理流程

（1）救援列车在站台清客后安排 2 名司机上车，在与中心确认发车条件后，驾驶列车以 AM 或 CM 模式运行至移动授权终点，将驾驶模式转换为 EUM 模式后驾驶救援列车运行至故障列车前一定距离（暂定 30 m）停车。

（2）车站值班人员激活 SPKS 开关。

（3）一名司机下车引导救援列车运行至距故障车 5 m 处停车，确认两车挂钩状态；距故障列车 0.5 m 时再度停车，确认对准钩位后，进行连挂（3 km/h 速度撞击连挂）。

（4）救援人员登乘被救援列车前，应先检查被救援列车车体外启动提示灯状态是否常亮，常亮时才允许上车，救援人员上车后将被救援列车转为 EUM 模式。

（5）车站值班人员恢复 SPKS 开关。

（6）救援列车后退进行试拉（此时故障列车应处于制动状态）。故障列车司机缓解故障列车制动并负责瞭望，救援列车向前推进（限速 30 km/h）。

（7）若故障车有乘客，先将故障车推至站台规定的停车位置对位停车，人工打开故障车的车门及站台门，引导车厢内乘客下车，同时提示站台乘客不要上车。

（8）车站清客完成后，人工关闭故障车的车门及站台门，救援列车继续以 EUM 模式运行，按规定的速度将故障车推送至停车线或车辆基地。

3. 功能分配

1）车辆

（1）车辆宜设置自动化车钩，具备自动连挂、解钩功能。

（2）在列车前方设置全自动运行模式指示灯（列车处于 FAM/CAM 模式时，模式指示灯为常亮状态；非 FAM/CAM 模式时，模式指示灯为熄灭状态）。

（3）用于司机登乘作业的客室门外设置列车启动提示灯。车辆根据车载信号系统输出的指令，控制启动提示灯[列车停稳且有制动时启动提示灯常亮；发车启动前一定时间（可设定）启动提示灯闪烁]；列车非零速后启动提示灯熄灭。

2）信号

（1）向车辆输出指令，控制列车上模式指示灯和启动提示灯的点亮、熄灭。

（2）有人驾驶模式（非 FAM/CAM 模式）时，启动提示灯为熄灭状态。

（3）行调工作站、车辆调工作站显示故障列车状态及故障报警信息。

（4）具备对列车设置临时清客功能。

3）综合监控

（1）乘客调工作站显示相应列车故障报警信息。

（2）乘客调可远程对相应列车、车站进行广播，可远程调取车载 CCTV 图像。

4）通信

（1）接收综合监控系统命令并联动车载 PIS。

（2）响应综合监控系统调取命令，在中心调度 CCTV 监视器上显示对应区域车载 CCTV 图像。

5）站台门

无。

4. 注意事项

救援人员登乘故障列车前，应特别关注车体外启动提示灯状态，常亮时才允许上车，防止人员登乘时车辆意外起动。

（十二）区间疏散

1. 场景描述

区间疏散分为紧急疏散和非紧急疏散。紧急疏散是指列车发生爆炸、火灾等危及乘客人身安全的事件，且迫停在区间无法动车时组织的疏散；非紧急疏散指设备发生故障等不会危及乘客人身安全的突发事件导致列车无法动车，且无法使用列车救援的情况下组织的疏散。

列车因故迫停在区间需要疏散乘客时，由司机/站台值班人员上车或乘客调远程引导乘客疏散。

2. 场景处理流程

原则上，发生故障或紧急情况后，如列车可继续运行至车站，则应运行至车站进行疏散；长大区间如设置区间疏散点，可根据情况选择就近疏散点进行疏散。当列车因严重故障导致在区间无法继续运行时，按如下原则处理：

（1）中心调度可通过远程调看车载 CCTV 图像了解车内情况，可通过远程广播及远程控制车载 PIS 对车厢乘客进行安抚。

（2）中心调度根据现场情况判断是否控制接触网断电。

（3）综合监控系统启动区间照明、区间通风、疏散指示等措施。

（4）站台值班人员应及时到达列车停车位置，打开车门开始区间疏散，引导乘客至车站疏散，若长/大区间内有区间风井，可视情况安排乘客从风井疏散。

（5）乘客调可通过人工广播远程指导乘客在车内对客室车门进行解锁，解锁车门（解锁开关和零速联锁，不与门使能联锁）后，乘客可手动打开客室车门，并由区间疏散平台进行疏散；或乘客调可通过人工广播远程指导乘客通过打开列车端部逃生门罩板（罩板打开后会联动CCTV向中心报警）并打开解锁手柄后，手动打开逃生门，由区间道床进行疏散。

（6）前车在区间进行疏散时，应封闭该区间，车站值班员激活SPKS或远程人工设置扣车将后车扣在疏散区间后方最近的站台等候，不允许发车，如果后车已进入疏散区间，则可远程对后车实施紧急制动。

（7）车站值班人员在车站控制室对车站乘客进行广播，并接应疏散乘客，引导乘客从站台端门疏散至站台。

（8）若疏散区域与邻线间无永久性隔离，在紧急疏散和非紧急疏散时，邻线区间应停运。

（9）若疏散区域处于岔区，或该区域设有联络通道、区间泵房等，则在紧急疏散时，邻线区间应停运并设置防护；在非紧急疏散时，应组织车站人员到岔区、联络通道、区间泵房等处进行把守，邻线区间限速30 km/h（暂定）运行。

（10）若疏散区域与邻线间设有永久性隔离，且该区域无道岔、联络通道、区间泵房等，则在紧急疏散和非紧急疏散时，邻线区间限速45 km/h（暂定）运行。

3. 功能分配

1）车辆

（1）设置端部逃生门。

（2）车内设置车门紧急解锁装置；车外设置车门外解锁装置及相关配套设施。

（3）将列车相关状态信息上传至中心调度工作站。

（4）自动触发或接收命令，联动车载CCTV、PA、PIS。

2）信号

（1）设置SPKS，SPKS激活后，建立相应防护分区。

（2）行调工作站、车辆调工作站显示车辆和信号系统相关故障信息及相关报警。

3）综合监控

（1）乘客调工作站显示车辆、信号系统故障信息及相关报警。

（2）乘客调工作站可调看地面和车载CCTV，并可向车站和车载PIS下发乘客信息。

（3）乘客调工作站可对列车进行远程广播。

（4）联动区间通风、照明、疏散导向标识等设施设备。

4）通信

（1）响应综合监控系统指令，在车站和车载PIS显示对应乘客信息。

（2）接收车辆TCMS或综合监控系统的联动指令，推送车载CCTV图像至中心调度CCTV监视器。

（3）TETRA支持远程车辆广播功能，可接收综合监控系统指令，对列车远程广播。

5）站台门

无。

6）其他

（1）区间应设置疏散平台，长大区间应考虑疏散需求设置区间疏散点。

（2）区间应设置疏散导向标识。

4. 注意事项

（1）区间疏散（非火灾情况）时，应引导乘客由事发列车向其就近车站方向疏散。

（2）区间疏散时应防止邻线列车与疏散乘客之间产生人车冲突。

（3）根据故障影响范围，结合应急处理预案，全线可组织临时交路运营。

（4）恢复正常运营时，中心调度应安排司机人工驾驶列车通过故障区段，并限速运行。

（十三）区间阻塞

1. 场景描述

当列车因故障或其他原因停在区间超过一定时间后，信号 ATS 系统向综合监控系统发送列车阻塞信息，中心调度在综合监控工作站上人工确认启动区间阻塞模式，联动区间通风、照明等设备开启。

2. 场景处理流程

（1）列车因故障或其他原因停在区间超过一定时间后，信号系统判断列车在区间停车超时后，在行调工作站、车辆调工作站上显示相应报警信息。

（2）信号系统向综合监控系统发送列车位置和阻塞信息，在综合监控工作站上显示相关报警信息，提示执行区间阻塞模式；经中心调度在综合监控工作站上人工确认后进入区间阻塞模式。

（3）信号系统根据列车阻塞位置自动调整后续列车运行，避免相邻通风风井之间超过一列车的情况。

（4）综合监控系统联动 BAS 系统对区间通风、区间照明进行控制，通风方向尽量与列车运行方向保持一致。

（5）车辆收到进入阻塞模式的信息后，依次推送车载 CCTV 图像，并触发车辆自动广播，也可通过远程人工广播和发布 PIS 信息安抚或引导乘客。

3. 功能分配

1）车辆

提供车上广播系统及乘客应急通话功能，实现中心乘客调对列车广播及与乘客之间的紧急通话。

2）信号

（1）判断列车区间停车超时，在行调工作站、车辆调工作站上显示相应报警信息。

（2）将列车阻塞信息发送至综合监控系统。

（3）发生区间阻塞时，系统可调整后续列车运行，避免相邻通风风井之间超过一列车的情况。

3）综合监控

（1）乘客调工作站、环调工作站显示信号系统发送的区间阻塞信息。

（2）通过综合监控工作站对相应的区间阻塞模式进行确认。

（3）通过乘客调工作站对列车进行广播，并向车载 PIS 下发信息，可人工调取阻塞列车车载 CCTV 图像。

（4）联动 BAS 系统对区间通风、照明进行控制。

4）通信

（1）响应综合监控系统指令，在中心调度工作站显示车载 CCTV 图像。

（2）响应中心乘客调下发的指令，在车辆 PIS 屏上显示信息以安抚或引导乘客。

（3）TETRA 支持远程车辆广播功能，可接收综合监控的指令，对列车远程广播以安抚或引导乘客。

（4）具备乘客紧急呼叫功能。

5）站台门

无。

4. 注意事项

无。

（十四）区间积水

1. 场景描述

正常运营期间，区间泵房液位探测仪报警，CCTV 摄像头自动切换至轨行区最低处或液位探测仪所在区间水泵处，中心调度人员和车站值班人员按相关应急预案进行处置。

2. 场景处理流程

（1）综合监控系统接收到区间积水井水位超高报警后，中心调度人员在操作界面上查看区间水泵工作情况。

（2）综合监控系统自动联动轨旁 CCTV，以便中心调度人员通过 CCTV 图像确认现场情况，并根据需要安排人员登乘列车至现场查看积水情况和原因。

（3）区间无积水情况：

① 中心调度人员根据 CCTV 观测到的或登乘人员上报的信息获知区间轨行区无积水情况，维持正常运营。

② 车站值班人员通过综合监控系统，加强对区间泵的工作情况监视。

③ 中心调度人员在运营结束后安排专业维修队伍进入液位探测报警所在区间进行处置。

（4）区间有积水情况：

① 中心调度人员根据 CCTV 观测到的或登乘人员上报的区间轨行区积水情况，可通过 ATS 系统对积水区段设置区段临时限速或区段封锁。

② 如区间水位达到禁止通过的状态，中心调度人员可组织临时交路行车。

③ 中心调度人员安排设备检修人员进入积水区间进行处理。

④ 待积水情况缓解后，中心调度人员下令恢复列车正常运行。

⑤ 必要时启用防淹门（如有）关闭程序。

3. 功能分配

1）车辆

无。

2）信号

（1）ATS 可对指定列车设置远程紧急制动。

（2）ATS 可设置区间封锁。

（3）ATS 可对线路区段设置临时限速。

3）综合监控

（1）应显示车站、区间水泵水位及报警信息。

（2）应能远程启动区间水泵。

（3）如因区间积水导致区间阻塞，综合监控系统根据阻塞场景，进行区间照明、区间通风等 BAS 系统联动模式。

4）通信

（1）在液位探测仪附近设置 CCTV 监视轨面积水情况。

（2）当区间液位探测仪报警时，CCTV 系统响应综合监控系统的联动，将液位探测仪相关区域 CCTV 图像显示在中心调度 CCTV 监视器上。

（3）TETRA 支持远程车辆广播功能，可接收综合监控的指令，实施对列车远程广播。

5）站台门

无。

4. 注意事项

无。

（十五）控制中心失效

1. 场景描述

主用控制中心设备采用冗余结构，各系统服务器、接口设备、交换机单点故障均不应对调度人员正常调度指挥产生影响。当主用控制中心发生大规模断电、灾害事件等造成系统完全失效的情况下，备用中心采用热备方案，各系统服务自动切换至备用控制中心维持全自动运行。

主用控制中心、备用控制中心设备均失效的情况下，全线降级至站控，安排人员上车继续维持运营。

2. 场景处理流程

（1）主用控制中心各系统出现服务器、接口设备、交换机等单机设备故障时，热备冗余设备自动切换投入使用,并提示相应报警信息。

(2)因发生大规模断电、灾害事件等外界原因,主用控制中心各系统主、备机均无法运行时,自动切换至备用控制中心设备(热备)。备用控制中心调度人员确认设备正常后可继续维持全自动运行。

(3)主用控制中心、备用控制中心均失效的情况下,全线降级至站控,安排人员上车。

3. 功能分配

1)车辆

(1)启用备用控制中心后,车厢乘客紧急呼叫请求发送至备用控制中心。

(2)工作人员登乘后,打开司机台盖板,此时车厢紧急呼叫请求发送至列车司机台。

2)信号

(1)主控制中心服务器、接口设备、网络设备热备冗余设计,主用设备故障后可自动切换至热备设备;如采用云平台架构,云平台应提供不低于此配置的冗余设计。

(2)主控制中心主用服务器与备用服务器、接口设备、网络设备切换时不影响列车全自动运行。

(3)主、备控制中心应具备自动切换功能,接收方须具备确认接收操作权限功能。

3)综合监控

(1)主控制中心服务器、接口设备、网络设备热备冗余设计,主用设备故障后可自动切换至热备设备;如采用云平台架构,云平台应提供不低于此配置的冗余设计。

(2)主、备控制中心应具备自动切换功能,接收方须具备确认接收操作权限功能。

(3)启用备用控制中心后,备用控制中心综合监控系统终端可立即投入使用。

4)通信

(1)通信各系统服务器、接口设备、网络设备等应热备冗余,主用设备故障后可自动切换至热备设备;如采用云平台架构,云平台应提供不低于此配置的冗余设计。

(2)启用备用控制中心后,备用控制中心通信设备(PA、PIS、无线对讲等)可立即投入使用。

(3)备用控制中心设备为主用控制中心设备的热备冗余,专用无线、视频监视、专用电话、广播、乘客信息、时钟等子系统的主用控制中心核心设备、服务器故障时,备用中心设备可以远程接管各系统的业务,不影响主用控制中心的正常行车调度指挥。

5)站台门

无。

4. 注意事项

主控制中心采用云架构、备用控制中心采用常规架构时,主备控制中心操作界面应统一。

(十六)远程紧急制动

1. 场景描述

行调可远程对 FAM/CAM 模式列车设置远程紧急制动。

(1)单列车:可对线路上运行的单列 FAM/CAM 模式列车实施紧急制动和缓解紧急制动。

（2）全线列车：可对全线 FAM/CAM 模式列车实施紧急制动和缓解紧急制动。

2. 场景处理流程

（1）命令的发送：

① 可通过中心行调工作站对指定单列车或全线列车发送紧急制动指令。

② 可通过中心行调工作站对已实施紧急制动指令的单列车或全线列车发送缓解紧急制动指令。

（2）命令的执行：

① 车载信号系统接收 ATS 系统发送的紧急制动命令时，立即实施紧急制动，乘客调可对单车或多车进行人工广播。

② 远程紧急制动缓解指令发出后，如列车为零速，可缓解紧急制动。

3. 功能分配

1）车辆

（1）响应车载信号系统发出的紧急制动及紧急制动缓解命令。

（2）联动车载 PIS、PA。

2）信号

（1）行调工作站具备对单车或全部列车施加远程紧急制动及紧急制动缓解的功能。

（2）车载信号系统根据 ATS 系统命令，向车辆输出紧急制动及紧急制动缓解命令。

（3）向综合监控系统转发列车紧急制动状态。

3）综合监控

中心乘客调可显示列车紧急制动状态，并对列车进行广播，可对多列车同时进行组播。

4）通信

（1）接收车辆 TCMS 触发命令联动车载 PIS，显示对应乘客信息。

（2）TETRA 支持远程车辆广播功能，且可对多列车同时进行组播，可接收综合监控的指令，实施对列车远程广播。

5）站台门

无。

4. 注意事项

列车收到远程紧急制动缓解指令时，仅缓解由远程紧急制动指令触发的紧急制动，由于其他原因导致的紧急制动不可通过远程紧急制动缓解指令进行缓解。

第四节　全自动运行模式下运营组织规则

全自动运行的初衷是利用自动化系统来代替人员操作，减少因人员疏忽或违规操作带来的隐患。全自动运行线路与常规线路最大的不同在于：根据全自动运营场景以及运营规则，在满足基本运营功能的基础上，通过对关键设备冗余配置进行强化，增加系统间的接口关系，从而实现高集成、联系密切的自动化控制系统。采用全自动运行系统，传统司机的作业将由控制中心自动化系统进行替代，司机、站务人员的职责将向控制中心 ATS 系统转变，因此全自动运行模式下多专业之间的快速联动协作是保障突发情况下运营组织的关键。

一、全自动运行模式下运营组织规则

（1）针对全自动运行系统 GoA4 等级运营，全自动运行系统应具备智能化综合运维功能，实现完善的车辆和系统设备的状态监测、健康度评估和故障自诊断功能。关键设备的运行状态、故障报警应实时上传控制中心，以使运营人员及时掌握列车及关键设备的运行情况。全自动运行线路控制中心应对全自动运行全过程及全场景进行集中监控和管理，应具备行车调度、电力调度、环境与设备调度、防灾指挥、车辆监控调度、乘客服务调度、客运管理、乘客信息管理、设备维修及信息管理等运营调度和指挥功能。

（2）全自动运行系统开通时的运行模式根据线路条件、系统功能实现、设备系统综合表现、人员素质及技能掌握、规章制度完备程度及适用性等情况综合评估确定。规章制度体系应适应于不同运行模式下的运营场景，并明确 FAM 以及降级情况下各岗位人员的职责与处置流程。运营单位应重点关注全自动运行系统的 FAM 降级事件的发生频次指标。全自动运行系统组织规则分为行车组织规则、调度指挥规则、列车运行规则、车站行车组织规则、客运组织及服务规则和车辆基地组织规则。

二、正常行车组织要求

全自动运行系统优先采用 FAM 模式，运营时间内不宜频繁切换运行模式；若确实需要切换运行模式或多种模式并存运行的，运营单位应有相对应的规则与程序。UTO 运行模式下，现场运营人员的覆盖程度需满足应急响应时间的要求。

三、调度指挥组织要求

采用运营控制中心集中调度指挥模式，正常情况下应以系统自动运行为主，非正常或应急情况下可转为传统非全自动运行的调度指挥模式。线路调度的岗位职责应包括以下主要内容：

（1）车辆远程监控及乘客服务。

（2）列车的远程休眠、唤醒等操作。

（3）列车故障时应根据故障现象进行判断，对于远程无法判断或处理的故障，应尽快安排相关人员现场处理。

（4）列车发生乘客报警、烟雾火灾报警、迫停区间等突发事件时，与乘客通话并进行远程广播。

（5）正线、车辆基地及主变电所供电系统的远程监控与管理，火灾报警系统、车站环境与设备监控系统的中心级远程监控。

对于设有备用控制中心的全自动运行系统，运营单位需制定完善的管理办法与流程，规定主备控制中心控制权转换、应急人员调配等相关内容。在启动降级模式前，调度员应详细了解现场情况，核实启动条件；因降级造成列车运行晚点时，调度员应及时发布相关信息。调度员在进行故障或灾情远程确认及复位前，应与车上值守人员、现场运营人员或乘客核实现场情况。

四、列车运行组织要求

DTO 运行模式下，车上值守人员应在指定时间和指定位置登乘列车，登车前应做好安全防护工作。列车在正线运行时，DTO 运行模式下的行车及服务关键设备系统工作状态的巡查工作应由车上值守人员完成；UTO 运行模式下的列车巡查工作宜由现场运营人员完成；轧道车及末班车宜采用非 FAM 运行。

DTO 运行模式下，调度员和车上值守人员应监护列车运行；遇非正常及应急情况时，车上值守人员现场优先处置，调度员远程配合；UTO 运行模式下，调度员应远程监护列车运行，现场运营人员按要求巡视；非正常及应急情况时，远程与现场处置的优先级和配合方式应根据实际情况确定，并分别制定预案或处置方案。

DTO 运行模式下，列车因故迫停车站或区间时，车上值守人员应按要求进行现场处置；UTO 运行模式下，列车因故迫停车站或区间且无法远程处置时，现场运营人员应根据相关预案及时登车处置并做好登车前安全防护工作，确实需要立即远程组织乘客区间疏散的，应按预案处置。

五、车站行车组织要求

车站行车规章制度包括行车设备使用与管理、与行车有关的客运工作组织、故障及灾情处置程序及作业时间要求等内容。加强对全自动运行的新增风险点和车站行车相关设备进行监控，对乘客乘降过程进行监视，发现故障或异常应及时处理。运营单位可根据全自动运行系统的特点逐步推行车站岗位复合机制，以实现精简高效。

全自动运行系统由中央控制改为车站控制时，车站行车值班员应加强监控列车的运行情况，并根据调度员命令及时开展相关行车组织工作。

六、客运组织及服务要求

客运服务质量管理、客运组织方案及突发事件处置程序应满足不同运行模式的需求。应通过多种形式向乘客宣传全自动运行系统的安全乘车理念和突发事件应对知识。同时，要求 DTO 及 UTO 运行模式下对特殊乘客的服务质量不应降低。

1. 客运组织

运营单位应分别制定不同运行模式的客运组织分级管控机制及管理措施。站台关门按钮、站台急停按钮、清客确认按钮以及站台门与列车间防夹探测装置、PSL 等全自动运行辅助设备的故障处置方案应满足客运组织的需求。

DTO 运行模式下车上值守人员应配合车站工作人员组织列车清客作业，避免乘客滞留客室或载客回库。也应配合车站工作人员进行站台乘降作业管理，重点关注关门过程中的乘客抢上抢下行为及影响乘降作业的设备故障，及时做好客流疏导。当发生大客流时，调度员可采取调整停站时间、增加运力等措施满足客流需求；车站工作人员应加强监控站台乘客的滞留情况，采取有效的客流管控措施，保障车站客运组织的安全有序。当全自动运行系统的乘客服务信息发生播报错误时，现场工作人员应采取有效干预措施纠正错误信息，降低信息播报错误导致的影响，并及时上报。

2. 客运服务

应通过标识、广播、提示音、乘客信息显示、视频设备等多种方式为乘客提供客运服务及安全应急等信息，满足全自动运行客运服务质量要求。

DTO 运行模式下，车上值守人员应为客室乘客提供问询、为特殊乘客提供帮助等服务。UTO 运行模式下，调度员应根据乘客需求通过视频监控系统、远程广播等辅助手段为客室内乘客提供必要的服务，现场运营人员在对车站或列车进行巡查的过程中可为乘客提供问询、为特殊乘客提供帮助等服务。

运营人员应及时通过远程控制或系统自动为乘客提供适宜的照明、制冷和采暖等服务。乘客自助服务的意识及设备自助使用的能力应持续培养。

七、车辆基地管理要求

为满足全自动运行的需求，在车辆基地无人区内，应实现列车的自动休眠及唤醒、出库及回库、自动洗车、自动调车等功能，同时，应根据运营管理需求明确车辆基地内的列车驾驶模式。运营控制中心宜能实现对车辆基地全自动区域的控制，并按相关要求实现控制权在运营控制中心和车辆基地之间的转换。全自动区域的停车线应具备列车的自动唤醒和自动休眠功能，且运营控制中心及车辆基地控制中心应能对列车休眠、唤醒、运行、清扫等状态进行管理和控制。应对车辆基地停车列检库自动门及洗车库自动门（如有）等重要设施进行监控，如遇故障及时采取有效措施。

车辆基地全自动区域和非全自动区域之间应设有物理隔离，并实现分区管理。运营单位应明确全自动运行列车与非全自动运行列车在转换区域进行模式转换时的规则与程序。停车库的各防护分区之间应设有物理隔离，并设人员防护开关及制定相配套的作业管理措施。

停车库内各防护分区的出入口处应设有门禁系统，并设置不同权限控制人员进出。停车库宜设有与列车行驶区域相隔离的人员安全行走区域。工作人员进入防护分区时应激活人员防护开关，建立相应封锁区域；关闭人员防护开关前应确保所有人离开封锁区域。

复习思考题

1. 全自动运行运营人员及设备如何设置？
2. 全自动运行模式如何转换？
3. 全自动运行场景包含哪些场景？各场景时如何操作处置？
4. 全自动运行模式下运营组织规则是什么？
5. 全自动运行模式下车站行车组织要求是什么？

第四章 全自动运行系统车辆

第一节 全自动运行系统车辆结构

与传统驾驶模式相比，全自动运行系统列车按照全自动驾驶模式进行设计，同时考虑有人值守的全自动驾驶模式及常规驾驶模式。车辆应适应在列车全自动运行系统中运行，列车唤醒、自检、出库、正线运行、折返、回段、洗车、入库、休眠等全部无人干预自动完成；因此全自动运行系统车辆配置与传统车辆配置存在一些区别。

一、牵引和制动系统

地铁列车电气牵引指的是电流从接触网通过受电弓输送到列车设备中，电动机将电能转化为行进的机械能牵引力，驱动地铁列车前行。地铁列车的电气牵引控制系统主要包括主牵引系统和电路控制系统，主要设备包括受电弓、避雷器/浪涌吸收器、高速断路器、线路滤波器、VVVF 逆变器、主接触器、交流牵引电机、司机控制器、接地装置、制动电阻器等。

1. 受电弓

受电弓是电力机车、电客列车或车辆从接触网接触导线或导电轨受取电流的装置。

受电弓是电力机车、电客列车或车辆与固定供电装置之间的连接环节，其性能的优劣直接影响所取电流的可靠性，也直接影响地铁车辆的工作状态。目前地铁车辆上常用的是单臂型受电弓。

对于全自动运行系统的地铁车辆来说，一般会在整条线路的运行车辆里选择 2 个车辆安装弓网关系动态检测系统，每列车安装一套。弓网动态检测系统具有以下功能：

（1）弓网高清视频监视功能：弓网高清视频监视系统采用高速高清摄像头，在车辆运行过程中实时监视弓网运行状态，并能满足全线路、全天候工况下的视频监控。视频记录时间达到一定要求（如不小于 720 h），并采用先进先出原则。视频监控装置便于维护，防护等级达到国家标准。弓网图像通过 PIS 系统 WLAN 车地无线通信系统接入地面服务器，并能够对弓网运行实时录像及查看。

（2）关键部位应力检测功能：采用光纤式应力传感器安装于受电弓关键受力位置，实时采集和监控弓网运行时的关键部位应力变化值，并能自动报警。

（3）弓网温度检测功能：采用红外相机检测的方式检测受电弓关键部位及弓网接触点工作温度，当弓网温度达到阈值时自动报警，并形成报表记录。

（4）几何参数检测功能：检测接触网的拉出值，测量接触线与轨面中心的偏移距离；检测接触线与轨道平面的高度值，导高值超限时自动告警。

（5）震动补偿功能：通过车底补偿装置将动态拉出值还原静态拉出值。

（6）弓网接触力、硬点冲击检测功能：采用光纤式压力、冲击力传感器安装于受电弓弓头及弓臂和底座位置，实时采集和监控采集弓网运行时的弓网接触压力、受电弓震动冲击力变化值，并能自动报警。

（7）弓网燃弧检测功能：采用燃弧传感器与高速燃弧相机结合的方式，避免阳光或其他光源造成干扰误报警。检测车辆运行过程中的燃弧情况，包括燃弧持续时间、燃弧率，并能自动报警。

（8）受电弓运行姿态检测功能：通过弓网监控相机所采集的图像对受电弓运行姿态（包括中心线偏移、滑板倾斜等状态）进行检测和分析。

（9）受电弓形态检测功能：通过弓网监控相机所采集的图像对受电弓形态（包括关键部位损伤、缺失、变形等形态）进行检测和分析。

同时设置车载及地面服务器等设备，对跟踪过程中的报警数据进行查询、统计、分析、管理，能独立全实时录像、检索回放、录像查询、下载等功能；可显示系统报警事件发生的准确地点及时间；自动记录事件发生时刻前后时间段的视频。

另外，每列车每台受电弓设置了受电弓监视装置（视频信息应与客室摄像头、司机室摄像头以轮询方式通过车地无线通道实时上传至OCC）。受电弓监视装置采用高速高清摄像头，并能满足全线路、全天候工况下的视频监控，并设置车载及地面服务器等设备。

2. 避雷器/浪涌吸收器

避雷器是用来防止来自车辆外部的过电压（如雷击等）和车辆内部的操作过电压对车辆电气设备绝缘的破坏。避雷器/浪涌吸收器一般并联在主电路中。

3. 高速断路器

高速断路器是用来接通和城市轨道交通车辆的高压电路，是车辆的重要保护装置，当主电路发生短路、过载故障时，快速切断主电源。为了防止事故的扩大，要求高速断路器开关动作迅速、可靠，并具有足够的断流容量。

高速断路器设在受电弓与线路（输入）滤波器之间，每一个高速断路器给每辆动车VVVF逆变器提供保护，高速断路器仅用于牵引回路，辅助系统独立于牵引回路。

高速断路器主要由触头系统、灭弧机构、传动机构、自由脱扣机构、最大电流释入器、最小电压释入器、辅助开关等部分组成，如图4-1所示。

4. 线路滤波器

国内地铁的接触网一般采用DC 1 500 V高压直流输送电能，车辆再通过受流器把高压直流电引入车内。输送过来的直流电源中不可避免地含有谐波。所谓的谐波是一个周期电气量的正弦波分量，频率是基波频率的整数倍。

谐波能够引起设备过热、绝缘老化，引起传输能量的衰减，功率因数的降低。因此，为了减少谐波的危害，在牵引逆变电路前置滤波电路。

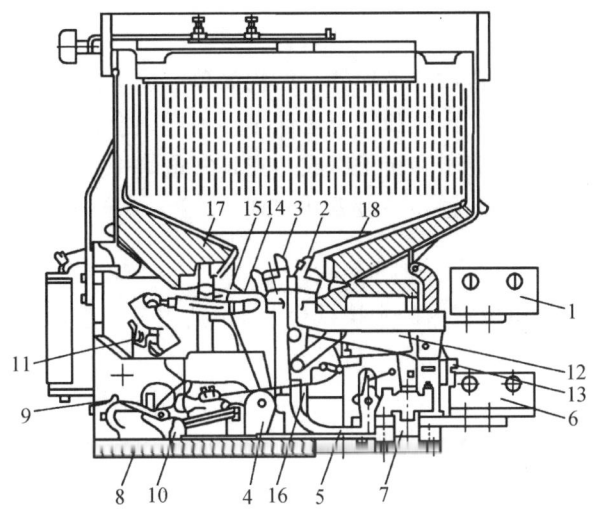

1—上接线端；2—静触头；3—动触头；4—动触头臂；5—弹性连接板；6—下接线端；
7—过载跳闸（S）装置；8—拉杆；9—释放锁件；10—转换机构；11—转换轴；
12—短路快速跳闸（KS）衔铁；13—撞击螺钉；14—转换杆；15—滚轴；
16—短路快速跳闸拉杆；17，18—灭弧板。

图 4-1 某种型号高速断路器结构图

和传统地铁车辆一样，在全自动运行系统车辆主电路中采用无源滤波技术，即使用 L、C 元件构成无源滤波器，与需要补偿的非线性负载并联，为谐波提供低阻通路而将其滤除。其电路如图 4-2 所示。

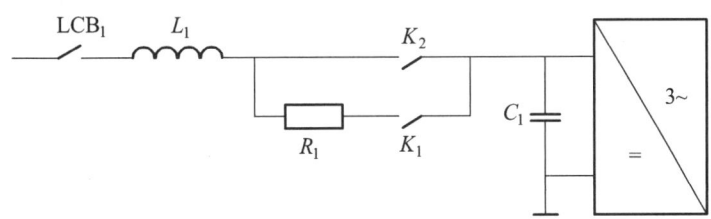

图 4-2 滤波电路

5. VVVF 逆变器（包括制动斩波器）

不论是全自动运行系统车辆还是传统地铁车辆，VVVF 逆变器都是牵引系统的核心部分，目前主要形式为电压型逆变器。系统采用 PWM 控制技术，逆变模块采用 IGBT（绝缘栅双极型晶体管）功率元件。每套 VVVF 逆变器单元给一辆车上 4 台并联的牵引电动机供电，主要由线路滤波器、IGBT 功率单元和牵引控制单元组成。

6. 主接触器

位于牵引系统的主接触器的作用是频繁地接通和切断主电路的自动切换电器。

它能进行远距离自动控制，操作频率较高，通断电流较大。目前不管是传统车辆还是全自动运行系统的车辆，都采用直流接触器。

主接触器主要由电磁机构、主触头、灭弧装置、辅助触头、支架、固定装置、电离栅等部分组成，一般将直流接触器设计为模块结构，外壳材料阻燃、无毒、无环境污染。

7. 交流牵引电机

与直流电机相比，交流电机没有换向器，结构简单、成本低、工作可靠、寿命长、维修与运行费用低、防空转性能好。因此和传统地铁车辆一样，全自动运行车辆的牵引电机为三相鼠笼式异步电动机，主要由定子和转子组成，在日常检修中，牵引电机一般只进行外观检查，不拆卸，如果其内部出现问题，一般委外修理。

8. 司机控制器

司机控制器设在 Tc 车司机室内的主操纵台上，包括主控制手柄和方向手柄。主控制手柄位置和功能如下：

（1）向前：牵引。

（2）"0"位：惰行。

（3）向后：制动。

（4）紧急制动位：紧急制动。

另外，Tc 车司机室内司机台上设有组合式模式开关，此模式开关设有"FAM""AM""CM""EUM"位。

同时，Tc 车司机室内还设有列车"折返开关""洗车开关""ATO 启动开关""车门选向开关""左/右开门开关"和"左/右关门开关"等。

9. 接地装置

接地装置为主电路提供回流通路，使电流经轮对到达钢轨，构成 1 500 V 完整的电路；同时，防止电流通过轴承造成电腐蚀，提高轴承的使用寿命。

接地装置安装于转向架轴端，分别在 A 车转向架的第 2 轴的右侧和第 3 轴左侧轴端各安装了一个，在 B 车和 C 车的转向架第 1、3 轴的左侧轴端各安装了一个，在第 2、4 轴的右侧轴端各安装了一个。

接地装置主要由接触盘、碳刷架、弹簧支撑组成，如图 4-3 所示。

图 4-3　接地装置内部结构

10. 制动电阻器

地铁车辆在进行电阻制动时，制动电阻吸收未被消耗掉的电机发电能量，并将其转换为热能散逸到大气中去。

由于制动电阻悬挂在转向架上，所以要求它有良好的热容量、耐振动、防腐蚀，在高温下不生成氧化层，特别要注意在正常使用周期内不断裂。

二、辅助电源系统

辅助电源系统用作车辆空调、照明、空气压缩机、各系统控制电路及列车监控系统、车载信号和通信设备等的电源。

它能适应全自动驾驶模式，可通过列车网络对辅助电源装置进行启动、停机、故障复位等相关控制，具有高安全性和高可靠性；同时具有自诊断功能，可实现系统设备运行状态、故障和操作指令信息自动采集及记录功能（包括辅助能耗记录）。通过列车网络可进行系统内控制单元的控制软件升级、参数修改及状态调试，并可通过PTU进行上述软件操作、数据下载调用及图形文本分析。

辅助电源系统主要由辅助逆变器、直流电源装置、隔离变压器、蓄电池和相关电气设备以及隔离开关、接触器、故障转换装置等组成。

1. 辅助逆变器

辅助逆变器又称静止逆变器，是一种将直流电压变换为三相50 Hz，380 V/220 V交流电源的能量变换设备，主要负载包括空调设备、空气压缩机、通风机、挡风玻璃除霜器、方便插座、客室照明及刮雨器等。

2. 直流电源

直流DC 110 V电源，车辆上控制电路的供电电源；同时兼作蓄电池充电器，正常工作时对蓄电池充电。

3. 隔离变压器

隔离变压器的作用是保证电气设备及操作人员的安全，将高压用电设备与低压用电设备，尤其是需要人工操作的设备，进行电气隔离。通过设计不同匝数比来满足不同的电压等级。

4. 蓄电池

和传统的地铁车辆一样，全自动运行车辆上采用的也是单体电压为1.2 V左右的碱性镉-镍蓄电池，每列车至少配备2套DC 110 V蓄电池组。对蓄电池的要求如下：

（1）列车每端提供给信号系统用于休眠唤醒的蓄电池容量应可满足不少于7×24 h内的正常休眠唤醒功能需要。蓄电池容量满足6编组列车休眠7天后，可靠唤醒列车。

（2）列车在无网压时，且电量为满容量的85%时，能够供给列车内部紧急照明、外部照明、紧急通风、车载安全设备、广播、媒体播放LCD屏、通信系统等工作45 min，并且45 min后应保证列车开关车门一次、一次升弓、一次投入SIV；在蓄电池使用寿命周期内，容量均能满足以上要求。

（3）当网压恢复时，蓄电池电压应能保证辅助逆变器的启动。

（4）蓄电池组应有短路、过流、欠压和防止逆流等保护。

（5）蓄电池组故障时应与列车重联回路隔离。

（6）蓄电池单体应能单独更换，且不得漏液。

（7）在循环充放电时，单体电池温度不得低于相关标准。

（8）蓄电池箱应有通风和排水孔，蓄电池应安装在具有防腐性能的、带滚轮的托架上。

蓄电池箱应保证蓄电池工作在合适的温度下,且便于对蓄电池进行检查和维护。

除此之外,蓄电池系统应配备蓄电池在线监测系统。该系统可在线测量、记录并存储电池组或单体电池在充电和放电阶段的电压、电流、温度、蓄电池箱体火警、内阻、蓄电池组充放电时间等参数,同时具备远程蓄电池馈电监控等功能。另外,还可与 TCMS 通信,并向信号唤醒模块提供最低激活电压及无法激活列车电压信号。

三、空气制动及风源系统

风源系统是为列车设计提供压缩空气的设备装置,其提供的压缩空气保证了地铁车辆制动系统和转向架系统的正常工作。风源系统提供的压缩空气保证了空气制动系统的正常工作,目前常用的空气制动系统主要是采用直通式的空气制动方式,除了风源系统外,还包括空气制动控制系统和基础制动装置。空气制动控制系统直接控制空气制动力的释放和施加,当接收到制动指令后,制动控制单元通过控制电流大小的方式来调节转换阀的电磁力,进而来实现对空气压力的调节。空气压力进入增压缸后,通过推动活塞的运动来使压力传输到制动盘上,实现对城市轨道交通电客车的制动。

空气制动及风源控制系统采用微机控制的电-空制动系统。内设监控终端,具有远程控制的自诊断和故障记录功能,主要包括制动控制器(带警惕按钮,与牵引控制器共用)、电-空制动装置、制动微机控制单元(BECU)、基础制动装置(含停放制动及其手动缓解装置)、滑行检测及控制装置、监控终端装置、车辆回送装置、电动空气压缩机组、电动空气压缩机组的启动装置、冷却器、干燥器、滤清器、储风缸、安全阀、总风压力开关、压力调节器等。

四、转向架系统

转向架分为两种结构相似的动车转向架和拖车转向架,均为无摇枕转向架,采用两系悬挂形式。转向架构架采用钢板焊接结构,设有高度调平与防侧滚装置。转向架安装走行部在线检测系统。

1. 转向架主要技术参数

转向架同一轴的两轮(新轮)直径之差不得大于 1 mm,同一车辆的两轮(新轮)直径之差不得大于 2 mm。

2. 转向架的作用

(1)承载。

承受车体上部的重量,并使轴重均匀分配。

(2)传力。

传递牵引力和制动力,保证必要的轮轨黏着,将轮轨接触处产生的轮周牵引力或制动力传递给车体、车钩。

(3)缓冲。

缓和线路不平顺对车辆的冲击和振动,保证车辆具有良好的运行平稳性和舒适性。

（4）转向。

保证车辆顺利通过曲线。

3. 转向架组成

转向架主要由构架、轮对轴箱装置、悬挂系统、牵引装置、基础制动装置、牵引电机悬挂、齿轮传动装置、联轴节、走行部在线监测系统、被动障碍物检测系统、脱轨检测系统、轮缘润滑装置等部分组成，如图4-4所示。

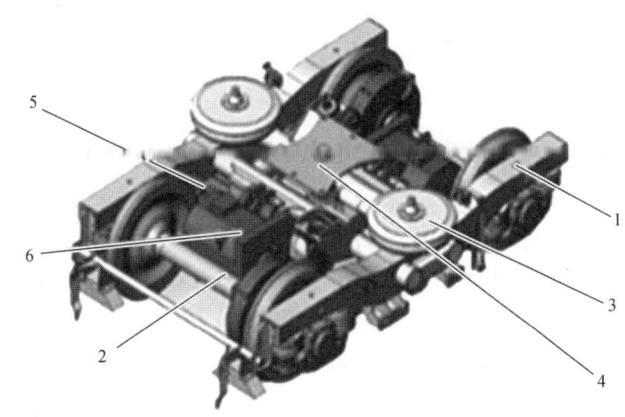

1—构架组成；2—轮对轴箱装置；3—二系悬挂装置；4—牵引装置；
5—基础制动装置；6—驱动装置。

图4-4 动车转向架组成

1）构架

转向架构架是转向架的骨架，用以安装转向架各组成部分，传递各方向的力，并用来保持车轴在转向架上的位置。构架一般由左、右侧梁和横梁（或端梁）等组成。

构架一般采用无缝钢管或钢板组焊的焊接构架，采用箱型设计全钢焊接结构。横梁采用无缝钢管或由低合金钢板焊接而成，利用无缝钢管作为附加空气室，代替摇枕作附加空气室；侧梁和无缝钢管的焊接是用圆环形板进行加强，附加气室位于横梁两端，用来增大附加气室的容积。

在正常情况下，转向架的使用寿命应不低于30年，且在一定的运用期内，转向架无须做改造性的修理。

2）轮对和轴箱装置

每个转向架设有两个轮对。轮对的作用主要包括：

（1）承担车辆全部载荷和冲击。

（2）与钢轨黏着产生牵引力和制动力。

（3）轮对滚动使车辆前进。

轮对由一根车轴和两个车轮组成，采用过盈配合，通过注油压装的方式将车轮装到车轴上。车轴的结构如图4-5所示。

车轮按结构不同分为整体车轮和带箍车轮两种。而整体车轮按其材质不同可分为辗钢轮和铸钢轮等。

全自动运行车辆和传统的地铁车辆一样,一般采用整体辗钢轮,由踏面、轮缘、辐板和轮毂等部分组成。

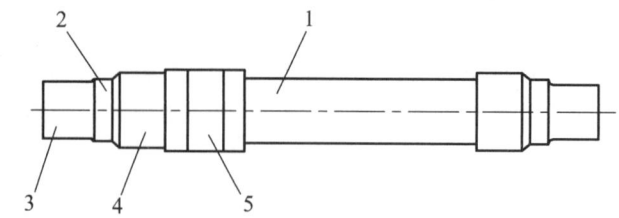

1—轴身;2—防尘板座;3—轴颈;4—轮座;5—齿轮座。

图 4-5 动车车轴

轴箱是实现轮对与构架相互连接又相互运动的关键部件,它起着承上启下的重要作用,具有以下功用:

(1)活动关节:连接轮对与构架的活动关节。

(2)传力:传递牵引力、横向力和垂向力。

(3)运动:实现轮对与构架间的垂向运动和横动。

轴箱主要由轴箱体、前盖、轴端压板、防尘挡圈和密封垫等组成。

3)悬挂系统

转向架采用两系悬挂系统。

(1)一系悬挂。

轴箱和构架之间安装有一系悬挂系统,采用金属橡胶弹簧或转臂式定位的钢圆簧。一系悬挂系统应使车轮和轨面的磨损、转向架的摆动、滚动角、运行噪声达到最小。一系悬挂系统的作用如下:

① 保护转向架构架和车辆免受来自轨道的过度冲击。

② 具有较好的曲线通过能力,并保证转向架在其运行速度范围内的动态稳定性。

③ 保证在最恶劣的轨道条件下,车辆通过时不脱轨并使一系簧上电机及附属装置的振动和冲击在设计允许的范围内。

(2)二系悬挂。

转向架和车体之间安装有二系悬挂系统。二系悬挂由空气弹簧、横向油压减振器、自动高度调整阀、压差阀、平均阀、调整垫等组成。

① 空气弹簧。

空气弹簧的主要作用包括:

a. 当任一空气弹簧失去压力时,则该转向架的另一空气弹簧也要立即放气。采用单独的附加气室作为空气弹簧的储风缸,其容积应足够大,以保证空气弹簧在短时间内得到正常的排气量,并保证其作用不影响车辆上其他气动系统的功能。

b. 当空气弹簧失效时,紧急橡胶弹簧可作为保护装置防止车体地板过度倾斜,并应能保证车辆仍可限速(一般为≤30 km/h)运行 24 h。

c. 空车时空气弹簧内的气压不得超过规定数值。

d. 在任何情况下,空气弹簧的橡胶气囊表面相距车体或转向架构架的最小距离应大于 10 mm。

e. 空气悬挂应保证不同负载下车辆具备良好的运行性能。

f. 二系悬挂装置应能防止垂向偏移,且有利于车辆横向位移。

g. 空气弹簧的安装位置应易于接近,并设有能方便检查空气弹簧充气高度的标志。

②高度阀。

a. 每台转向架设有高度阀,用来调节两个空气弹簧的充放气,以此补偿乘客重量变化产生的高度差,并使车辆地板高度差控制在±10 mm范围内(不包括一系悬挂高度差)。

b. 高度阀的功能应不受车辆振动和轨道冲击的影响。

c. 车辆载荷以任何方式改变时,高度阀应在30 s内将车体调至规定高度。每节车的高度阀作用应相互独立。

d. 空气弹簧的充、放气高度应方便调整。

③减振器。

减振器可以减少车辆的各向振动。

④抗侧滚扭杆。

抗侧滚扭杆装在车体底架与转向架之间,它可以严格限制车体由于通过曲线时离心力和侧向风产生的倾斜运动。

4)牵引装置

转向架牵引装置采用中心销式Z形拉杆或牵引橡胶堆。车体和转向架之间的纵向作用力的传递通过牵引杆或牵引装置来实现。牵引杆两端设有橡胶弹簧,或牵引装置有橡胶牵引块和弹性牵引中心,在加速和减速时不会造成冲击,牵引杆应无磨损,免维护。

每台转向架设有一套牵引装置,牵引装置的强度和刚度以及横向限位应满足使用要求。

5)基础制动装置

转向架基础制动装置采用轮盘单元制动,其中1/2带停放制动功能。

停放制动力应保证列车在最大的超员情况下,停放在最大坡道上不溜车。

单元制动装置内均设有闸片间隙自动调整器,当由于闸片和制动盘的磨耗,使闸片和制动盘的间隙大于某一规定值时,闸片间隙调整器就会自动动作,保证闸片间隙始终保持在规定的范围内。

基础制动装置的安装不能造成闸片偏磨,且应便于更换闸片。

6)牵引电动机的悬挂

牵引电动机采用架悬式,固定在转向架构架上。所有动车轮对及牵引电动机均可互换。

7)齿轮传动装置

齿轮传动装置由齿轮、轴承和润滑系统组成,对齿轮传动装置有如下要求:

(1)齿轮箱为平行轴式齿轮箱,采用铸钢或铸铁分体式结构。齿轮减速箱箱体的一端通过轴承安装于轴上,箱体的另一端弹性地吊装于构架的横梁上。齿轮箱有良好的润滑系统,润滑油不得泄漏。

(2)齿轮装置安装在轮轴上,并支承在转向架的构架上。在正常运转中,齿轮应啮合良好。

(3)齿轮箱具有较高的扭转刚度和良好的抗振动性能,能保证齿轮的平稳工作。箱体内的油槽可向轴承提供最佳的供油,可方便、可靠检查齿轮箱中的油量。

(4)传动齿轮通过联轴节与牵引电动机转轴连接。

（5）采用螺旋渐开线齿形的传动齿轮。

（6）齿轮箱设有安全保护支承，防止齿轮箱正、反转时的脱落。

（7）齿轮箱的维修仅限于观察检查和更换润滑油，所有部件维修检查周期应大于 1 000 000 km。

（8）所有与轴承轴衬相关的旋转部件的密封采用非接触、耐磨的迷宫式密封件，以防止漏油及灰尘和水的进入。

（9）齿轮箱采用水平分箱面。齿轮箱应有利于维护保养，检修方便。

8）联轴节

牵引电动机的转轴与齿轮传动装置通过电机联轴节传递转矩，采用 WN 齿式联轴节。

9）走行部在线检测系统

和传统的地铁车辆相比，全自动运行系统车辆每列车设置走行部在线检测系统，对转向架轴箱、齿轮箱、电机的冲击、振动、温度进行监测，实现对走行部的早期预警和分级报警等功能，提供地面分析台进行数据分析及处理，准确指导车辆的运用和维修。

10）被动障碍物探测系统

全自动运行系统车辆列车前端需配备被动障碍物探测系统。此系统采用压力敏感装置或非接触式探测传感器探测列车两端的障碍物，辅助采用图像识别技术，一旦探测到障碍物，会立即触发紧急制动，同时将信息通过列车控制系统发送至 OCC。列车具备本地障碍物探测装置的开启/切除功能，列车控制系统同时进行相应记录。诊断系统准确率不低于 99%，漏报率不大于 0.1%。被动障碍物探测系统采集的数据通过 PIS 系统 WLAN 通道传输至地面系统。

11）脱轨检测系统

列车每根轴端配置脱轨检测系统，一旦检测到列车脱轨，列车将立即施加紧急制动。同时，列车控制系统进行相关信息的记录，并将信息发送给 OCC，发送至 OCC 的脱轨报警检测信号应为持续保持信号。列车具备本地脱轨检测系统的开启/切除功能，列车控制系统同时进行相应记录。诊断系统准确率不低于 99%，漏报率不大于 0.1%。脱轨检测系统采集的数据通过 PIS 系统 WLAN 通道传输至地面系统。

五、车钩缓冲装置

车钩缓冲装置主要用来连接列车中各车辆，使之彼此保持一定的距离，并且传递和缓和列车在运行中或在调车时所产生的纵向力或冲击力，同时采用高性能弹性缓冲器，满足列车在较高速度下意外碰撞时，通过车钩缓冲器吸收巨大冲击能量，保障车辆不受损坏；此外，还可以实现车辆间的电路和气路连接。

和传统地铁车辆不同，全自动运行系统地铁车辆带司机室车的前端设置有自动对中功能的全自动密接式车钩及缓冲装置，其余各端均设半永久牵引杆及缓冲装置。

车钩及缓冲器承受的纵向压缩和拉伸静载荷应满足相关要求，列车应能承受 5 km/h 的连挂速度，车钩在线路最小曲线半径区段上应能满足车辆的摘挂作业。

另外，全自动车钩设有吸收能量的缓冲装置，列车车钩能承受列车在坡道救援时（AW3

负载列车救援 AW3 负载的故障车），因突然实施紧急制动，救援列车与被救援列车间所产生的作用力。

对于缓冲装置，应能有效地吸收撞击能量，缓和冲击，不损坏车辆。对于大部分全自动运行车辆来说，该装置能承受的不产生永久变形的最大列车冲击速度应大于等于 5 km/h。

六、车门系统

列车车门系统包括客室门、端部疏散门。客室门应适应全自动驾驶模式，具备自动开/关门、控制中心远程控制开/关门及车门与站台门的故障隔离功能。

西安地铁 16 号线客室门采用双扇电控电动塞拉门，车门的电控电动装置采用微处理器控制的电动机驱动装置，具有自诊断功能和故障记录功能，具有与列车网络进行通信的功能，并可通过列车网络对车门进行控制。

七、车体及贯通道系统

车体承受自重、载重、牵引力、横向力、制动力等载荷及作用力，以西安地铁 16 号线车体为例，能承受列车以 5 km/h 的速度与另一列静止的六辆编组列车进行连挂时产生的冲击力。车体结构采用薄壁筒型整体承载结构，材质为不锈钢。

车体结构是由底架、侧墙、端墙和车顶构成的薄壁筒形整体承载结构，具有足够的强度以承受车辆运用过程中的各种载荷，在确保有足够的强度和刚度的前提下实现轻量化。车顶可以承受所支撑的负载，包括设备保养人员。

贯通道装置也就是风挡装置，位于两节车厢的连接处，是两车辆通道连接的部分，它具有良好的防雨、防风、防尘、隔音、隔热等功能，能够使旅客安全地穿行于车厢之间。贯通道分为单体式和分体式。

八、列车网络控制系统

列车网络系统由具有冗余结构的列车级网络和车辆级网络组成，它连接所有的微机控制单元，用以传递控制和监控信息，能与相关系统车载交换机进行数据交换。控制方式采用以太网，其中列车中央控制单元（CCU）位于 Tc 车，它们对有关的关键区域提供足够的冗余，即在全列各级网络中单点故障不会导致列车正常运行停止。

九、空调系统

车辆空调系统为客室（含司机室）提供冷、暖风和新鲜空气，以提高司机驾驶和乘客乘坐的舒适性。

目前，车辆空调系统基本上采用冷暖车厢设计。为满足乘客对客室温度的不同要求，对车厢实施"冷热分区"，乘客可自行选择温度适宜的车厢乘车。

空调系统一般采用节能环保的变频热泵空调，有能耗记录功能，可在列车控制及监控系统中查询和调用。空调机组采用顶置式安装，控制方式为微机控制，并具有自诊断和上传功能。

空调机组每辆车安装两台，当一半辅助电源故障时，每一台空调机组的制冷能力自动减半。空调机组因故不能制冷时，能保证适当的通风。

空调机组可与列车网络进行通信，并可通过列车网络对空调机组进行控制。

运维人员或控制中心可以通过列车控制系统网络对空调单元进行启动/关闭、模式选择和温度设定。

（1）空调系统应能根据 ATC 发出的工况指令开启和关闭，并自动工作。

（2）空调系统能够根据车内火灾、车下火灾、隧道火灾的信号对新风阀和回风阀进行控制。

（3）空调系统应具备远程控制及调温功能。列车空调机组的启动方式，采用同步指令控制，分时顺序启动。空调机组设有可自动调节的新风口和回风口。

十、列车广播及乘客信息系统

1. 列车广播系统

列车广播系统主要用来对车内乘客播放列车运行信息及紧急情况下对车内乘客进行疏导，由 TETRA 系统提供无线通道。列车广播系统具有人工或自动广播的功能，平时可通过无线广播信道接收控制中心对列车内乘客的广播，如有必要也可由控制中心直接对车内乘客进行广播。

列车广播系统主要由司机室设备、客室设备及辅助设备构成。

广播系统采用内部网络控制的模块化冗余结构，每个模块均具备自检功能，单个模块发生故障不会造成广播系统的功能失效。

列车广播系统的功能主要包括：

（1）服务功能。

列车广播主要用于控制中心调度员对每节车厢内的乘客进行语音广播，为乘客预报到站站名和通告有关事宜。

（2）系统功能。

① 通过麦克风或录音机向乘客播报站名或通告，可采用自动和人工两种播音方式。

② 传达控制中心的通知。控制中心的调度员可以通过司机室的无线广播接口对车厢内的乘客进行广播。

③ 乘客与控制中心的对话。在紧急状况下，乘客可以通过车厢内安装的乘客通话装置与控制中心进行通话。

2. 乘客信息系统

乘客信息系统（PIS）主要是播放列车到站动态，地铁指南等音/视频信息，使乘客及时了解列车到站信息，方便乘客换乘其他线路，减少乘客下错站的可能性，同时在发生火灾或其他紧急情况下，进行紧急广播，指挥乘客疏散，调度工作人员抢险救灾，减少意外造成的损失。

乘客信息系统采用分散式模块化设计,即在每节车厢中分别设置一套控制及功放设备,通过这些设备,系统可以对每节车厢的乘客进行广播通告,向乘客提供必要的列车运行信息。

乘客信息系统主要包括控制盒、中央处理器、数字报站器、功率放大器、紧急报警盒、电源模块及扬声器网络等。

全自动运行系统地铁车辆和传统地铁车辆的主要区别如表 4-1 所示。

表 4-1　全自动运行系统地铁车辆和传统地铁车辆的区别

场景	功能	传统车辆	全自动运行车辆
综述	受流器	气动控制受流器,通过司机台按钮、开关控制受流器的抬起和落下	气动控制受流器,通过司机台按钮、开关控制受流器的抬起和落下,并可通过车辆中心调度实现应急时远程抬起受流器的功能
	头车车钩	半自动车钩;自动连挂;手动解钩	全自动车钩,实现自动连挂及电控解钩功能,并可实现两列车的电路连接,同时传输广播、制动信号
	驾驶室	全封闭驾驶室	敞开式驾驶室,满足 FAO 需求
	司机室指示灯	无	司机室区域外侧增加车辆启动提示灯,司机室前端区域增加 FAO 模式指示灯
	显示与控制	无驾驶室盖板,MMI 显示屏点亮,司机始终打开钥匙激活驾驶室	有驾驶室盖板,关闭盖板后,全自动运行,MMI 显示屏和 TCMS 显示屏熄灭,显示屏信息在中心车辆调度界面显示,可远程监测车上设备的工作状态,司机可打开盖板打开钥匙
	检修按钮	无	车辆检修时操作此按钮,车辆故障及状态信息将不再上传,不再执行远程指令,保证列车无法移动
	客室感光探头	无	当司机室内的客室照明开关在"自动"位时,FAM 模式下的正线运行工况下的列车会根据外界的光照强度,自动控制客室内照明的打开和关闭
	客室电子地图	LED 到站显示灯及站名以贴纸的方式	LCD 动态地图显示屏,动态显示旅行线路、方向及终点站、下一站、开门侧、换乘信息等内容
	乘客紧急呼叫	转接至已激活的驾驶室,由司机接听处理	直接与中心乘客调度进行通话。车载 CCTV 自动推送视频至乘客调度,实现乘客调度远程为列车上乘客提供服务
	紧急手柄	无	(1)车辆具备紧急手柄拉下的处置及联动车载 CCTV、广播的控制功能; (2)CCTV 推送图像至中心,中心可远程查看 CCTV 推送的紧急手柄拉下的车厢画面
	走行部在线监测	无	通过安装在走行部关键部件(轴箱轴承、齿轮箱轴承、传动齿轮、车轮踏面等)上的复合传感器,同时监测冲击、振动、温度 3 个物理量,实现走行部关键部件的车载在线实时诊断

续表

场景	功能	传统车辆	全自动运行车辆
唤醒	列车上电	人工按压上电按钮	根据上传的派班计划,在规定时间自动远程上电唤醒
	列车整备	司机根据运营规则手动检查列车状态	库内自动执行,上电自检、静态测试和动态测试
	空调/电热	司机手动设置空调/电热参数	默认采用本地存储的参数,可通过中心设置
	照明	司机手动打开照明	支持中心远程控制,通过各工况进行自动控制
休眠	车辆断电	人工断电	远程自动休眠
轧道车	列车上电	人工为列车上电并打开钥匙,完成车辆状态检查后发车	远程唤醒,自动执行完上电自检、静态测试、动态测试。司机提前上车,唤醒测试成功后人工打开钥匙,CM 模式驾驶列车运行
进入正线服务	正线服务	司机控制照明、电热或空调	列车进入转换轨停稳后,中心发送进入正线服务后,自动打开照明、空调或电热
进站停车	进站停车	ATO 自动驾驶进站或司机以 CM 模式对标停车	(1) 列车自动驾驶进站停车,控制车门和站台门一一对应打开和关闭; (2) 未停车对标时跳跃模式对标
站台发车		司机根据发车指示器倒计时按压 ATO 启动按钮发车或人工驾驶发车	停站计时到时后,满足发车条件自动发车
折返换端		司机以 CM 或 AM 模式驾驶换端	列车在折返换端区域自动折入、折出并完成换端
清客		司机与站台人员人工清客	(1) 列车在清客站台打开车门不关闭,远程或站台人员确认清客完成后关闭车门和站台门后自动发车; (2) 远程可取消固定清客,设置或取消临时清客
停止正线服务		司机在转换轨手动控制	列车回库方向,进入转换轨停稳后,中心发送停止正线服务后,自动关闭照明、空调或电热
出库/回库	断开母线高速断路器	列车经过断电区时,人工断开母线高速断路器	车辆自动根据信号发送的场内运行工况和通信状态断开
	鸣笛	人工根据要求按压鸣笛按钮鸣笛	库内、场内启动时自动鸣笛
	关闭空调电热	人工控制	车辆自动根据工况执行
清扫	照明	由司机操作	列车回库自动进入清扫工况,自动打开照明
	通知清扫	人工通知清扫	车辆调度提示列车处于清扫工况,提醒调度员派人清扫
	人员防护	管理手段	(1) 清扫工况时,车载 VOBC 切除牵引; (2) 清扫人员在运转值班室登记后,由值班员将 SPKS 开关置于防护位
洗车	进入洗车库	人工驾驶列车进入洗车库,人工操作洗车模式	派班室人工根据当天运营计划选择空档时间设置待洗列车的车组号、洗车时刻,满足条件提示,调度员确认后自动执行洗车

续表

场景	功能	传统车辆	全自动运行车辆
其他	蠕动模式	无	车辆在运行区间出现列车网络故障或车辆与信号通信故障,车载VOBC自动向中心TIAS行调申请,中心授权后进入蠕动模式运行,蠕动模式时限速25 km/h,运行至下一个站台停车后打开车门不关闭,由司机转人工驾驶
	雨雪模式	人工驾驶	列车在不同区域出现多次空转或滑行时,TIAS界面提示行车调度员确认转入雨雪模式,确认后,车载接收到雨雪模式指令,实施最大常用制动停车后按雨雪模式控制策略运行
	车辆火灾	司机汇报	车辆烟火报警上报中心行调和车辆调,由中心车辆调通过车载CCTV推送的指定画面进行查看,并确认是否发生火灾,进行火灾确认或FAS复位
	车门状态丢失	车辆和信号均自动切除列车牵引	FAM/CAM模式时,车辆和信号均不自动切除列车牵引,继续运行至站台停稳后,中心派遣司机或站台人员处理
	车辆制动力丢失	司机人工处理	车载VOBC从车辆TCMS获得紧急制动损失程度和损失后的紧急制动率后,上传中心TIAS提示报警,中心应按如下方式处理:损失1/8转向架紧急制动的时候,列车可以精确停车,维持运行完本次上下行服务后退出运营,车辆限速70 km/h;损失2/8转向架紧急制动的时候,列车紧急制动,需人工上车,转为EUM模式驾驶
	障碍物/脱轨检测	无法检测	检测到障碍物/脱轨有效时自动实施紧急制动恢复后,司机现场检查无影响后,打开钥匙重新进入FAM模式,按压确认按钮继续运行
	设置/取消远程紧急制动	不支持	可远程设置/取消紧急制动
	车门、站台门对位隔离	不支持	(1)当个别站台门故障隔离时,车载设备将接收到的站台门故障信息转发至车辆。列车进站停稳后,故障站台门及对应的车门不打开。 (2)当个别车门故障隔离时,车载设备接收车门的故障信息,信号系统将此信息转发至站台门。列车进站停稳后,故障车门及对应的站台门不打开
	故障处理	人工处理	部分故障可实现远程复位及远程旁路
	其他远程控制(受流器升、降,停放制动施加、缓解,照明开启、关闭)	不支持	可实现远程控制

第二节　全自动运行系统车辆检修

一、车辆基地功能区设置

为了保障车辆运行及人员作业安全、方便生产及运营管理，全自动运行车辆基地需进行全自动运行区和非全自动运行区的划分。

1. 非全自动运行区

非自动运行区作业内容较为复杂，规律性弱，人工干预程度高，包括架修线、调车及工程车线、定修线、临修线、静态调试线、镟轮线等。

2. 全自动运行区

全自动运行区作业内容相对简单、规律性强、人工干预程度低，包括停车列检线、洗车线、牵出线、出入段线等。

值得注意的是，各地对周月检线（有些地铁公司甚至取消周月检，采用了均衡修模式）和试车线的区域划分原则尚未完全统一，在实际运行中，可综合考虑场区条件及运营需求进行区域划分。

和传统的车辆基地相比，全自动运行模式下列车从自动驾驶区进入人工驾驶区，需在转换轨处进行驾驶模式转换。为了方便司机上下车，需设置通往信号转换轨的段内道路，并在转换轨旁增设司机登车平台，同时应满足限界要求。

3. 分区增设围蔽隔离设施

（1）段场采用红线围蔽（或围墙），实现段场内部与外部的分隔。

（2）轨行区物理隔离，实现对轨行区的严格分隔，确保段内行车及作业安全。

全自动运行车辆基地除设置上述隔离设施外，需增设分区围蔽，包括全自动运行区和非全自动运行区之间、全自动运行区分区之间、咽喉区上行与下行之间、人工及自动驾驶区信号转换区域等，并在道路等需要中断的地方，增设开门和门禁系统，与信号系统联锁。

二、全自动运行车辆基地其他特点

和传统的车辆基地相比，全自动运行模式会对车辆基地的总平面布局、列车作业流程、全自动运行区库房尺寸及工艺设计原则等产生影响。

1. 停车列检库增加库房长度

采用全自动运行模式后，为了提高检修效率，停车列检库设置100%检查坑，根据信号要求，应充分考虑全自动运行系统信号防护要求，两列位之间的距离≥20 m，后一列位车尾与车挡距离≥15 m，库房长度需增加约12 m。停车列检库库房长度如图4-6所示。

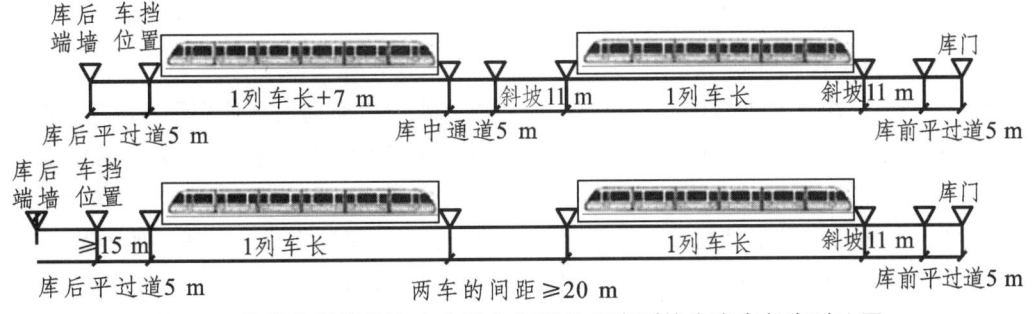

图 4-6 传统车辆基地和全自动车辆基地停车列检库库房长度对比图

2. 停车列检库划分防护分区

采用全自动运行模式后,为了保证检修人员及车辆安全,停车列检库一般按 2~3 股道划分若干个防护分区,并采用隔离网进行隔离。

停车列检库防护分区如图 4-7 所示。

3. 停车列检库增设地下通道及库中门禁

采用全自动运行模式后,检修作业人员主要通过地下通道联通各防护分区,库中平交道口各防护分区之间增设门禁,并与信号系统联锁。

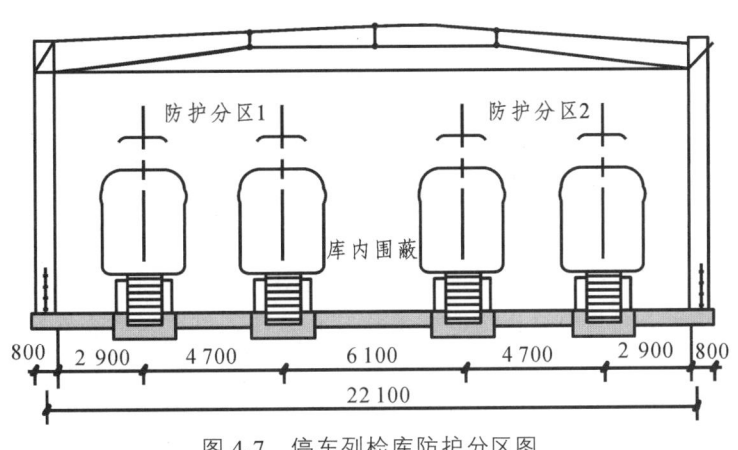

图 4-7 停车列检库防护分区图

三、车辆各检修修程的主要作业内容

(一) 架大修

大修:对车辆各部件和系统包括车体在内进行全面的分解、检查及整修,结合技术改造对部分系统进行全面更换,对车辆进行全面调试及实验。

架修:对车辆的重要部件,特别是转向架及轮对、电机、空调机组、车钩缓冲器装置、制动系统等进行分解、清洗、检查、探伤、修理,更换报废零部件;对电子部件进行清洗及测试;对蓄电池进行清洗机充放电作业;对车辆各系统进行全面检测、调试及实验。

1. 车辆零部件维修模式分析和技术准备

1）部件拆验及状态评估

为了便于制定检修规程和作业指导书，应对电客车架大修前的部件质量状况进行摸底检查。车辆架大修时大部分部件要从车体上拆下，进行必要的分解、清洁、检查、维修和调整，要更换一些密封橡胶件、磨耗件、一次性使用件和工作寿命到期的零部件，对状态不良的零部件进行修理；维修过的部件在装车前需经过必要的试验，组装完成的车辆还要做整车调试，以保证经维修后的车辆能保证可靠运行至少一个架大修期。在拆验的同时可以对车间技术人员和工人提供培训。

2）对部件的维修模式进行分析

部件维修模式可初步分为自修、合作修和委外修。对于三种维修模式的制定同时应考虑几个因素：该部件自修的技术可行性以及在其他线路的通用性。对三种维修模式进行的工艺路线和流程进行分析，制定出所有需更换的零部件及材料清单（规格、型号、数量、价格、供货厂家）。同时对目前生产条件进行评估，从而确定维修模式。

先确定自修部件，再定那些自修方式不够经济的部件采取委外修的部件，后确定合作修部件。对于维修资料齐全、部件数量多、维修工作量大、维修难度小、维修设备投入资金少的部件，采取自行维修模式，这样可以减少备件的库存量，减少资金积压，降低车辆维修成本。如受电弓（维修资料齐全、维修工作量大、维修难度小、维修设备投入资金少）、高速断路器（维修资料齐全、维修难度小、维修设备投入资金少）、车门、空调和车钩（维修资料齐全、部件数量多、维修难度小、维修设备投入资金少）等部件，相关试验设备均已采购到位。又如牵引电机轴承的拆装，由于部件数量多、维修工作量大、维修难度小、维修设备投入资金少，因此也采用自行维修。

对于一些电子和其他设备，包括子部件，如司机室面板、电子设备柜、辅助电气箱、接触器、继电器、车间电源、牵引系统电子板、制动系统电子板、空调系统电子板、信息系统、显示器，因不掌握其电路板制造技术和核心软件，可以采取委外修的模式。例如：牵引电机的转子和定子故障率很低、维修要求高、供货商未提供维修资料、维修难度大，如果自行维修，需要配备一整套专用检修、测试设备及专业维修队伍，设备昂贵且利用率低，经初步调查，该部件在国内容易找到专业维修厂家，且委外维修的费用低于自行维修的费用，因此该部件应委托专业厂家维修（主要为定子的维修，转子的维修成本通常会超过新购成本）。

对于一些故障数量较多的关键部件，但是技术未掌握的部件，可以采取合作修的模式，如制动系统、空压机、牵引电机等。

3）技术质量准备

首先制定架大修规程，它是作业的纲领性文件。在规程基础上制定作业指导书，主要描述作业的步骤、测试的数据、使用的工具等。指导书按照作业过程可以分为拆装类、调试试验类、吹扫清洁类，根据作业指导书列出工艺装备清单。

根据编写的作业指导书，编制作业记录，包括几方面的内容：完整的作业步骤、使用物料情况、部件好坏的结论、作业者、作业时间、质检人员的签名等。同时要设计质量控制环节，确定关键点、关键部件的检查方法。

根据规程和作业指导书,设计整车及重要部件的工艺流程,按照就近、高效、安全的原则,使产品从预检、拆卸、清洁、检查、更换、测试的整个作业流程,不出现重复的搬运工作,重点要设计好先后顺序,做好相应设备、测试台以及工装的准备。

2. 架大修作业实施

在架大修修程的制定上,根据车辆各设备的功能及安装位置的不同,通常分为转向架、车体、车门、司机室、车钩、空调、受电弓、制动、牵引、辅助十大部分,根据这十大部分的作业条件,制定作业流程。在流程中包括各个作业班组的作业进度和任务量,同时要持续监控作业进程,实时掌握作业过程中遇到的问题并及时采取措施,使车辆的时间目标能如期实现。

1)计划制订和质量控制

生产调度是一个用于生产指挥、协调的工作岗位。作业前技术管理人员应和生产调度协商制订架大修作业计划,包含整车作业计划、部件维修计划,确保整车计划和部件计划衔接顺畅,由生产调度以任务书的形式下达各个班组,同时将作业计划和进度以公告牌的形式在作业现场进行明示。

生产调度要做好实际进度和计划进度之间的比较分析,协调好各个班组作业关系以及外部合作单位的协作关系,每天召开生产会议,对当天的进度说明、材料供应、次日的作业项目调整做好安排。如果整个作业进度因材料、人员或者工艺设备原因而延误,必须以天为单位进行纠偏,及时更新进度计划。

在架大修准备时就进行了质量规划,在具体实施时,主要考虑质量控制和质量改进的内容。质量控制的目标是确保大修后的车辆各项指标能接近出厂的标准。质量控制要全面控制架大修整个作业过程,重要控制作业工序和作业质量,尤其是一些关键工序的交接检验,如齿轮箱的装配、制动控制单元的试验等,合理设置合格控制点,建立自检、互检和他检的三检制及由班组员工、工长、专职质检员、技术人员组成的检验网络。在作业现场,做到能正确判断合格与否,能正确摆放合格品与非合格品,能查阅和确认任一工序的作业责任人。

2)技术及综合管理

技术和综合管理包括架大修预算、故障信息和作业记录保存、现场安全卡控等。

架大修前要开展一次修前分析,分析的主要内容是对该列车在这个大修期内出现的故障进行归类并发给作业班组,在作业过程中对故障进行跟进。因架大修作业过程中有很多部件是根据其质量状况来进行更换的,因此做完一列车后要对费用进行计算,费用主要包括备件消耗、人工时消耗、耗材消耗等,对其进行统计,和预算进行对比查看是否超支及原因所在。

各个作业班组作业完毕后要填写作业记录单,并且登录计算机管理系统内将作业工单填写清楚,纸质作业记录单务必和电子工单保持一致,便于管理人员和技术人员检索。对于在作业过程中发现的故障,由专职工程师进行记录,对相应的专业作业班组进行培训,达到通报、重视的目的。对于架大修后投入运营的车辆发生的故障,要进行详细调查并划分责任,员工内部进行流传,达到教育和警示的目的。

现场管理的目标要做到场地规范、安全有序、整洁卫生。架大修场地大、设备多、人员广、流程多，要规范好各个作业现场定置图，以不同颜色标示好备品、道路、周转件、待修件及合格件的置放场地，定期检查监督，做到工完、料净、场地清。

一列车架大修作业完毕后要开展架大修分析工作，主要内容是对总体进度、现场发现的问题、发现的典型故障以及技术问题进行客观评价。将实际作业进度与计划进行对比，确认计划的制订是否合理有效；将现场发现的安全、质量问题进行分析，并与个人绩效挂钩；将实际作业过程与作业指导书进行对比，将车辆部件的实际故障状况进行分析，及时修订作业规程，合理确定维修范围。

（二）整车预检

所有尺寸测量应使车辆处于水平轨道上，空车状态，停放制动缓解，整车闸瓦离开踏面。要求测量时作业手法正确，测量值准确。作业工具有：强光手电筒、轮对内距尺、车辆轮径测量器及标准圆、第四种检查器、水平板、卷尺等。

测量车轮踏面直径、轮缘厚度、轮对内侧距。

① 踏面标准：踏面擦伤长度<60 mm，深度<0.5 mm，剥离长度一处<30 mm，连续剥离长度<40 mm，深度<0.5 mm，辗边≤5 mm。

② 轮缘厚度：23～34 mm，轮缘垂直磨耗高度<15 mm，无异常。

③ 轮对内侧距：（1 353±2）mm。如果超出限度，则应对轮对进行镟修或者重新压装。

1. 测量轮径

用车辆轮径测量器测量全车车轮直径，在可测量范围内平均取三点进行测量，计算其平均值并填写《架修转向架轮对检测表》。标准为同一辆车轮径差不大于 6 mm，同一转向架轮径差不大于 3 mm，同一轴轮径差不大于 1 mm；当一辆车平均轮径值小于 816 mm 时，在二系弹簧下添加 12 mm 垫片，当一辆车平均轮径值小于 792 mm 时，在二系弹簧下添加第二个 12 mm 垫片。

2. 测量轮缘

用第四种检查器测量全车轮缘厚度及轮缘高度，在可测量范围内平均取三点进行测量，计算其平均值并填写《架修转向架轮对检测表》。标准为轮缘厚度：23～34 mm，轮缘垂直磨耗高度＜15 mm，无异常。

3. 测量内侧距

用车辆内径尺测量检测轮对内侧距，在可测量范围内平均取三点进行测量，计算其平均值并填写《架修转向架轮对检测表》，轮对内侧距为（1 353±2）mm。

4. 测量四角高

用卷尺和水平板检测转向架构架四角高度，测量构架下表面至轨面之间的距离，将测量结果填写在《转向架构架四角高度检测表》。

5. 测量空簧位移高度

用卷尺和水平板检测空气弹簧位移高度。在排风、充风状态下测量车体支座至轨面之间的距离，测 AW0 状态下先充风至 750 kPa 以上 10 min，再排放空弹簧内风压，10 min 后测量排风状态下车体支座至轨面间的距离；然后再充风至 750 kPa 以上 10 min，测量该状态下车体支座至轨面之间的距离。准确记录相关数据，填写《地铁列车架修空气弹簧位移高度检测表》。标准为在无风及充风状态下测量的车体支座高度值与相关计算公式算出的空气弹簧位移高度。

6. 测量地板面高度

测量充气状态下的地板面高度。取 3 个车门测量地板面高度尺寸，并填写《列车地板面高度检测表》，标准为（1 130±10）mm。

（三）列车分解及吹扫

确保列车断电，吹尘前，要佩戴口罩、护目镜、耳塞及穿好防尘服和头盔。吹扫过程中，所有电器设备箱盖板要处于锁闭状态，防止灰尘进入。要求将车下线缆槽、转向架（含牵引电机）、各箱体外表面灰尘吹扫干净。

1. 车底吹扫

列车解钩分成两个三节单元车，用高压风从不同角度对车钩、转向架的构架、高低压线槽以及车下电气箱体（如辅助设备箱、紧急逆变器、蓄电池箱、蓄电池充电机箱的外侧）进行吹扫，要求目视无积尘。

2. 部件拆卸

1）车顶部件的拆卸

车顶部件有受电弓、空调机组。采用 3T 吊车，专用吊具从车体上拆卸，吊装落地。

2）转向架与车体的分离

三节单元车推上架车机后解钩分成三个单元车。各单元车对准架车位置，分解转向架与车体后推出转向架。落转向架时空气弹簧不受损伤。拆下车体上的高度调节阀、垂向减振器、横向减振器等零部件。

3）车体运送和定位

在车体下安装工艺转向架，安装应平稳、安全。各单节车分别用移车台运至相关的架修台位，运送过程中应平稳、安全。在架修台位上对车体四角进行支承，支承处平稳，受力后车体不摇晃、不移动。

4）车下主要零部件的拆卸

拆卸空压机、干燥器、高速断路器、车钩等。零部件从车体上拆卸下来，并运送到相关班组。

（四）年检

1. 年检概述

年检是城市轨道交通车辆一般性日常检修中最高级别的修程，对运行一年的车辆进行检修。

年检对车辆整体进行清洁维护，对重要的大部件作较细致的检查；对检查后发现故障的部件进行修理；对易损零件进行更换。虽然日常维修的日检、双周检、月检每次也检查转向架、车钩和牵引电机等部件，但是总是有部位检查不到或者不彻底，因此，经过一年或超过10万千米的运行，必须对车辆部件进行仔细检查及清洁维护。年检的检修内容较多，检查也有相当的深度，因此，年检检修时一般需要8~9天。刚起步的运营企业修时更长，如西安地铁2号线运营初期年检需要11天。

个别城市轨道交通车辆实行均衡修的维修模式，将年检中的作业项目科学地均配在月检作业中，取消了年检作业任务。

属日检、双周检、月检质保范围的按日检、双周检、月检要求执行；超出月检，在年检范围内应保证自上一个年检保证期结束至下一个年检或更高级别修程开始前的这段时间进行年检。

2. 年检作业工艺流程及作业方法

年检作业大体可分为4个部分，分别为吹扫作业、无电作业、有电静调和试车线列车动态调试。

吹扫作业主要指车顶空调机组、车下设备、客室内装等开盖清洁除尘工作。无电作业项目主要包括受电弓、车下电器箱外观、VVVF逆变器、主隔离开关、辅助隔离开关、辅助接地开关、高速断路器、母线熔断器、辅助熔断器、司机控制器、SIV启动装置箱、蓄电池箱、扩展供电装置、电压检测装置、高压连接器和108芯连接器、风源制动系统、空调通风系统、车体、贯通道、车钩、司机室侧门、紧急疏散门、司机室后端门、司机室设备、司机室电气、电气柜、客室设备、客室内装、客室车门、转向架及其附件等内容。有电静调主要包括车间电源供电、蓄电池供电、接触网供电3项内容。试车线列车动态调试主要包括牵引试验、制动试验、后备模式、洗车模式、退行功能、旁路功能试验及其他项检查。

年检作业过程中各作业小组也是平行作业，为保证生产安全，必须注意作业的检修条件。

（1）电客车开始年检检修作业前，须先入吹扫库对车门机构、车下走行部和电气箱外部进行吹扫清洁。

（2）断电检修：车顶、车下、车侧作业。

检修条件：接触网已断电、受电弓已降下、断开蓄电池、作业人员做好个人安全防护，并按规定设安全号志。车顶作业、高压作业须按规定穿戴劳保用品。

受电弓检修条件：受电弓检查前，须切断气源，同时将气囊进气口位置的球阀关闭，使受电弓不能升起。

车下电器箱开盖检查：要在断电至少 5 min 后方可打开操作。

（3）蓄电池供电检查：测量受电弓升降弓时间和接触压力。

车间电源供电检查：空调机组运转状态检查和总风泄漏检查。

检修条件：接触网已断电、作业人员做好个人安全防护，并按规定设安全号志。

（4）供电检修：客室检查和司机室功能检查。

检修条件：接触网已供电、司机台已激活、受电弓已升，在列车监控系统屏常规-总体菜单中确认 HB 处于分断位，作业人员做好个人安全防护，并按规定设安全号志。

3. 年检作业所需主要工量具

所需工器具：高压清洗机、钩高尺、第四种检查器、轮径尺、扭矩扳手、钢卷尺、套筒扳手、内六角套件、制冷剂检漏仪、弹簧秤、秒表、游标卡尺、钢直尺、点温计、注油枪、棘开两用扳手、吸尘器、万用表、分贝仪、三步梯、手提式鼓风机、卡簧钳、水平尺、活扳手等。

劳保用品：口罩、线手套/橡胶手套、耳罩、护目镜、防尘服、安全带等。

消耗性材料：抹布、划线笔、橡胶保护剂、除锈润滑剂、酒精、洗洁精、拖布、防静电纸、扎带、润滑脂、软毛刷、喷壶、凡士林、乐泰243、玻璃水、砂纸、电绝缘胶带、乐泰密封绳等。

(五) 月检

1. 月检概述

月检是城市轨道交通车辆一般性日常检修中高于日检和双周检的修程，对运行一个月的车辆进行检修。

月检主要是对主电路中的受电弓、牵引电动机及电器箱，走行部的转向架构架、轮对、齿轮箱及联轴节，车载设备的控制单元及各类信号、指示灯进行检查，以保证车辆走行部分安全、电气控制性能良好及易损耗件具有足够的工作尺寸。

因个别设备维护周期及设备故障状态要求，某些部件需要每两个月进行一次或每三个月进行一次检修，所以每个月的月检部分作业项目会有所增加。一列电客车在第二个月进行月检时部分项目增加，第三个月进行月检时又增加个别检修项目，第四个月月检作业时工作内容与第一个月相同。个别城市轨道交通车辆实行均衡修的维修模式，将年检中的作业项目科学地均配在月检作业中，形成独特的月检作业形式。

和双周检情况相似，月检也要占用车辆投入运营时间。但月检作业项目较多，一般修时为一天。

月检检修作业质量保证期为本次月检作业结束至下一个月检或月检以上级别修程开始前的这段时间。

2. 月检作业工艺流程及作业方法

月检作业可安排车顶及车下电气、司机室及客室、车体及车钩、转向架及气路制动系统4个作业小组进行检修。各作业小组同步进行作业，在工长的安排下按无电功能检查和有电功能检查进行检修。

月检作业与日检、双周检一样，主要采用目测、耳听及操作三种作业方式。但月检作业中手动操作项目因修程级别提高，检查项目也有所增加。手动操作内容主要包括各重要部件的除尘擦洗、对受电弓气源控制箱里的空气过滤器进行手动排水、升降弓试验及调整、螺栓放松错位后校准力矩重新划线、主隔离开关活动检查等内容。另外，月检修程中有大量数据测量，如用钢尺测量车体底架的工艺块下平面与构架的工艺块之间的距离、用钢尺测量排障器高度、测量轴箱与转向架基准块的间距、使用第四种检查器及轮径尺测量轮缘和轮径值、用钢尺测量横向止挡间隙、用内径卡尺检查车轮和闸瓦之间的间隙等。

与双周检作业相似，月检作业过程中各作业小组也是平行作业，为保证生产安全，必须注意作业的检修条件。

（1）断电检修：车顶、车下、车侧作业。

检修条件：接触网已断电、受电弓已降下、断开蓄电池开关、作业人员做好个人安全防护，并按规定设安全号志。车顶作业、高压作业须按规定穿戴劳保用品。

受电弓检修条件：受电弓检查前，须切断气源，同时将气囊进气口位置的球阀关闭，使受电弓不能升起。

车下电器箱开盖检查，要在断电至少 5 min 后方可打开操作。

（2）蓄电池供电检查：测量受电弓升降弓时间和接触压力。

检修条件：接触网已断电、作业人员做好个人安全防护，并按规定设安全号志。

（3）供电检修：客室检查和司机室功能检查。

检修条件：接触网已供电、司机台已激活、受电弓已升，在 ATI 屏常规−总体菜单中确认 HB 处于分断位。作业人员做好个人安全防护，并按规定设安全号志。

3. 月检作业所需主要工量具

所需工器具：手电筒、钩高尺、第四种检查器、轮径尺、扭矩扳手、25 mm×60 mm 的木块、弹簧秤、秒表、钢板尺、加油枪、内径卡尺、折叠梯、压力表。

劳保用品：口罩、线手套/橡胶手套。

消耗性材料：白棉布、划线笔、橡胶保护剂、除锈润滑剂、酒精、Shell Alvania RL3 润滑脂、砂纸、AUTOL TOP 2000 润滑脂。

（六）双周检

1. 双周检概述

双周检是城市轨道交通车辆一般性日常检修中仅高于日检的修程，对运营两周的车辆进行基本的检修维护。检修维护内容在涵盖日检作业内容的基础上，进行车顶受电弓及空调的检查。仅采用第三轨受电的电客车因无受电弓，不进行车顶受电弓检查。

因为新车故障较多，对其性能掌握不够，所以在运营初期时，各城市的轨道交通车辆大多采用双周检作业项目，通过对车辆的频繁检查和发现问题，更好地维护车辆状态并掌握车辆信息。在运营一段时间之后，车辆性能逐渐稳定，双周检作业延长检修周期并增加个别检修项目，改为每月一次。

双周检一般所需时间为一天，所以要占用车辆投入运营时间。为了缩短留车时间，部分运营企业双周检只需半天。

双周检检修作业质量保证期为本次双周检作业结束至下一个双周检或双周检以上级别修程开始前的这段时间。

2. 双周检作业工艺流程及作业方法

双周检按检修用电情况可分为无电作业和有电作业。无电作业时主要进行车下检查、车辆两侧检查和车顶受电弓检查（第三轨受电车辆除外）。车辆供电后进行车内检查及司机室功能试验。

双周检级别以上修程由于修时较长，一个作业班组仅对一列车进行检查，所以工班一般按无电和有电两个时间段进行作业，在阶段作业中将人员合理分组，每组人员作业位置不同，每人职责分工不同。原则上先进行无电作业，再进行有电作业。双周检作业方式与日检大致相同，采用最基本的目测、耳听及操作三个作业方式。

在双周检作业过程中，由于各作业小组平行作业，为保证生产安全，必须注意作业的检修条件。

（1）断电检修：车顶、车下、车侧作业。

检修条件：接触网已断电、受电弓已降下、断开蓄电池开关、作业人员做好个人安全防护，并按规定设安全号志。车顶作业、高压作业须按规定穿戴劳保用品。

受电弓检修条件：受电弓检查前，须切断气源，同时将气囊进气口位置的球阀关闭，使受电弓不能升起。

（2）供电检修：客室检查和司机室功能检查。

检修条件：接触网已供电、司机台已激活、受电弓已升、在列车监控系统屏常规−总体菜单中确认 HB 处于分断位。作业人员做好个人安全防护，并按规定设安全号志。

3. 双周检作业所需主要工量具

所需工器具：手电筒、直尺（游标卡尺）。

劳保用品：安全帽、绝缘防砸鞋、安全带。

消耗性材料：酒精、抹布。

（七）日检

1. 日检概述

日检也称列检，是城市轨道交通车辆一般性日常检修中最初级的修程，一般安排在每天的运营结束后对车辆进行检查。日检的目标是保证车辆正常安全地运营，所以日检的检修维护内容主要涉及运营安全的基础部件及电客车的各项功能检查，如转向架构架、轮对、闸瓦、齿轮箱及联轴节、空气管路、车体箱体锁闭、车钩、贯通道、司机室侧门、间壁门、灭火器、牵引及制动功能、列车广播及乘客信息显示系统、车门控制系统等。

各城市轨道交通车辆日检内容大致相同，但因车辆选型不同在检查项目上有所区别。如仅采用第三轨受电方式的轨道交通车辆，因轨道带电在日检中不进行车辆下部的检查。

大多数城市轨道交通车辆日检的检修周期均为一天，因线路及运营时间情况、运行里程有所差别。由于要保证正常运营车辆的供应数量，所以大多数城市轨道交通运营企业的大规模车辆日检一般都安排在夜间车辆完成当日运行图回库后到次日投入运用前进行日检作业，而运营初期或客流很小的线路日检作业较为灵活。因检修时间有限，作业时间为每列车 40 min 左右。

日检作业质量保证期为本次日检作业结束至下一个日检前的这段时间。

2. 日检作业工艺流程及作业方法

日检作业工艺流程主要指各城市轨道交通车辆检修作业人员在日检中遵循的作业顺序，各地铁线路根据自身特点编制合理的工艺流程，对检修作业人员标准化作业、轨道交通车辆的质量控制具有重要意义。

日检一般按作业空间可分为车下检查、车体两侧检查、司机室功能检查、客室检查等，按检修用电情况又可分为无电作业和有电作业。某些城市轨道交通车辆仅采用第三轨受电方式，因受流器在车下安装且轨道带电，日检作业项目中不进行车下检查，如北京、广州等部分线路。

日检作业过程中检查空间有限，不能许多人挤在一起作业，所以必须规定好作业人员的作业项目；又因为日检作业时间有限，所以多个车辆的日检作业必须以作业小组为单位同时进行。大多数城市的轨道交通车辆日检按2~3人一组作业，每人职责分工不同。原则上先进行无电作业，再进行有电作业。无电作业时，作业小组人员分别进行车辆下部检查和车体两侧检查，待作业完毕后，同时上车进行有电作业，主要进行司机室功能检查和客室检查。

日检作业主要采用三种作业方式，目测、耳听及操作。目测是采用最多的检修作业方法，耳听主要用于空气制动管路检查以及广播系统功能检查，操作主要指司机室功能检查中验证各系统功能的操作。

3. 日检作业所需主要工量具

所需工器具：手电筒。

劳保用品：安全帽、绝缘防砸鞋。

复习思考题

1. 简述电气牵引及电制动系统的基本组成。
2. 乘客信息系统的主要功能有哪些？
3. 车辆检修修程有哪些？
4. 全自动运行系统车辆和传统的车辆有哪些主要区别？
5. 全自动运行系统车辆基地有哪些特点？

第五章 全自动运行系统车辆信号

第一节 信号系统设备

信号系统是一个完整、可靠、高效的列车自动控制系统。各子系统通过信息网络构成闭环系统，之间相互渗透、相互结合，从而实现地面控制与车上控制相结合、现地控制与中央控制相结合，并以此保证行车安全，缩短行车间隔，提高运行效率和服务质量，促进管理现代化。

一、控制中心设备

控制中心设备是信号系统监控的核心部分，主要包括 ATS 中心设备、LTE 中心设备、培训设备、维护设备、电源设备等。控制中心信号系统主要设备配置如下：

1. 应用服务器

应用服务器为 ATS 子系统的数据处理中枢，它获得全线车站、车辆基地以及外部系统的数据后，将站场图显示、告警、列车状态等各种信息发往各 ATS 工作站和大屏幕显示。应用服务器满足中心自动控制、调度员人工控制以及车站控制的要求；满足地铁行车指挥及运营管理的需要；系统处理能力及处理方式满足可靠性、实时性和可维护性的要求；系统能力具有可扩展性，可与其他自动化控制系统（如综合监控系统）接口。服务器为双机热备设计，备机实时从主机获得同步的各种数据，可以实现无扰切换。

2. 数据库服务器和磁盘阵列

控制中心的两台数据库服务器为双机热备冗余，在数据库服务器上运行并行数据库例程，数据库例程接收数据库访问。数据库数据如计划数据、列车运行数据、列车编组信息等存放在磁盘阵列上，以便系统调用和查看。

3. 大屏接口计算机

大屏接口计算机用于实现信号系统与大屏幕显示系统的接口，实现在大屏幕上显示全线线路配线情况、列车位置和车次号、列车进路、轨道区段、道岔和信号机的状态，以及信号系统设备的工作状态等信息。

4. 调度员及调度长工作站

设置调度员工作站和 1 台调度长工作站，通过操作口令调度员工作站可分台工作也可并台工作。各个调度工作站在硬件和软件上具有相同的结构，根据登录用户角色和控制区域的不同来完成不同的功能，如果一台调度员工作站故障，另一台调度员工作站可以接管其控制区域。目前，在全自动运行线路上按功能主要设置行调工作站、车辆调工作站、乘客调工作站等不同用途的工作站。

5. 时刻表/运行图工作站

时刻表/运行图工作站用于运行计划人员编制、修改列车运行图和时刻表。系统通过人机对话可以实现对运行图、时刻表的编辑、修改及管理。运行图显示工作站主要用于显示计划运行图和实迹运行图，提供与运行图相关的操作，如运行图修改、打印等。

6. 维护工作站（含 ATS 维护工作站）

维护工作站主要用于 ATS 维护、ATC 系统故障报警处理及车站、车辆基地信号设备的监测；用于显示全线站场图、系统设备状态、故障报警、重要事件等，并进行数据存储管理、ATS 系统管理和网络管理等。

7. 网管工作站

设置网管工作站，与位于维修中心的网管服务器接口，作为网管服务器的用户终端设备。运营维护维修人员可以通过网管工作站配置有线、无线网络，并进行统一管理。

8. 通信前置机

通信前置机作为控制中心 ATS 子系统的通信枢纽，负责为控制中心的外部系统（无线、广播、PIS、时钟、综合监控等系统）提供接入 ATS 的接口。

9. 网管服务器

网管服务器负责对全网有线、无线数据通信设备统一配置、管理、监控和故障排除，采用双机热备配置。

10. 数据通信设备

控制中心设置有线网络骨干网传输设备、接入网传输设备。

11. 打印机

控制中心配备打印机，用于输出运行图及各种报表。

12. 电源设备

在主、备控制中心各配备一套智能电源屏及双套 UPS 设备，全线电源系统工作状态及故障报警信息纳入信号维护监测子系统统一管理。

13. 培训/模拟工作站

培训/模拟工作站仅设置在主用控制中心，包括模拟服务器和培训工作站，内部配有各种系统编辑、装配、连接及系统构成工具和列车运行仿真的软件，并可与调度员工作站具有相同的显示内容和相同的控制内容，但不参与在线列车的控制。该工作站还能实际仿真列车在线运行及各种异常情况，实习操作员可通过此工作台模拟实际操作。

14. 培训服务器、培训模拟器

培训服务器及模拟器仅设置在主用控制中心,存储培训所需的相关数据,包括车站、车辆基地以及外部系统的相关数据,将站场图显示、列车状态等各种信息发往培训工作站用于培训。

15. 其他 ATS 监视工作站

在主控制中心乘务部应急指挥中心、乘务部生产调度室设置 ATS 监视工作站。

二、正线车站及轨旁设备

全自动运行系统的正线车站及轨旁设备主要包括 ATS 车站设备、ATP/ATO 设备、计算机联锁设备、数据通信设备、维护监测设备、计轴设备、相关按钮、应答器设备、信号机、转辙机及电源设备等。

1. ATS 车站设备

1) ATS 分机

在信号设备集中站设置车站 ATS 分机,用于采集车站的各种表示信息、传送中心的控制命令及存储由中心下载的时刻表或根据列车识别号和目的地号进行控制,并实现车站进路自动控制的功能。ATS 分机与控制中心、车站联锁系统之间进行数据传输,能根据运行图或目的地自动触发列车进路,当列车到达站台后,ATS 分机将正确驱动发车时间倒计时显示在车载界面上。ATS 分机采用双机热备结构,备机实时从主机获得同步的各种数据,可实现无扰切换。

2) 车站现地控制工作站及 ATS 显示终端

在信号设备集中站设置 ATS 控制与表示设备——现地控制工作站(与联锁的控制与表示设备合二为一),采用彩色显示器、键盘及鼠标器或其他方式,设置于车站综合控制室内。根据运营使用的需要,在非设备集中车站设置 ATS 显示终端,用于监视相应区域的列车运行等信息。现地控制工作站双机热备配置,用于显示系统设备状态、站场图、车次号,用来显示和操作联锁单元,控制操作列车自动进路排列、列车监视和追踪,进行相关控制操作,可进行职责交接和授权等操作,界面与控制中心基本一致,并可具有运行图显示功能,主要用于显示计划运行图和实迹运行图,提供与运行图相关的查询操作。ATS 显示终端用于监视相应区域的列车运行信息,可显示系统管辖区域内的设备状态、站场图、显示车次号等。

3) ATS 显示工作站

在车站轮乘室设置 ATS 显示工作站。

2. ATP/ATO 设备

ATP 系统是地铁列车控制系统中保障列车运行安全的关键设备,轨旁 ATP/ATO 计算机是 ATP 系统的轨旁控制设备,用于实时处理列车移动授权的计算、与信号相关子系统接口、控制列车运行的重要安全功能。轨旁 ATP/ATO 设备完成管辖范围内地面 ATP/ATO 功能,并与联锁设备及相邻 ATP/ATO 设备交换信息。

3. 计算机联锁设备

联锁设备集中站设置计算机联锁设备（CI），用以实现管辖区内车站的进路控制。联锁设备应能接收车站值班员和 ATS 子系统的控制，并与 ATP/ATO 车站计算机接口。控制与表示采用彩色显示器、键盘及鼠标器或其他方式，设置于车站控制室内。彩色显示器可显示联锁范围内的站型及区间线路。

4. 数据通信设备

数据通信子系统（DCS）属于 ATP/ATO 的子系统，主要实现地面线路信息、列车目标速度、目标距离、进路状况、列车号、目的地号、司机号、列车位置信息、ATP/ATO 车载设备的状态信息、车门开关状态信息、列车停稳信息、车站通过信息、列车运行调整信息（ATO 运行等级信息）的车载 ATO 与地面 ATS/ATO 的信息传输功能。

数据传输子系统主要由轨旁数据接入网络、骨干传输网络、车载数据网络和车地通信网构成。

5. 计轴设备

在设备集中站集中设置计轴室内设备，在轨旁设置计轴室外设备，实现 ATP/ATO 无法正常工作时降级系统的列车位置检测功能。

6. 站台紧急关闭按钮

在车站的上、下行站台的适当位置和车站综合控制室内，分别设置站台紧急关闭按钮。在紧急情况下，乘客按压该侧站台处或车站值班员按压综控室的紧急关闭按钮，使进入或驶出该站台的列车紧急停车，并可通过 IBP 盘上的紧急关闭取消按钮进行取消。

7. 人员防护开关

在正线各车站控制室 IBP 盘上和进入无人区的出入口处设置人员防护开关（SPKS）及相应表示灯，原则上在车站站台每个区间进入点设置 1 个 SPKS；现地工作站具有 SPKS 相应表示。

8. 清客确认按钮

站台上设置清客确认按钮（QKQR），用于取消清客指令。

9. 开/关门按钮

为了实现站台人工开/关闭车门功能，信号系统在车站站台和车站控制室 IBP 盘上设置站台开/关门按钮（POB/PCB）。在车站上、下行站台（公共内）分别设置站台门开/关门按钮；在车站控制室 IBP 盘上、下行站台分别设置站台门开/关门按钮。

10. IBP 盘

在正线各车站综合控制室内由综合监控专业设置 IBP 盘。信号专业采集 IBP 盘上的相关按钮状态，车站值班员通过操作盘上按钮，可实现站台紧急关闭及紧急关闭解除功能，ATS 扣车与扣车解除等功能，提前发车功能，计轴预复位功能（仅设备集中站具备该功能，该功能也可选择在现地控制工作站实现），区间人员防护功能，站台开/关门功能。

11. 应答器

正线应答器按照用途共分为三种：固定应答器、预告应答器和主信号应答器。其中，固定应答器属于无源应答器，预告应答器和主信号应答器属于有源应答器。固定应答器用于存储地理位置信息，同时消除列车测距误差，减少列车安全位置的不确定性。另外，为满足全自动运行要求下正线停车线停车需求，在正线停车线及折返线设置用于休眠、唤醒的应答器设备。

12. 正线地面信号机

信号机原则上设置于列车运行方向的右侧。正线采用 LED 信号机，应根据各信号系统的制式和特点来设置，原则上正线信号机的设置如下：

（1）道岔防护信号机。
（2）在每个车站出站方向设出站信号机，若出站外方设有道岔，则出站信号机兼作道岔防护信号机。
（3）长区间降级模式下为满足必要的追踪间隔设置区间信号机。
（4）折返阻挡信号机。
（5）出段（入正线）信号机。
（6）联络线防护信号机。
（7）线路尽头、折返进路终端设置阻挡信号机。

13. 转辙机

正线、试车线采用弹性可弯曲线尖轨的 60 kg/m 钢轨 99 号道岔，分动设计，尖轨设两个牵引点，采用配套的外锁闭装置、三相交流转辙机牵引。

三、车载设备

在每列列车的头、尾车各设一套车载设备，包括 ATP/ATO 计算机、操作和显示单元、车载无线设备[包括 TAU（跟踪区更新）、交换机及天线]、测速装置和应答器天线等。另外，为保证列车折返功能和驾驶模式建立的连续性，需要车辆提供一定数量的列车头尾通信控制线缆，以满足车载 ATP 相关信息的传输。

四、车辆基地设备

车辆基地设备包括 ATS 设备、ATP/ATO 设备、计算机联锁设备、车地无线通信设备、信号集中监测设备、道岔缺口监测设备、应答器、信号机、转辙机、计轴设备、电源设备、日检设备等。

1. ATS 设备

车辆基地纳入 ATS 监控，在车辆基地信号设备室设置 ATS 分机，用于采集车辆基地内列车运行占用信息、进/出车辆基地的列车信号机的状态信息等，实现车辆基地内列车车组号的跟踪。调度员工作站及控制中心显示屏上可以显示进/出段线（转换轨）占用、进/出段的列车信号机状态及车辆基地轨道占用等详细显示信息。同时，在车辆基地车控室设 1 套车辆管理调度工作站和 1 套行车调度工作站，用于实现车辆基地对车辆的相关监视、控制及调度功能。车辆基地乘务派班室和 DCC 控制室各设 1 台 ATS 复示终端，与车辆基地 ATS 分机相连。

2. ATP/ATO 设备

车辆基地设置一套与正线一致的 ATP/ATO 设备，负责根据 CBTC 列车的位置信息以及联锁所排列的进路和轨道占用/空闲信息，为其控制范围内的 CBTC 列车计算生成移动授权（MA），保证其控制区域内 CBTC 列车的安全运行。

3. 计算机联锁设备

车辆基地设置一套计算机联锁设备和现地控制工作站，用以实现车辆基地的进路控制功能。

4. 数据通信设备

车辆基地有线主干传输网络，与正线统一设置，与正线设置的节点连接在一起，形成全线的自愈环网络结构，实现全线骨干节点之间的数据传输。

5. 人员防护开关（SPKS）

车辆基地 SPKS 设置在 DCC 控制室，根据车辆基地自动化区域划分，洗车线单独设置一个，停车列检库库内区域每个独立分区（两条停车列检线）设置一个；库前信号机至车辆基地出入口（咽喉区）设置一个；转换轨处设置一个。同时可以设置一个总 SPKS 对全段全自动化范围实现一次防护。

6. 应答器

车辆基地内应答器布置原则如下：

（1）停车列检线、洗车线、牵出线各设置若干无源应答器，用于列车定位。

（2）停车列检库内设置用于休眠、唤醒的应答器。

（3）转换轨上设置无源应答器，用于列车重定位。

（4）转换轨内方设置无源轮径校正应答器，用于列车轮径校正。

（5）根据需要设置若干无源应答器，用于列车位置校正。

7. 信号机

车辆基地内地面信号机为 LED 光源组合式信号机，信号机设置及显示原则与既有线保持一致，具体如下：

（1）信号机原则上设置于列车运行方向的右侧。

（2）车辆基地入口处设黄、绿、红三显示（绿灯封闭）进段列车信号机和黄、绿、红三显示（绿灯封闭）出段列车信号机，红灯定位显示。

（3）为提高出入段能力，设置线束出发、入库列车兼调车信号机，黄、红、月白三显示，红灯定位显示。

（4）停车列检库、周月检库前设置出库列车兼调车信号机，黄、红、月白三显示，红灯定位显示。

（5）两列位停车列检库，第一列位停车位置前方设置绿、红、月白三显示（绿灯封闭）调车兼列车阻挡信号机，红灯定位显示。

（6）一列位车库列车进路终端设绿、红二显示（绿灯封闭）列车阻挡信号机，红灯定位显示。

（7）车辆基地内其他地点根据需要设矮型蓝、月白二显示调车信号机，蓝灯定位显示。

8. 电动转辙机

车辆段除试车线道岔外均采用 50 kg/m 钢轨 7 号道岔，采用内锁闭、单点牵引，并采用配套的 ZD6 直流电动转辙设备。

9. 列车占用检测设备

车辆段采用计轴设备，作为列车占用、空闲检测设备。

10. 日检设备

在车辆基地的停车列检库内设置车载信号设备的日检设备，停车列检库内设置无线通信室内外设备，对每天投入运行列车的车载 ATP/ATO 设备进行全功能静态测试，并将测试检查的数据及结果传至维修中心及控制中心。

五、试车线设备

车辆段内设试车线，主要用于在车载设备维修、更换后或必要时，对正线 ATP/ATO 车载系统进行功能测试和试验。同时，试车线信号设备也可用来对信号维修人员进行 ATP/ATO 培训，在试车线可以对正线除 ATS 子系统以外的所有功能进行模拟和测试。试车线装设与正线相同的 ATP、ATO 室内设备，轨旁设备以及相应的测试设备。

试车线信号设备的主要功能如下：

（1）各种速度等级下的 ATP 功能测试。

（2）ATO 自动驾驶测试。

（3）紧急停车试验。

（4）站台精确停车试验。

（5）自动折返测试。

（6）车门及站台门的监控测试。

（7）车地通信测试。

（8）驾驶模式间转换测试等。

第二节　信号系统功能

一、ATP 子系统的主要功能

ATP 子系统主要用于保证列车运行安全，由车载设备和地面设备组成，该子系统符合故障导向安全的原则，并具有自检和自诊断能力。

ATP 子系统的主要功能如下：

（1）列车定位。

（2）列车防护。

（3）紧急制动。

（4）临时限速管理。

（5）人员防护开关。

（6）车门/站台门的控制。

（7）停车列检库及洗车库防护。

（8）运行方向和退行防护。

（9）无意识移动防护。

（10）区域防护功能。

（11）停稳监督。

（12）列车完整性监督。

（13）轮径校正。

（14）列车紧急控制。

（15）车载人机界面。

（16）维护功能。

（17）接口功能等。

二、ATO 子系统的主要功能

列车自动运行（ATO）子系统是自动控制列车运行的设备。ATO 子系统在 ATP 子系统的安全防护条件下使用，根据 ATS 的指令实现列车的自动驾驶，负责列车车速的调整和列车运行的控制，完成列车起动、牵引、巡航、惰行和制动的操作，实现列车的站间运行、车站的定点停车、折返控制等。ATO 子系统有利于行车效率的提升、列车节能、提高乘客乘坐的舒适度和减轻司机的劳动强度。ATO 子系统控制的要点是列车运行的正点控制、舒适度控制和精确度的控制，确保达到设计行车间隔及旅行速度。其主要功能如下：

（1）列车休眠。

（2）列车唤醒。

（3）自动驾驶功能。

（4）车门和站台门管理。

（5）精确停车。

（6）停准调整。

（7）自动起动与车站发车。

（8）区间运行。

（9）自动折返。

（10）提前发车。

（11）扣车。

(12)跳停。
(13)自动洗车。
(14)列车工况及车辆相关功能。
(15)维护诊断功能。
(16)接口功能等。

三、ATS 子系统的主要功能

ATS 子系统为 ATC 系统的上层环节,负责管理、监督、协调、控制列车的运行。ATS 子系统除具有原有功能外,还具备各系统间的联动功能,具体功能如下:

(1)线路及设备监控功能。
(2)列车监控功能。
(3)列车运行控制及调整。
(4)时刻表/运行图管理。
(5)车辆段 ATS 功能。
(6)联动控制功能。
(7)报警和状态监视。
(8)列车运用计划及车辆管理。
(9)运营记录及回放。
(10)调度员培训和模拟演示功能。
(11)系统管理。
(12)接口功能。
(13)主、备控制中心控制权转换功能。
(14)车辆及车站远程控制功能等。

四、车辆段信号系统的主要功能

为保证全自动运行安全可靠运行,车辆段被划分为自动控制区域和非自动控制区域。车辆段采用与正线一致的 ATC 信号设备,对自动控制区域进行控制。自动控制区域的列车进路采用自动控制,系统对其进行监控;非自动控制区域的列车进路采用人工控制,系统对其仅监视不控制。

车辆段的联锁设备根据 ATS 用车计划完成列车出入段的列车进路控制和段内调车作业,保证段内列车作业和调车作业的安全。

车辆段值班员办理列车、调车进路,联锁设备控制段内的道岔和信号机,实现进路的建立、进路锁闭、开放信号、进路解锁、故障解锁等基本联锁功能。

车辆段采用与正线一致的 ATC 系统,除具备正线 ATC 系统的功能外,根据车辆段作业性质和作业特点,还具有以下功能:

(1)实现段内停车列检库休眠/唤醒功能。

（2）实现段内自动控制区域内的全自动运行功能。
（3）实现段内停车列检库和洗车库精确停车及对位自动调整功能。
（4）实现段内自动控制区域和非自动控制区域转换（转换轨应设置在自动控制区域）。
（5）实现列车出入段作业和调车作业进路控制。
（6）实现段内区域封锁功能。
（7）实现段内动车自动鸣笛功能。
（8）实现段内全自动洗车功能。
（9）实现段内全自动调车功能。
（10）与正线联锁设备接口，实现列车出入段的安全控制。
（11）与试车线联锁设备接口，实现列车出入试车线的安全控制。
（12）基础信号设备如信号机、道岔、轨道区段、电源的状态监测报警功能。
（13）对各设备的维护统计和分析，辅助设备的维护管理等。

复习思考题

1. 全自动运行系统信号设备由哪些部分组成？
2. 全自动运行系统 ATP 子系统的功能有哪些？
3. 全自动运行系统 ATS 子系统的功能有哪些？
4. 全自动运行系统 ATO 子系统的功能有哪些？

第六章 全自动运行系统带来的变化

第一节 管理模式

全自动运营组织工作由运营控制中心统一组织,建立中心级和现地级的两级运营组织架构。中心级以行车调度员为主,负责全自动运营生产的统一指挥,以指挥和系统远程控制为主;现地级包括车站、正线、列车、转换轨、段场和设备设施等单元,同时应急人员开展值守和应急处理。

全自动运行系统对运营管理主要加强了中心级的控制,减少了现场乘务组织的管理,进一步加强各系统间的联动性,提高故障处理中的统筹协调。全自动运行系统设备的联系更加紧密,对运营维保人员的要求、组织架构职责划分均提出了更高的要求。以一条线为例,结合对上海地铁 10 号线的考察,多职能一体化运营组织模式架构如图 6-1 所示。

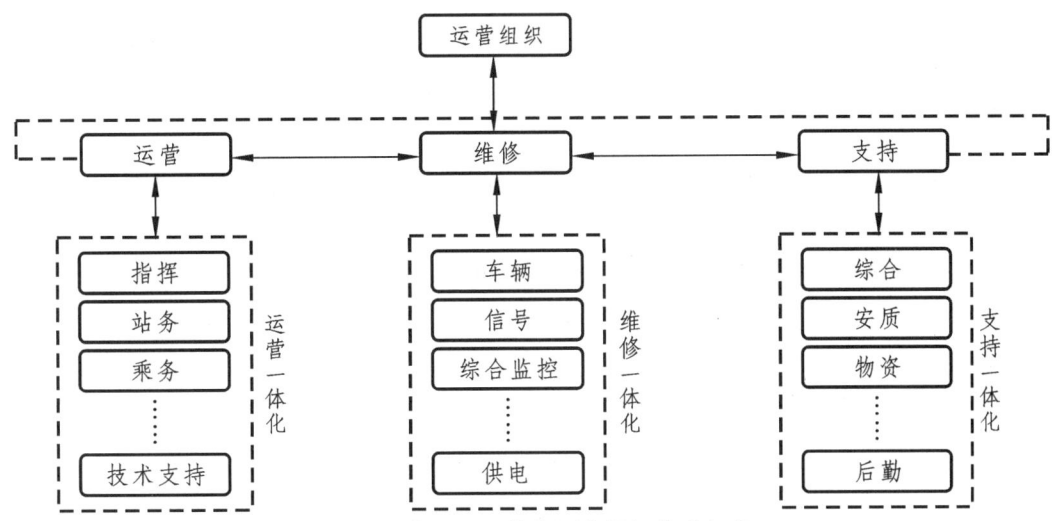

图 6-1 多职能一体化运营组织模式架构

运营、维修、支持一体化,岗位的深度融合,增设多职能队伍。
调度变化:增设车辆调度和乘客调度。
乘务优化:实行集中轮乘制度,正线多点值乘。
站务优化:多职能岗位整合。

第二节 岗位融合

地铁车辆采用全自动运行系统,人机工作界面的重置,最直接的结果就是使列车司机岗位职责发生了变革,在实行全自动运行模式后,传统列车司机岗位通常向两个方向调整,分别是客运和车辆,其他相关的工种也受到影响,比如控制中心调度增加了车辆调度和乘客调度等。由此可以看出,在全自动运行模式下,专业技术人员的设置需由单一技能向一专多能转变;同时提高调度人员的业务水平,根据运营需求,将调度功能进行二次分配;司乘人员的角色也发生了变化,全自动运行系统可将司机从司机室内解放出来,成立多职能队伍进行巡视;站务人员的业务需更加多元,如增加车站内部分设备房的巡检。

根据已经开通全自动运行线路的地铁城市的经验,岗位融合的措施如下:
(1)随车巡视员:由值班站长、电客车司机、工程车司机进行复合。
(2)设备管理员:由通号、供电、检修、车站值班员(设备)、站务员进行复合。
(3)运营管理员:由车站值班员、站务员、服务中心站务等进行复合。

第三节 列车多职能队伍岗位

列车多职能队伍主要包括以下三种:
(1)多职能队员(列控)Multi-task staff(on-board control):负责车内值守、登车应急处置(含一级维修)和人工驾驶的工作人员。
(2)多职能队员(站控)Multi-task staff(local control):负责行车管理和车站设施设备管理的车控室工作人员。
(3)多职能队员(巡视)Multi-task staff(roving):负责在车站及相关区域进行巡视、清客和应急处置(含一级维修)的工作人员。

一、列车多职能队伍岗位职责

1. 正常运营场景

(1)在列车唤醒的运营场景中,若列车自动唤醒失败,中央调度员或车辆基地调度员应通过 ATS 远程人工唤醒;若仍然无法唤醒,应派遣多职能队员(列控)登车查看,执行就地人工唤醒。

(2)在列车巡道的运营场景中,列车完成自检后,调度员确认列车具备出车条件:
① 调度员授权多职能队员(列控)登乘巡道车,多职能队员(列控)经指定客室门登乘列车。
② 根据运营计划自动触发进路,多职能队员(列控)以人工驾驶模式(采用 CM 模式)进行列车巡道。

③ 巡道完成后，多职能队员（列控）将列车转为 FAN 模式并锁上司机驾驶台盖子，巡道车进入正线运营服务。

（3）当多职能队员（列控）发现线路异物时，应按压 EB（紧急制动）按钮使列车紧急制动。

（4）在车站开启的运营场景中：

① 多职能队员（站控）通过 CCTV 确认卷帘门、电/扶梯无安全隐患后，进行远程开启。

② 多职能队员（巡视）巡视车站 AFC、照明、通风、空调、电/扶梯、PIS 等设备是否正常。

在对所有车站设备进行确认时发现有故障，多职能队员（站控）应在车站级综合监控工作站上进行操作开启。若开启成功，多职能队员（站控）查看该设施设备反馈信号情况；若不成功，多职能队员（站控）进行就地级操作开启，并将故障情况及时上报中央调度员；中央调度员接到故障报修后，应通知专业维修队伍进行维修。

（5）在列车进站的运营场景中，若列车 3 次对位失败或过标超过 5 m，中央调度员可安排多职能队员（列控）登车处置。

（6）在列车站台发车的运营场景中，当车门与站台门间隙出现夹人夹物时不得发车，中央调度员应安排多职能队员（巡视）进行处置。

（7）在计划类列车清客的运营场景中，列车到达站台并对位停准后，联动打开车门及站台门并自动扣车；多职能队员（巡视）执行清客；清客结束后，多职能队员（巡视）按压车站清客确认按钮取消自动扣车；车门和站台门自动联动关闭；列车自动发车进入正线停车线或回库。

（8）在非计划类列车清客的运营场景中，列车到达站台并对位停准后，联动打开车门及站台门并自动扣车；多职能队员（巡视）执行清客；清客结束后，多职能队员（巡视）告知中央调度员，由其在 ATS 工作站上进行清客确认操作，并派遣多职能队员（列控）处置清客列车。

（9）在车站关闭的运营场景中：

① 多职能队员（站控）通过 CCTV 对本站进行巡视且多职能队员（巡视）进行现场巡视，确保无乘客滞留。

② 卷帘门、电/扶梯、闸机、照明（不含应急照明）经多职能队员（站控）通过 CCTV 确认后，进行远程关闭。

（10）多职能队员（站控）通过 AFC 车站计算机确认自动售票机、自动充值机和闸机未正常关闭时，应通过 AFC 车站计算机进行远程操作关闭；若仍未关闭，则应通知多职能队员（巡视）前往现场处置。

（11）多职能队员（站控）通过综合监控确认电梯、照明，卷帘门未正常关闭时，应通过系统远程操作进行关闭；若仍未关闭，则应通知多职能队员（巡视）前往现场处置。

（12）列车进入车辆基地或正线休眠点休眠的运营场景中，若列车自动休眠失败，车辆基地调度员或中央调度员应通过 ATS 远程人工休眠；若仍然无法休眠，应派遣多职能队员（列控）登车查看，执行就地人工休眠。

（13）在车辆基地非自动化区域内调车作业的运营场景中，多职能队员（列控）按照调车计划采用有人驾驶模式（RM 或 EUM）将列车驶入指定目的地。

（14）车辆基地自动化区域至非自动化区域调车作业的运营场景中：

① 多职能队员（列控）经安全措施（如门禁、SPKS等）防护后从登乘平台经指定的客室门登乘列车。

② 多职能队员（列控）将驾驶模式切换至RM或EUM模式。

③ 车辆基地调度员人工排列进路，多职能队员（列控）按照调车计划人工驾驶（采用RM或EU模式）列车驶入非自动化区域指定目的地。

（15）车辆基地非自动化区域至自动化区域调车作业的运营场景中：

① 车辆基地调度员人工排列进路，多职能队员（列控）按照调车计划人工驾驶列车（采用RM或EUM模式）驶入模式转换区（牵出线）。

② 多职能队员（列控）将驾驶模式切换至FAM模式。

③ 多职能队员（列控）通过指定的客室门下车，关闭该门并离开自动化区域后通知车辆基地调度员。

2. 故障场景

（1）在辅助系统故障的运营场景中：

① 若部分辅助逆变器故障，中央调度员可根据故障数量，安排列车送行至指定地点或终点站，派遣多职能队员（列控）登车进行处理。

② 若所有辅助逆变器均故障，列车尽可能以FAM模式运行至下一站自动扣车，由中央调度员执行远程故障复位操作或派遣多职能队员（列控）登车处置。若列车迫停区间，中央调度员执行远程故障复位操作。若复位成功，则列车继续以FAM模式运行；若复位失败，则对列车进行救援。

（2）在蓄电池充电机故障的运营场景中：

① 若部分蓄电池充电机故障，中央调度员可根据故障数量，安排列车运行至指定地点或终点站，派遣多职能队员（列控）登车进行处理。

② 若所有蓄电池充电机均故障，列车尽可能以FAM模式运行至下一站自动扣车，由中央调度员执行远程故障复位操作或派遣多职能队员（列控）登车处置。若列车迫停区间，中央调度员执行远程故障复位操作。若复位成功，则列车继续以FAM模式运行；若复位失败，则对列车进行救援。

（3）在列车TCMS完全故障的运营场景中，列车行驶至下一站自动扣车，中央调度员安排列车清客，派遣多职能队员（列控）登车转人工驾驶模式退出运营。

（4）若CAM模式下列车未能精准停站，中央调度员应派遣多职能队员（列控）通过应急门登车处置。

（5）在牵引逆变器故障的运营场景中，故障数量不满足运营条件时，列车将封锁牵引，列车等车后，中央调度员使用远程故障复位按钮。若复位成功，则列车以FAM模式继续运营；若复位失败，中央调度员派遣多职能队员（列控）登车处置甚至救援。

（6）在列车受电回路故障导致接触网跳闸失电的运营场景中，若列车开弓且供电合闸成功，则列车以单弓运营至下一站；若分别升弓后供电仍无法合闸成功，中央调度员应远程降下列车所有受电弓，派遣多职能队员（列控）登车处置，可视情况尝试使用蓄电池牵引或申请救援。

（7）在受电弓姿态异常的运营场景中：

① 若受电弓出现故障但未发生弓网冲突，中央调度员远程降下故障受电弓后，以 FAM 模式继续运行至下一站。中央调度员派遣多职能队员（列控）从站台登车进行处理，如不能满足牵引能力需求，站台清客后退出运营；若无法降弓，则停车后派遣多职能队员（列控）登车进行处理。

② 若所有受电弓均发生故障，停车后中央调度员远程降下所有受电弓，派遣多职能队员（列控）登车处置，可视情况尝试使用蓄电池牵引或申请救援。若受电弓无法降下，则申请救援。

（8）在受电弓单弓故障的运营场景中，若全部弓均升起，则列车继续以 FAM 模式运行；若升起受电弓数量满足运行条件，则列车运行至下一站派遣多职能队员（列控）登车处置；若列车无法动车，则派遣多职能队员（列控）登车处置，可视情况尝试使用蓄电池牵引或申请救援。

（9）在主风压力低的运营场景中：

① 多职能队员（列控）上车后，检查风压表压力值，如确认风压正常，则操作总风压力低旁路，驾驶车辆运行至下一站清客后，驾驶列车退出运行。

② 如确认为风压表压力值低于 600 kPa，则派遣多职能队员（列控）登车操作强迫泵风尝试恢复总风压力值。

③ 如压力值无法恢复，则多职能队员（列控）向控制中心申请救援。

（10）在空压机故障的运营场景中：

① 若为部分空压机故障，列车运行至终点站，中央调度员派遣多职能队员（列控）登车进行处置。

② 若为全部空压机故障，则根据主风压力情况进行处置。若主风压力正常，列车以 FAM 运行至下一站自动扣车，中央调度员派遣多职能队员（列控）登车进行处置。

（11）在机械制动无法缓解的运营场景中：

① 若少量转向架制动无法缓解，经中央调度员确认后，车辆自动执行"所有制动缓解监控旁路"（可选），限速运行至列车进站施加自动扣车后，自动取消所有制动缓解监控旁路，中央调度员派遣多职能队员（列控）登车处置。

② 若大量或全部转向架制动未缓解，中央调度员派遣多职能队员（列控）对列车进行救援。

（12）在停放制动未缓解的运营场景中，中央调度员确认故障后，列车自动执行"停放制动缓解监控旁路"（可选），自动以 FAM 模式限速运行至下一站；列车进站施加自动扣车后，自动取消停放制动缓解监控旁路，中央调度员派遣多职能队员（列控）登车处置。

（13）在制动无法施加的运营场景中：

① 若列车剩余的制动力仍能满足全自动驾驶安全运行且能够动车，列车继续运行至终点站后，中央调度员派遣多职能队员（列控）登车处置。

② 若列车剩余的制动力不能满足全自动驾驶安全运行，列车禁止牵引，停车后中央调度员派遣多职能队员（列控）登车处置或救援。

（14）在逃生门关闭状态丢失的运营场景中，中央调度员收到故障报警后，派遣多职能队员（列控）登车处置并调用列车监控视频查看该逃生门状态。

（15）在客室广播失效的运营场景中，列车停站后，中央调度员可尝试远程断空开复位

（可选），若故障不能解决，则派遣多职能队员（列控）登车进行人工广播。

（16）在乘客紧急对讲故障的运营场景中，当乘客启用车载乘客紧急对讲无法与中央调度员进行对讲时，列车仍能将紧急对讲机启用信息反馈至控制中心，可先尝试远程重启司机室控制主机电源断路器（可选）以确认是否能故障恢复，如不能恢复，中央调度员安排多职能队员（巡视）登车处置。

（17）在客室摄像头故障的运营场景中，若无法恢复，列车停站后，中央调度员派遣多职能队员（列控）登车保驾，列车以 FAM 模式运行至终点站退出运营。

（18）在烟火报警系统故障的运营场景中，列车停站后自动扣车，中央调度员派遣多职能队员（列控）登车保驾，中央调度员安排故障列车在合适时机退出正线运营。

（19）在脱轨检测系统故障的运营场景中，列车停站后人工扣车，中央调度员派遣多职能队员（列控）登车保驾，并可尝试重启脱轨检测装置，如不能恢复，人工操作脱轨检测旁路后，监督列车运行至终点站退出正线运营。

（20）在轴箱轴承温度告警的运营场景中，中央调度员依据告警信息对列车设置下一站扣车，并派遣多职能队员（巡视）登车确认，在必要时清客退出运营。

（21）在微型断路器断开故障的运营场景中，列车停车后，车辆自动复位断开微型断路器，并将状态发送至控制中心。若复位成功，列车继续以 FAM 模式运营；若复位未成功且无法动车，中心调度员派遣多职能队员（巡视）登车处置。

（22）在所有车门无法正常开启的运营场景中：

① 中央调度员可调用车站/列车视频进行确认，派遣多职能队员（巡视）使用 PSL 开启对应侧车门。

② 若无效，中央调度员派遣多职能队员（列控）用钥匙通过指定客室门登车进行处置。

（23）在所有车门无法正常关闭的运营场景中：

① 中央调度员调用车站/列车视频进行确认，派遣多职能队员（巡视）通过 PSL 关闭车门。

② 若无效，中央调度员派遣多职能队员（列控）登车进行处置。

（24）在一扇或多扇车门故障的运营场景中，中央调度员设置站台扣车，并派遣多职能队员（列控）登车切除。

（25）在车门关闭状态丢失的运营场景中，中央调度员调用车载 CCTV 查看全列车车门状态，并派遣多职能队员（列控）登车处置。

（26）在车门锁闭状态丢失的运营场景中，若在有效区内车门锁闭状态丢失，列车紧急制动并禁止牵引；若在有效区外车门锁闭状态丢失，列车维持运行至下一站；若列车在静止状态下车门锁闭状态丢失，列车禁止牵引；中央调度员派遣多职能队员（列控）登车处置。

（27）在中央 ATS 应用服务器完全故障的运营场景中：

① 控制中心 ATS 应用服务器完全故障，调度工作站无法显示正常信息；多职能队员（站控）通过紧急站控进入站控模式，取得本地工作站的操作权；本地 ATS 服务器将继续根据之前同步的运营计划为列车自动排列进路。

② 所有区间 FAM 列车运行至下一站后自动扣车，中央调度员分别派遣多职能队员（列控）登车转为有人驾驶。

③ 多职能队员（站控）为没有班次或运行线的列车排列进路。

（28）在车载控制器完全故障的运营场景中，中央调度员远程重启车载控制器，若重启恢复，可授权列车以远程限制驾驶模式运行，当条件满足时，自动升级为 FAM 模式；重启后若故障仍未消除，中央调度员对车内乘客进行广播安抚，并派遣多职能队员（列控）登车以 EUM 模式驾驶列车至下一站台进行清客，退出运营。

（29）在信号与车辆牵引/制动接口故障的运营场景中，列车行驶至下一站自动扣车或退出 FAM 模式，中央调度员派遣多职能队员（列控）登车处置。

（30）若 CAM 模式下列车未能停准站台时，中央调度员应派遣多职能队员（列控）通过应急门登车处置。

（31）在车载 DCS 完全故障的运营场景中，中央调度员派遣多职能队员（列控）登车以人工模式驾驶列车至下一站台进行清客，退出运营。

（32）在区域控制器完全故障的运营场景中，故障区段降级为后备模式运行，中央调度员派遣多职能队员（列控）登车转为有人驾驶模式（RM 或 EUM）运行，并对正常区域列车进行运营交路调整。

（33）在线路控制器完全故障的运营场景中，故障"有效时间"后全线列车将紧急制动，全线降级为联锁后各模式运行，中央调度员派遣多职能队员（列控）登车转为有人驾驶模式（RM 或 EUN）运行，并对正常区域列车进行运营交路调整。

（34）在联锁主机完全故障的运营场景中，中央调度员派遣多职能队员（列控）登车转有人驾驶模式（RM 或 EUN）。

（35）在道岔故障的运营场景中，折返站的道岔故障表示，转为集中站控制，派遣维护人员下轨道进行抢修作业（设置 SPKS 防护），派遣多职能队员（列控）登车转为有人驾驶模式并进行运营调整。

（36）在紧急关闭按钮装置故障的运营场景中：

① 中央调度员或多职能队员（站控）派遣多职能队员（巡视）现场检查紧急关闭按钮装置状态，也可通过联动 CCTV 观察紧急关闭按钮装置现场情况。若是故障，需安排抢修。

② 若无法及时恢复，当列车在停站过程中发生紧急制动，中央调度员派遣多职能队员（站控）登车转 RM 模式驾驶列车对位停车，完成乘客换乘作业后，继续以 RM 模式驾驶列车出站，出站后列车自动升级为 AM 模式，并在下一站停车后，人工切换为 FAM 模式。

③ 当列车在区间发生紧急制动停在站台外，中央调度员派遣多职能队员（站控）登车，多职能队员（列控）经安全防护后登车处置。

（37）在人员防护开关装置故障的运营场景中：

① 多职能队员（站控）现场检查 SPKS 装置状态，若是故障，需安排抢修。

② 若无法及时恢复,当列车在停站过程中发生紧急制动,中央调度员派遣多职能队员（站控）登车转 RM 模式驾驶列车对位停车，完成乘客换乘作业后，继续以 RM 模式驾驶列车出站，出站后列车自动升级为 AM 模式，并在下一站停车后，人工切换为 FAM 模式。

③ 当列车在区间发生紧急制动停在站台外，中央调度员派遣多职能队员（站控）经安全防护后登车处置。

（38）在计轴受扰与故障的运营场景中：

① 若不影响 FAM 运行，中央调度员或多职能队员（站控）择机进行计轴预复位操作，

安排列车清扫以恢复计轴区段状态，若无法恢复，则进行抢修。

② 若影响 FAM 运行，中央调度员或多职能队员（站控）进行计轴预复位操作，安排列车清扫以恢复计轴区段状态，若无法恢复，则进行抢修。

（39）在站台精确停车信标故障的运营场景中，中央调度员派遣多职能队员（列控）登车后，手动开关车门和站台门。

（40）在站台门与信号接口电路故障的运营场景中，中央调度员派遣多职能队员（巡视）通过 PSL 人工开关站台门。

（41）在一扇或多扇站台门故障的运营场景中，中央调度员派遣多职能队员（巡视）切除故障站台滑动门，并进行现场监护，后续列车停站后对应车门保持关闭。

（42）在站台门状态丢失的运营场景中，中央调度员派遣多职能队员（巡视）检查站台门状态，在确保站台门关闭的前提下通过按压 PSL 的互锁解除按钮实现站台接发车，造成延误时中央调度员可通过人工广播安抚乘客。

（43）在站台端门故障的运营场景中：

① 多职能队员（站控）派遣多职能队员（巡视）确认端门是否打开，并调看端门对应的 CCTV 视频录像，确认是否有非授权人员通过端门进入轨行区。

② 如发现有非授权人员进入轨行区，多职能队员（站控）在 IBP 盘上紧急激活上行及下行区间 SPKS，派遣多职能队员（巡视）进入区间进行人工巡视。

③ 待人员安全出清后，多职能队员（站控）恢复 SPKS。

（44）在站台间隙探测装置故障的运营场景中：

① 站台门与车门间隙进行探测的站台间隙探测装置失效或误报警，中央调度员派遣多职能队员（巡视）检查站台安全探测系统是否误报警。若为误报警，则由多职能队员（巡视）对站台间隙探测装置进行旁路，不影响车站接发车，并由多职能队员（巡视）对相关站台区域进行监护。

② 若为站台间隙探测装置失效报警，中央调度员派遣多职能队员（巡视）对相关站台区域进行监护。

（45）在场段接触网失电和正线接触网失电的运营场景中，多职能队员（站控）确认进入区间的专业维修队伍及工具均出清线路。

（46）在车站综合监控设备完全故障的运营场景中：

① 中央调度员派遣多职能队员（巡视）重新启动车站冗余服务器，若系统仍不能恢复，多职能队员（站控）报告中央调度员系统故障，安排专业维修队伍抢修。

② 中央调度员通知多职能队员（站控）加强现场巡检和人工监护。

（47）在综合承载设备故障的运营场景中，正线受影响区域内的列车继续以 FAM 运行至下一站后，中央调度员派遣多职能队员（列控）登车保驾。

（48）在无线集群核心设备、调度台、基站故障的运营场景中：

① 中央调度员使用中或维护人员通过通信网管告警发现核心设备、调度台、基站故障，中央调度员派遣多职能队员（巡视）或专业维修队伍，通过重启、更换备品备件等方式尝试修复故障。

② 若无线集群调度核心设备故障无法及时修复，由中央调度员派遣多职能队员（列控）登车处理乘客紧急对讲接听及列车广播。

③ 若基站设备故障无法及时修复，由中央调度员派遣多职能队员（巡视）继续在车上进行监视。

④ 若调度台故障无法及时修复，中央调度员可使用手持台与相关方通信。

（49）在无线集群车载台故障的运营场景中：

① 中央调度员通过通信网管或综合监控系统告警发现两个车载台均故障，或者在使用过程中发现车载台均故障，中央调度员对列车进行扣车，派遣多职能队员（列控）登车处置。

② 若故障在规定时间无法恢复，多职能队员（列控）持续进行监测；若故障恢复，安排多职能队员（列控）下车。

（50）在车地无线通道故障的运营场景中：

① 中央调度员对列车进行扣车，派遣多职能队员（列控）登车处置。

② 若故障在规定时间内无法恢复，多职能队员（列控）持续进行监测；若故障恢复，安排多职能队员（列控）下车。

3. 应急场景

（1）在大客流的运营场景中：

① 运营时段内，某一车站的站台、站厅，或上下楼梯、出入口通道、换乘通道等拥堵点的客流量达到饱和且有继续增加的趋势后，多职能队员（站控）确认车站大客流，在综合监控系统中启动相应工况，并通知中央调度员。

② 若是站台大客流，中央调度员可采取调整运营计划增开列车、跳停等手段。若是站厅大客流，多职能队员（站控）可采取增加人工票，临时关闭 TVH、车站出入口、部分进/出站闸机，更改电梯上下行方向等手段。

③ 中央调度员可远程人工触发车载预录广播或人工广播，多职能队员（站控）可人工触发车站预录广播或人工广播，告知乘客大客流情况。

（2）在逃生门请求装置激活的运营场景中，若非紧急情况，中央调度员通过 IPH 或人工广播劝阻乘客，并派遣多职能队员（列控）在下一站登车处置。

（3）在驾驶台盖子开启的运营场景中，列车运行到下一个车站人工扣车，派遣多职能队员（列控）登车关闭盖子。

（4）在站台门或车门夹人夹物的运营场景中，若再关门（3 次，可配置）失败，中央调度员收到报警后通过 CCTV 观察现场情况，并派遣多职能队员（巡视）至现场移除被夹的人或物后通过 PSL 关闭车门和站台门。

（5）在车门和站台门间隙夹人夹物的运营场景中：

① 站台门和车门间隙发生夹人夹物，站台间隙探测装置报警，禁止列车发车。

② 多职能队员（巡视）按压紧急关闭按钮后通过 PSL 开启车门和站台门处置。

③ 处置完毕后，多职能队员（站控）复位紧急关闭按钮，恢复运营。

（6）在人员非法侵入轨行区的运营场景中：

① 若发现站台门、端头门、应急门非预期开启，多职能队员（站控）通过 CCTV 回放查找是否有人员非法侵入。

② 若发现或疑似有人员侵入轨行区，多职能队员（站控）或多职能队员（巡视）应立即封锁相关轨行区（如通过紧急关闭按钮），中央调度员也可封锁区段。中央调度员可派遣多职

能队员（列控）登车采取人工驾驶模式限速驾驶列车进入相关轨行区寻找侵入者并带离轨行区。

（7）在区间因故停车的运营场景中，中央调度员远程处置或派遣多职能队员（列控）登车处置，甚至救援或疏散。

（8）在登乘迫停列车的运营场景中：

① 列车在区间或车辆基地迫停，中央调度员或车辆基地调度员确认并远程处置后列车仍无法自动运行，派遣多职能队员（列控）登车。

② 多职能队员（列控）经安全防护后，进入自动化区域。

③ 多职能队员（列控）经正线区间平台或车辆基地轨行区步行至迫停列车。

④ 多职能队员（列控）观察车体外部 FAM 指示灯后从指定的客室车门进入列车。

⑤ 多职能队员（列控）进行现场处置。

⑥ 若需有人驾驶，多职能队员（列控）应通过无线对讲告知调度员或多职能队员（站控）已登车并就位，调度员或多职能队员（站控）取消安全防护。在载客情况下，多职能队员（列控）应对驾驶区域与客室进行隔断后，激活驾驶台以人工驾驶模式驾驶列车。

（9）在区间疏散的运营场景中：

① 若需紧急疏散，中央调度员通过广播安抚乘客并指导其激活逃生门请求装置/车门紧急解锁装置，并开启逃生门/客室门进行自发疏散。多职能队员（站控）安排多职能队员接近迫停列车，接应疏散乘客。

② 若无紧急情况，中央调度员派多职能队员经安全防护（如区段封锁等）后经区间平台进入列车处置，引导乘客有序疏散。

③ 中央调度员与疏散目的地的多职能队员联系安排接收疏散乘客的有关工作。

④ 多职能队员开启站台端头门，将所有疏散乘客经区间平台引导至站台。

（10）在列车救援（区间）的运营场景中：

① 中央调度员派遣多职能队员（列控）登乘施救车，多职能队员（列控）以 CM 模式驾驶列车至故障车所在区段的相邻区段后转为 RI 接近故障车，然后转 EUM 模式连挂故障车，并缓解故障车制动。

② 多职能队员（列控）选择 EOM 模式驾驶施救车以推进或牵引的方式将故障车牵引至站台清客。

③ 多职能队员（列控）驾驶连挂列车至就近两列位停车线退出运营。中央调度员调整运营计划。

（11）在列车障碍物探测的运营场景中，中央调度员派遣多职能队员（列控）进入区间巡视，清除异物。若无法清除，由中央调度员派遣专业维修队伍进入区间清除异物。

（12）在弓网冲突的运营场景中：

① 若确认弓网正常，为列车弓网监测系统误报警，列车正常运行至下一站派遣多职能队员（列控）登车保驾，列车运行至终点站退出运营。

② 若发现弓网冲突及触网失电报警，失电分区内的列车失去供电后惰行运行至停车，中央调度员可根据列车位置对列车施加远程停车，并派遣多职能队员（列控）和专业维修队伍前往现场进行处置。

（13）正线发生挤岔、脱轨、冲突等事故的运营场景中，多职能队员（站控）确认事故位置，设置抢修临时进入点，安排抢修施工要点与销点。多职能以员（站控）应及时执行乘客信息告知、客运组织，执行专业维修队伍、公安和医疗等外部支援力量的接应引导工作，并配合人员进行救助、抢险、抢修等工作。

（14）在区间水患的运营场景中，区间积水井高水位报警，中央调度员、多职能队员（站控）在综合监控系统操作界面上查看区间集水井和水泵工作情况，并派遣多职能队员（列控）登乘后续列车转有人驾驶至现场查看积水情况。

（15）在列车在站台发生火灾的运营场景中：

① 多职能队员（站控）根据列车火灾严重情况判断是否引导乘客疏散，并组织多职能队员（巡视）按车站火灾预案的相关要求进行应急处置。

② 若火势较大，需要进行车站疏散，多职能队员（站控）应及时确认AFC紧急模式已启动，落实乘客信息告知、疏散引导、接应统计、人员先期救助及抢险抢修配合等工作；组织多职能队员（巡视）携带救援装备赶赴站台开展火灾前期扑救工作。

（16）在列车在区间发生火灾的场景中，中央调度员通过广播向车内乘客告知列车火灾信息并安抚，明确疏散方向后，落实现场安全防护措施，远程指导乘客进行区间疏散，并执行乘客疏散过程中的广播、引导工作。需要时通知多职能队员（站控）确认火灾列车位置，派遣多职能队员（巡视）赶赴事故地点引导乘客有序疏散。

（17）在车站火灾的运营场景中：

① FAS系统显示车站火灾报警或接到乘客、工作人员上报的车站火灾信息，中央调度员通知多职能队员（站控）派遣多职能队员（巡视）至现场确认处置，有条件的话通过CCTV查看报火警区域的现场情况。

② 若未发现火灾，多职能队员（站控）派遣多职能队员（巡视）检查原因，复位设备。

③ 若为火灾，多职能队员（站控）派遣多职能队员（巡视）检查火灾原因，对火情进行初步处理，并判断是否具备上下客条件。

④ 若不具备上下客条件但具备过站条件，则由中央调度员对后续列车执行跳停，多职能队员（站控）着手站内清客准备并进行关站操作。若不具备过站条件，则由中央调度员于前站扣停相关列车或封锁车站相邻区段，使已发车列车无法进入，多职能队员（站控）着手站内清客准备并进行关站操作。

⑤ 中央调度员对接近车站或拟过站列车进行人工广播火灾情况。多职能队员（站控）向站内进行人工广播火灾情况，并要求乘客从车站疏散。

（18）在区间火灾的运营场景中：

① 若为火灾，先由多职能队员（巡视）灭火。若火情无法控制，中央调度员封锁相应区段，对前一站扣车。通过人工广播向受影响列车内乘客告知区间火灾信息并安抚，同时通知相邻车站的多职能队员（站控）进行应急处置准备。

② 中央调度员预判火灾影响并通知全线车站，及时进行行车组织调整，组织进入火灾区段的其他列车驶离或退回至发车站。

③ 中央调度员根据火灾位置及相邻列车（如有）位置启动相应的火灾工况，开启事故风机及时送风排烟；落实现场安全防护措施，封锁相关区段。

④ 若封锁区段内有列车且可能被火灾波及，中央调度员可远程指导乘客进行区间疏散，

执行乘客疏散过程中的广播、引导工作。需要时通知多职能队员（站控）派遣多职能队员（巡视）赶赴区间事故地点引导乘客有序疏散。

⑤ 相关多职能队员（站控）应及时确认 AFC 紧急模式已启动，落实乘客信息告知、疏散引导、接应统计、人员先期救助及抢险抢修配合等工作。

第四节　全自动运行系统驾驶模式

一、全自动驾驶运行等级功能

自动驾驶的两种运行方式 UTO、DTO 的主要区别在于驾驶室没有司机，有人操作的事项都将达到自动化的要求，为实现这一要求，UTO 比 DTO 新增功能如下：

（1）车辆段和停车场车辆移动管理。
（2）站内门开启、关闭的控制与监督。
（3）静止状态下确定初始列车位置。
（4）站台和车上乘客的监督。
（5）紧急制动性能测试。
（6）疏散监督。
（7）提供维护支持。

通过对比分析可以看出，UTO 比 DTO 增加的功能主要在三个方面：

（1）停车场管理。
（2）开关门控制。
（3）人员监督、疏散。

二、全自动运行系统列车驾驶模式

列车驾驶模式分为以下几种：

（1）全自动驾驶模式——FAM 模式。
（2）蠕动模式——CAM 模式。
（3）远程限制驾驶模式——RRM 模式。
（4）列车自动驾驶模式——AM 模式。
（5）列车自动防护下的人工驾驶模式——CM 模式。
（6）限制人工驾驶模式——RM 模式。
（7）非限制人工驾驶模式——EUM 模式。

其中，FAM、CAM、RRM 为全自动运行系统新增加的驾驶模式。

正线、车辆段的自动控制区域内列车可采用上述 FAM、CAM、RRM、AM、CM、RM、EUM；车辆段非自动控制区域内列车只具备 RM 模式或 EUM 模式。

1. 全自动驾驶模式（FAM）

全自动驾驶模式（FAM）为在连续式通信控制级别下由 ATP 监控的列车全自动运行模式。在该模式下，ATP 子系统保证列车的运行安全，ATO 子系统实现在正线、车辆段自动控制区域内的列车全自动无人驾驶运行。在 FAM 模式下具备自动进/出站、自动开/关门、自动唤醒/休眠等功能。

2. 蠕动模式（CAM）

蠕动模式（CAM）为车辆网络出现故障，或车辆与车载信号设备通信故障时的应急模式。需由中心人工确认后，信号系统启动蠕动模式。列车以蠕动模式运行时，ATP 监控列车以不超过 25 km/h 的速度全自动运行。当列车以蠕动模式进站自动停车后，应施加紧急制动以防止列车移动，等待人工处理。

3. 远程限制驾驶模式（RRM）

当列车处于 FAM 模式下，列车失去定位将触发紧急制动，在控制中心调度员工作站上有报警提示，OCC 调度员可以通过远程限制驾驶模式（RRM）使列车运行一定距离，重新读取信标获得定位后，系统可以自动恢复 FAM 模式运行。

4. 有人监督的自动驾驶模式（AM）

有人监督的自动驾驶模式（AM）是指 ATO 子系统在车载 ATP 的监控下，控制列车的起动、加速、巡航、惰行、制动、精确停车的模式。一旦进入 ATO 驾驶模式，系统设备正常，没有人为干预，此驾驶模式维持不变。ATO 在站台区停准后能够完成自动开关门功能。在 AM 模式下，具备以下三种开关门模式：

① 自动开车门，人工关闭车门；
② 人工开车门，人工关闭车门；
③ 自动开、关车门。

5. ATP 防护下的人工驾驶模式（CM）

ATP 防护下的人工驾驶模式（CM）是指，车载 ATP 对列车实行全功能监控，车载 ATP 计算允许列车运行的最大速度，司机驾驶列车在 ATP 保护的速度曲线下运行，ATP 子系统实现列车自动防护的全部功能。在该模式下，列车的安全由 ATP 负责，监控信息处理除列车速度之外还包括列车定位是否正确、是否超出移动授权范围、车门状态、倒溜和退行、列车完整性等。在站台区，车载 ATP 完成车门、站台门的联动功能。

6. 限制人工驾驶模式（RM）

限制人工驾驶模式（RM）是指，车载 ATP 限制列车在某一固定的低速（如 25 km/h）之下运行，司机根据调度命令和地面信号显示驾驶列车的模式。该模式要求 ATP 采集到钥匙节点信息。在该模式下，车载 ATP 监控固定限速，列车速度超过该固定限速时，车载 ATP 设备对列车实施紧急制动，强迫列车停车。RM 模式下车载 ATP 监督的信息还包括车门状态、倒溜、退行、列车完整性。

7. 非限制人工驾驶模式（EUM）

EUM 模式为完全人工驾驶模式，在该模式下车载 ATP 仅监控切除开关信息，除切除开关外，车载 ATP 不响应任何输入，也无任何输出。司机根据调度命令和地面信号的显示驾驶列车。列车运行的安全由联锁设备、调度人员、司机共同保证。站台停车以及车门和站台门的开关均由司机人工控制。

三、全自动驾驶模式（FAM）下应急及其他故障情况

1. 进入蠕动模式

当列车运行在 FAM 模式下，车辆在区间出现故障或信号与车辆网络接口故障的时候，HMI 上提示 FAM 模式故障，ATP 系统会立即施加紧急制动，保证列车安全；同时向中心调度员工作站告警，提示调度人员 ATO 子系统与车辆网络、牵引制动接口故障，经调度人员确认后人工启动蠕动模式（CAM 模式），列车以 25 km/h 的速度行驶，ATP 在此过程中实施防护。当列车以 CAM 模式进行车站自动停车后，车载 ATP 会施加紧急制动以防止列车移动，等待人工处理。

2. 紧急制动缓解

信号车载设备对紧急制动的处理原则如下：

当信号车载设备输出紧急或车辆自行实施紧急时，车载设备向中心 ATS 汇报当前实施紧急制动的原因。

车载设备满足条件时可自动缓解紧急制动，在导致紧急制动的条件自动恢复后，不需要人工或远程参与即可缓解。

车载设备在收到中心 ATS 远程紧急制动指令紧急后，可接收远程紧急制动缓解指令缓解该紧急制动。

紧急制动的具体原因及缓解处理方式将在设备招标后结合设备系统特点进行细化。

3. 紧急情况的处置

全自动驾驶运行时，当列车紧急制动手柄拉下、运行中车门打开、车上发生火灾、车站火灾、车上检测到障碍物/脱轨、车辆制动力丢失等紧急情况时，列车综合监控系统可启动相应的联动控制，自动或人工采取相应措施。信号 ATP/ATO 设备对列车运行过程中的不同紧急情况采取相应的处置措施：

（1）控制列车紧急制动。

（2）控制列车至相邻安全位置停车（站台或设定的区间疏散平台）。

（3）控制列车常用制动停车。

（4）切除牵引、不实施制动。

复习思考题

1. 分析全自动运行系统带来了哪些变化？
2. 全自动运行系统的驾驶模式有哪些？
3. 列车多职能队伍主要包括哪几种？
4. 分别列举列车多职能队伍在正常场景、故障场景以及应急场景中的任意一种中的职责。

第七章 国内外全自动运行系统

城市轨道交通全自动运行系统（FAO）是基于现代计算机、通信、控制、系统集成等先进技术，将信号、车辆、综合监控、通信、站台门等系统进行高度集成或深度互联，实现列车正常、故障、应急等全过程自动化运行的新一代列车运行综合控制系统。

城市轨道交通列车运行控制系统经历了从人工驾驶、半自动驾驶、无人驾驶再到全自动运行的转变，其安全性和自动化程度不断提升。

国内城市轨道交通线路在2008年引入全自动运行技术，目前已开通运营线路主要有北京轨道交通燕房线、北京大兴机场线、北京机场线、上海地铁10号线、香港南港岛线等。根据国际公共交通协会（UITP）研究，预计2025年全球将有2 200 km全自动运行线路；国内城市轨道交通新一轮建设中，北京、上海、广州、深圳、成都、武汉、济南、合肥等均已按全自动运行标准进行工程建设。

第一节 上海地铁10号线全自动运行系统

上海地铁10号线（见图7-1）是上海地铁运营中的线路之一。它是国内首条最高等级的全自动无人驾驶线路，也是客流量破百万的全自动无人驾驶线路。上海地铁10号线系统的安全可靠性更是位居上海轨道交通各线路之首，并获得了有着世界工程界"诺贝尔奖"之称的FIDIC奖和上海市科技进步一等奖。

图7-1 上海地铁10号线

一、上海地铁 10 号线一期

从 2010 年开通 CBTC 运营，到 2014 年启用"全自动无人驾驶"，上海地铁 10 号线搭载着中国通号卡斯柯公司 Urbalis888 信号系统，完成了中国轨道交通史上的一次里程碑式的跳跃，也代表了国内轨道交通自动化水平的新高度，至今都是业界对标的标杆项目。

至 2019 年，全自动无人驾驶取得系列成绩：列车满载率稳定在 70%~80%；平均准点率和兑现率均达到了 99.9%；平均旅行速度提高 9.2%；平均出入库时间减少 50%；在同等服务水平下配车数量减少 3 列；每千米配员数减少 13 人；运营可靠度提高 304%；实现了列车库内及出入库的追踪运行；运维成本显著降低。

上海地铁 10 号线一期的成功运行，也顺势拉开了中国轨道交通全自动无人驾驶时代的大幕，越来越多的后续项目开始采用"全自动运行"模式，其中就包括上海地铁 15/17/18 号线、武汉地铁 21 号线、成都地铁 9 号线和北京地铁 3 号线。

上海地铁 10 号线是国内首条最高自动化等级的地铁线路，采用全自动驾驶技术。在技术上，10 号线无须人工操作，尽管 10 号线现在仍配有司机，但趋势是实现无人驾驶。

所谓无人驾驶，是指列车无须司机操作，地铁运行由控制中心控制列车的运行，包括列车在停车场内的运行、洗车，列车在轨道上开行，车厢空调、照明等都可实现无人操作，司机的角色被自动化系统所替代。

有人驾驶的地铁一般可分为两种：一种是由司机驾驶列车，列车运动的速度和站台停车均由司机控制，如果司机控制超过系统的安全防护范围，地铁信号系统会自动防护并强制列车停下来，这种操作模式被称为列车自动防护（ATP）人工模式；另一种模式是由信号系统防护并控制列车速度和站台停车，但发车指令由司机下达，这种被称为列车自动驾驶（ATO）模式。目前，上海多数地铁线路采用的是后一种模式，所以司机会在停站时在站台上观察，控制关门。但上海地铁 10 号线启用全自动驾驶技术停站后，没有司机下车观察车门开关，司机也不需要下车来开关车门，智能化程度有了很大提高，有效提高了运行效率。

上海地铁 10 号线第一阶段采用无人驾驶模式，先试行有人值班。

相对有人驾驶，无人驾驶模式可以有效减少因为司机的参与而对停站时间和运营效率带来的影响，更好地兼顾节能和效率，提高运行效率；同时也不会因司机疲劳、突发疾病或其他司机缺席的情况而对列车的运行带来影响。

无人驾驶系统是在有人驾驶系统的基础上发展而来的，相对于人工驾驶系统，它降低了因人的行为失误而带来的安全风险。另外，无人驾驶系统比有人驾驶系统的冗余度、可靠性更高。比如当与信号系统相关的外部设备故障时，信号系统在保证安全的情况下能够实现基本运营，如某扇列车门或屏蔽门故障情况下，信号系统自动锁定对应的屏蔽门或车门，选择性开关门。相对于人工驾驶系统，无人驾驶更能有效地控制安全风险。

目前，地铁无人驾驶系统现已在世界很多城市轨道交通中得到了广泛的应用，并在大运量的轨道交通中取得了成功，运行情况良好。一些中、小运量的轨道交通线路也经常采用全自动无人驾驶控制模式。

有关业内人士表示，无人驾驶已成为欧美国家轨道交通新建或改造的主流模式。但国内包括上海在内的一些大城市，轨道交通客流大、密度高，乘客能否在心理上坦然接受无人驾驶，可能还有一个过程。当看到地铁驾驶室内空无一人，乘客会不会担心出了故障怎么办？当然，即便是要实施无人驾驶，一般也会先安排司机值班以积累经验，最终发展到真正的无人值班的模式。如果无人驾驶系统在客流大、密度高的线路上试行成功，相信将来会出现更多的无人驾驶的地铁线路。

上海地铁10号线第一阶段采用无人驾驶模式先试行有人值班，那么司机的工作到底是什么呢？

清晨5时59分，一列10号线列车缓缓驶入新江湾城站，所有车厢空无一人，包括驾驶室。车门打开，地铁司机黄某与零星乘客一起上车，他是这班车的司机。与其他线路不同，10号线驾驶室的两扇边门始终紧锁，司机都从1号车厢"绕道"进出。

6时01分，这列车准时发车，开始一天的运营。1个多小时前，它还在10号线吴中路停车场，从休眠状态自动唤醒，自动完成自检，再自动出库，自动开往始发站新江湾城。全过程"自动"，无须司机上车操作，不用随车出入库"夜出班"，10号线司机只需等待列车自动开到自己面前。

自从2014年实行全自动运营以来，10号线一直保持最高自动化等级。从技术角度考虑，可以不要司机；但从安全角度考虑，司机依然坚守在车上——高峰时段，在驾驶室监护列车运行，投入应急处置；低谷时段，在车厢内来回巡视，解答询问、维持秩序、检查设备。

与其他路线相比，10号线驾驶室内的工作强度减轻了——发车、停站、开关门，都无须司机操控，避免人工操作的失误，提高了列车的安全系数。司机在驾驶室"动眼不动手"，重点监护列车，应对突发状况，工作状态可总结为"无人操作，有人监护"。

如果一直守在驾驶室里，又不需要手动操作，时间长了容易注意力分散，影响工作效率。从2017年3月起，10号线所有列车在低谷时段以UTO（无人值乘的全自动驾驶）模式运营。

工作日的11时到15时、20时到运营结束，10号线所有司机都会走出驾驶室，穿梭于各节车厢，检查空调、照明、标贴、扶手等设施设备；及时制止兜售、乞讨、散发黑广告等行为；耐心聆听、解答乘客问询。

遇到设备故障，只需司机手动干预，将驾驶模式从"无人"降级为"有人"。发生概率虽很低，但绝不可轻视。"外界环境影响，有时也会引发故障。"10号线运维管理部副经理举例说，"列车关门时夹到背包、衣服等，会自动打开车门，如果没有及时去除异物，连续开关门3次，系统就可能死机。"

随着全自动驾驶技术日渐成熟，未来部分地铁司机，在部分时段也有可能走下列车，兼任站控或巡视的多职能岗位，到那时，三类多职能岗位将进一步融合。

二、上海地铁10号线二期

2020年12月26日起，上海地铁10号线二期和18号线一期南段（航头站—御桥站），两条新线将从首班车起开通试运营，全自动驾驶模式进一步升级优化。

新线运营后，10号线北部的终点站由新江湾城站调整至基隆路站，10号线全线常态运营时间为5：25至23：43，其中航中路站首班车时间为5：30分，虹桥火车站首班车时间为5：25分；基隆路站作为新的终点站，首班车时间：基隆路站往虹桥火车站方向5：25，往航中路站 5：30；末班车时间：基隆路站往虹桥火车站方向 22：30，往航中路站 22：25。需要特别提醒的是，10 号线二期开通试运营初期，其新线段周五、周六暂不延时运营，原 10 号线延时运营的区段和延时末班车时间均不变。

根据运行计划安排，10 号线二期开通试运营后，10 号线全天开行三个交路，分别为虹桥火车站—基隆路站、航中路站—新江湾城站、虹桥火车站—江湾体育场站。既有线段的运营间隔保持不变，10 号线二期（新江湾城站—基隆路站）双向全天运营间隔均为 10 分钟。

18 号线一期南段航头站—御桥站也开通初期运营。运营线路长度 14.5 km，设 8 座地下车站，其中御桥站可与 11 号线换乘。

开通初期运营后，全天开行航头站—御桥站单一交路，工作日早晚高峰时段全线运行间隔为 6 分钟，平峰时段全线列车运行间隔为 8 分钟；双休日及节假日期间高峰时段，列车全线运行间隔为 7 分钟。

18 号线一期航头站—御桥站开通初期运营后，运营时间为 6：00 至 22：21。航头站首班车时间为 6：00，御桥站首班车时间为 6：15，末班车时间均为 22：00。

据上海地铁披露，此次 10 号线二期以及 18 号线一期南段开通后均直接启用全自动驾驶模式，并较之前有了进一步的升级优化。一是全面升级了智能运维系统，可实现故障统一管理、智能诊断、智能分析、智能定位，大大提高了故障处理效率；二是信号设备可实现主备控制中心的无扰切换，同时具备远程重启功能，增强了信号系统的设备故障处置能力；三是升级了车辆在线监测平台，具有更为丰富的监测及报警功能，可以远程在线查看列车运行状态；四是实现了正线与停车场的一体化管理，在正线设置休眠区，列车可在正线任一休眠区域内休眠、唤醒，以实现列车灵活投放。

相较于传统的地铁驾驶模式，全自动无人驾驶的地铁具有多方面优势：一方面，全自动无人驾驶的地铁可以按照最优模式提供更精准的运营控制，列车旅行速度比一般地铁提高 8% 左右，既能缩短行车间隔，也能减少线路配车数，提升了运营效率；另一方面，全自动无人驾驶地铁可靠性更高、正点率更高、安全性更好，为乘客提供了更好的服务。

第二节　上海轨道交通 14 号线

2019 年 9 月 3 日，由中车南京浦镇车辆有限公司（简称浦镇车辆公司）研制的我国新一代大运量全自动无人驾驶智慧列车——上海轨道交通 14 号线首列车在南京浦镇成功下线，这标志着我国城市轨道车辆在运量和智能化方面又达到一个新高度。

该项目为上海地铁全自动无人驾驶示范性项目，共计 49 列。列车采用全新的设计理念，为 8 节 A 型车编组，总长 185.6 m，车宽 3 m。列车定员载客量、最大超员载客量相比同为传统座椅横纵排布的 8 节编组 A 型车，定员人数增加超过 18%，超员人数增加超过 16%，相比常规的 6 节编组 A 型车，定员人数、超员人数分别增加超过 33%，如图 7-2 所示。上海轨道交通 14 号线也是国内首个可以从运营伊始即进入无人值守的全自动无人驾驶状态的项目。

新一代的大运量全自动无人驾驶智慧列车突破传统设计，在实现列车自动唤醒/休眠、自检、自动出入停车场、自动清洗、自动正线运行、自动停车、开关门控制、故障情况下自动恢复等功能基础上，进一步增加了列车车门对位隔离、跳跃停车、远程控制、微断复位等功能，使列车从运营伊始即进入无人值守的全自动驾驶模式，真正全面实现了无人干预的"自己出、自己跑、自己回"。

图 7-2　上海轨道交通 14 号线列车外观

为确保运行安全，项目在国内首次引入独立第三方安全评估体系。列车在障碍物检测装置、脱轨检测、轴箱检测等系统上均采用高配置方案。同时，新一代"列车健康管理系统"通过遍布列车上的各类传感器，实时对车辆的运行状态进行监测"把脉"，对潜在的列车健康问题进行自我诊断和恢复，确保列车健康运行。

司机室只有两块屏幕，直接和乘客室连通在一起，如图 7-3 所示，不仅安全智慧，乘客体验也更加舒适。新一代大运量全自动无人驾驶智慧列车空调出风口采用中部和侧部相结合的复合出风设计，变集中出风为多点分散出风，改善了车厢冷热不均的现状。列车照明采用"四季+全天候变光设计"，可以根据春夏秋冬以及早中晚外部环境不同随时自动调节色温和照明亮度。列车内还设置了 USB 充电插座，进一步提升了人性化服务。

图 7-3　上海轨道交通 14 号线列车司机室

第三节　北京地铁燕房线全自动运行系统

2019年12月30日,北京地铁燕房线正式投入载客运营,这是中国第一条具有完全自主知识产权的轨道交通全自动运行系统。北京燕房线示范工程的顺利实施,标志着中国对全自动运行技术的完全掌握。

北京地铁燕房线位于北京房山区,本次开通线路包括14.4 km高架线路、9座车站,设计速度为80 km/h,所采用的全自动运行系统技术,已达到城市轨道交通列车运行自动化水平的最高等级——GoA4级。

随着北京地铁燕房线全自动运行系统正式开通,全自动运行系统将逐渐成为北京地铁的"标配",并将在全国范围内推广应用。根据相关规划,北京地铁3号、12号、17号、19号线以及新机场线等新一轮轨道交通线路建设,都将采用全自动运行系统这一技术。

全自动运行不是简单地减少司机数量,在当前中国轨道交通运量不断攀升的实际运营情况下,司机将转变为乘务员的角色;而一旦列车故障,乘务员可处理特殊情况,并把车辆驾驶到安全地点。自主化全自动运行系统充分实现了与车辆、综合监控、站台门、广播、旅客信息、车库门、洗车机等各相关专业的整合及优化,实现了智能化、自动化的联动作业,系统的自动化水平、作业效率、运营效益实现了全面提升。

北京地铁燕房线上应用的自主化信号系统能够更好地与中国轨道交通超大客流的特点相匹配,具备六大优势:一是能够快速响应及满足用户需求(在符合国际系统标准和安全标准的前提下,自主化系统更符合中国城市轨道交通特大客流的特征,并充分考虑了用户后期方便维护的诉求);二是在设计阶段即对高可靠性、高可用性、高可维修性和高安全性的各项指标进行了全面设计(贯穿全生命周期的高可靠性、高可用性、高可维修性和高安全性管理,充分考虑系统的高可靠性要求,采用了多种保障手段,使得系统的安全性达到了很高的标准);三是在系统设计的开始,即深入软硬件最小模块级的设计,实现故障预防和检测,硬件层面可检测到每一个板卡、每一个模块,软件层面可以检测到每一个软件处理模块,大大提升了系统的可维护性,为运营维护、故障处理及定位等提供了极大的便利;四是建立了一套实时、准确的故障管理体系(这一体系可以快速识别、预警和预防故障,从而使得维护更加明确、到位,大幅降低设备故障率以及设备故障对整个系统正常运行的影响);五是建立了一整套的安全苛求系统检测检验平台,可对设备进行高低温、电磁兼容等标准化检测,使得所制造产品质量在出厂前即得到有效控制,降低了现场设备的故障率;六是自主化信号系统可以深入挖掘信号系统的潜能,获得更高的运行效率和运营效益。

北京地铁燕房线全自动运行系统通过对标国际标准、运营场景分析、核心技术研究、关键设备制造、深度集成及综合联动等方法,重点突破了新一代人工智能关键共性技术体系中的以轨道交通自动驾驶为代表的自主无人系统智能技术,同时搭建了测试平台、培训中心、展示中心等轨道交通自动驾驶支撑平台,并培养了一批建设、运营、设计及研发等各领域的人工智能高端人才。

北京地铁燕房线作为国内首条自主研发的全自动运行示范线路,标志着中国轨道交通全自动运行技术不再依赖进口,其技术探索和宝贵经验将为后续线路发挥样板作用。

而作为北京地铁燕房线信号系统提供方，交控科技股份有限公司已经为 15 个城市 27 条线路装上了"中国芯"，该公司将以燕房线全自动运行系统为起点，进一步践行中国人工智能战略，提高中国在世界轨道交通领域的核心竞争力。

自动出库、按照时刻表正线运营、到站精准停车、自动开闭车门、自动回库、自动洗车、自动休眠……。北京地铁燕房线已实现最高等级全自动运行，列车全过程无须人工操作，如图 7-4 和图 7-5 所示。

图 7-4　北京地铁燕房线全自动运行

图 7-5　燕房线的全自动运行列车

相比传统基于通信的列车控制系统（CBTC），全自动运行系统能通过切实有效的控制策略，将司机从重复作业中解放出来，为乘客提供更优质的服务。

北京地铁燕房线列车还可以按照设定时间从休眠中自动唤醒，完成自检后自动出库，按照时刻表正线运营，完成站间行驶、到站精准停车、自动开闭车门、自动发车离站等一系列运营工作，最终自动回库、自动洗车、自动休眠。

截至目前，我国北京、上海、广州已经开通并在不断地新建全自动驾驶线路，预计到2025年，我国采用完全自动驾驶的线路将超过1 500 km。这是一个机遇与挑战并存、希望与困难同在的领域，在未来新时期随着物联网、人工智能、云计算、大数据等前沿技术的深入应用，会出现更加智能、安全、舒适的新一代智慧轨道交通体系。

如果说服务于全自动驾驶的"列车信号系统（CBTC）"和"行车指挥综合自动化系统（TIAS）"是线路调度指挥的智慧大脑，那么，面向长期运维的"资产运维管理信息系统"则是全自动驾驶线路长期安全、可靠运行的健保后盾。

燕房线的运维信息化系统是一个庞大而复杂的系统，主要建设内容包括，以运维管理为主体，有机集成14个子系统，接入既有的路网资产管理平台（"L1级"系统），构建统一的资产运维一体化系统：运维综合管理、运营管理、安全及风险管理、资格管理、文档档案管理、办公、人力资源及财务8个模块、移动端应用。

这些子系统按照"高内聚，低耦合"策略，划分为4个业务集群，核心是运维、运营两大集群，系统集成要求做到四个统一：统一用户、统一接口标准、统一数据源、统一基础编码。

业务集群进行高内聚设计，一体化设计与开发，统一数据库模型。业务集群之间进行低耦合集成，避免接口通信，对外采用企业服务总线（ESB）接口方式。

燕房线的运维摆脱了传统EAM（企业资产管理系统）工单的思路，而是以各专业维保维修模式建设为重点，不同专业建立针对性的维修模式、周期和流程。系统的运行按照两条主线驱动的模型设计，两条主线包括标准驱动和状态驱动。

北京地铁燕房线有五类设备模式：信号、车辆、机自、线路、供电。基本维修模式为计划修+中大修（架大修），同时辅以状态修、委外修的维修体系。使用移动终端，基于地理信息系统，完善设备空间位置记录、派工、现场检修记录、竣工报工流程。

相比传统基于通信的列车控制系统（CBTC），全自动运行系统（FAO）能够提升运营效率，在保证相同有效站停时间下减少了列车开关门反应时间，提高了运行速度。同时，切实有效的控制策略能防止人为误操作引起的地铁事故。司机也可以从重复作业中解放出来，为乘客提供更优质的服务。

升级为最高等级的全自动运行系统后，安全问题是所有乘客最关心的。为了真正实现列车驾驶室无人值守，在前期准备阶段，北京轨道运营公司充分对系统功能进行195项验证，查找并修正问题，对作业程序进行反复推敲梳理，保证系统稳定、安全运行。同时在列车全自动运行期间，设备专业人员将加强对设备的巡视、巡检工作，确保万无一失。

燕房线地铁列车特点总结如下：

1.最智能，"自己上下班，自己洗澡、睡觉"

燕房线位于北京市房山区，从阎村东站到燕山站共有9座车站，总长度为14.4 km。该条线从信号、车辆、通信到综合监控系统完全实现国产化。

"无人驾驶"地铁的驾驶舱与一般地铁没有多大区别。驾驶员不用做任何操作，主要监看仪表、线路的情况。列车的运行完全由在远方的"控制中心"掌握，全自动驾驶、计算机控制，车在起步、转弯和刹车的过程中，列车都比较平稳。

这条地铁线上的车辆，不仅在正线上运行时是无人驾驶，而且放在停车场内也是完全自动清洗、检测、上电、唤醒、出库。与现有的地铁相比，它们能够自己"上下班"，自己"洗澡"，自己"睡觉"，可以说是北京最"聪明"的地铁。

通过计算机控制，燕房线列车到站停靠的位置，跟设定点位的误差被控制在±30 cm之内，更加精准入位。

这条线车厢里的电子地图是LED显示，照明系统随着车外环境变化自动调节亮度，空调温度也可在控制中心远程调节。

2. 实现无人驾驶

地铁列车的无人驾驶模式，是由多个复杂的逻辑控制系统共同完成的。例如，当车厢内温度偏高时，车厢内部的感应器会将采集的数据传输到中央控制室，控制室对列车发布指令，降低空调温度，直到令人舒适。

当然，调节温度只是无人地铁的一个小技能，要真正实现无人驾驶，还需要许多复杂系统的支撑。例如，牵引系统、辅助电源系统涉及系统自检、故障智能诊断等；列车控制与诊断系统涉及列车自检、故障诊断功能以及唤醒、正线载客服务、洗车、休眠等。

经过3年半的设计、试验和试运营，列车具备了载客运营的条件。

3. 保障行车乘车安全

地铁车辆上装有防撞系统，在区间运行过程中，如果碰到了障碍物，会触发紧急制动。如果人被车门夹住，车门会自动关3次。如果还是没有关上，则会自动打开，不关闭。这时对应车门的监控会将图像传送到控制中心，控制中心再通知站台人员前去紧急处理。

燕房线与既有（其他地铁）系统的另一个区别就是，这条线的大脑（控制中心）是四保险，车载控制系统都是双保险，完全可以做到有一个设备故障，不影响车辆正常运行。

第四节　成都地铁9号线全自动运行系统

成都地铁9号线是世界上首条采用地铁A型车，采用全自动驾驶、8辆编组车辆运行的全自动无人驾驶线路。9号线一期从金融城东站至黄田坝站由南至西沿顺时针方向敷设，线路全长22.18 km，共设13座车站，11座换乘站，均为地下站。在武青车辆段设主控制中心，元华停车场设置备用控制中心。

成都地铁9号线一期总计配车25列，采用目前国际最高自动化等级GoA4的全自动运行系统，最高运行速度100 km/h，具有自动唤醒、自动运营以及远程控制等功能，搭配通过以太网实时传输的网络控制系统和故障检测装置，列车集智能性和安全性于一体。

一、全自动驾驶总体要求

列车能适应全自动驾驶、ATO人工驾驶、ATP保护下的人工驾驶以及ATP切除条件下的完全人工驾驶运行，并接收来自控制中心的列车识别信息，根据ATC的指令自动休眠、唤醒列车。

同时，自动完成发车前的系统自检，如列车牵引系统、制动系统、车门、空调、照明、广播、乘客信息显示系统、通信车载设备等，并向控制中心发送自检结果和列车准备就绪状态报告。根据接收到的控车命令，自动控制列车的加速、减速、制动等工况。

到站后，自动控制列车安全、精确地停车和起动；控制车门的开、关；在折返站可自动折返。

列车控制及管理系统实时记录运行状态和故障数据，通过车地间高速安全的信息传输通道向控制中心传送这些数据，接收并响应远程控制指令。

根据 ATC 指令自动控制列车在车场全自动运行区（含洗车线）内的走行及洗车作业。

车辆在正线出现车辆与信号网络故障时，车辆具备蠕动功能，根据控制中心的指令进入蠕动模式。

若列车进站停车过标不大于 5 m（可设定），系统可自动控制列车进行对位调整（跳跃）。当列车进站停车欠标，ATO 自动运行对位停车。

全自动运行车辆采用冗余互备技术，关键部件实现主、备系统的"无缝"切换。

特殊情况下，控制中心可远程操控唤醒、休眠、升降受电弓、控制客室照明及空调、开/关门、紧急制动、停放制动、远程复位断路器、雨刮器、司机室前窗玻璃加热器等功能。

客室设置紧急手柄；车辆设置障碍物及脱轨检测装置；车辆设置走行部检测系统（包含数据分析服务器）；车辆设置前视摄像装置；车辆具备单个或多个车门与站台门的故障隔离功能；司机台设置罩板及监视装置；设置列车端部疏散门状态监控；车辆具备烟火报警联动功能，灭火器移动报警功能；设置驾驶模式指示灯；并设置蓄电池容量管理功能。

二、车辆各主要系统及主要部件

车辆及其各主要系统设备采用模块化设计，便于检修和车辆部件的更换。

列车能安全通过架空线电分段区，辅助电源系统能最大限度地保证列车的供电质量。

（一）电气牵引系统

电气牵引系统为 VVVF 控制的交流传动系统，采用微机控制的矢量控制或更优控制方式。

列车控制采用总线控制+后备列车导线方式，当总线网络故障时，列车可以有基本的牵引和制动功能，并适应全自动驾驶功能。网络系统具有冗余性和安全性，电气牵引系统能配合 TCMS 完成本系统初始状态监测及在线检测，TCMS 实时将状态和故障信息上传至控制中心。

VVVF 逆变器的功率元件采用大功率电力电子器件 IGBT。

系统具有优异的空转/滑行控制功能，即反应快速、有效、可靠的空转/滑行控制，充分利用轮轨黏着条件。空转/滑行控制功能与信号系统联动。

列车制动方式采用电制动与空气制动混合运算的控制方式。优先充分发挥电制动的作用，以减少闸片的磨耗和节省电能，当电制动力不足或失效时，由空气制动补足或替代。电制动与空气制动应随时自动配合、平滑相互转换，列车应无冲动。

系统采用高速微机控制并具有自诊断功能和故障记录功能，采用先进成熟的控制技术，并具有完备的监控和系统保护功能，故障记录可通过车地无线通信传输到控制中心，也可通过读出器下载。

牵引电机采用适用于 VVVF 逆变器供电方式的三相 4 极鼠笼式异步电动机。牵引电机冷却方式为自通风冷却,并应具有良好的空气滤尘功能。

全自动驾驶模式下受电弓由列车控制系统根据控制中心或人工指令自动控制升弓和落弓,同时受电弓状态信息和故障信息可通过 TCMS 上传至控制中心。控制中心可远程操控受电弓的升降。

列车运行时,实时发送牵引系统的状态信息和故障信息至信号系统,并上传至控制中心,使控制中心能够判别列车状态,评估列车的安全性、可靠性和可使用性,从而做出相应的决定。牵引系统配置一套独立通信网络连接全列车牵引及辅逆控制单元,该网络在车内设置 2 个及以上的标准网络接口,便于通过 PTU 连接该接口实现对牵引系统的运行状态监测、在线测试、故障读取以及软件维护与更新等功能。

(二)辅助电源系统

辅助电源系统能配合列车控制及管理系统完成本系统初始状态检测及在线监测。

辅助逆变器和充电机具有自动关断和自动恢复工作功能。一旦检测到输入/输出的非正常情况发生,应能自动关断;在输入/输出恢复正常后,应能自动恢复工作。

辅助逆变器有重启动功能,逆变器一旦发生故障,逆变器会自动重启或控制中心远程重启。故障自动重启有重复次数限制,因此频繁重启不会发生。在一定时间内达到要求的数量的故障数(如 1 min 内 4 个故障),则"锁定"逆变器,但可通过逆变器箱内的手动操作开关和客室内的断路器实现复位,也可以通过控制中心进行远程复位。

辅助逆变器(包括逆变器和蓄电池充电机)与列车控制系统之间的数据传送能通过列车通信网络来实现的。列车在运行当中,辅助逆变器、AC/DC 变换器将重要的当前故障信息和相关的环境数据发送给 TCMS,由 TCMS 进行列车级的综合性分析评估和存储。在各种驾驶模式下,相关信息发送给司机室显示器并通过 TCMS 上传至控制中心。发送的信息量应足以使驾驶员或控制中心人员对列车辅助逆变器、AC/DC 变换器和蓄电池的状态进行判断,从而决定列车的可使用性和安全性。

全自动驾驶模式下,车辆接到唤醒指令后蓄电池启动供电。

所有系统电路均进行可靠性分析,设计保证单点故障发生不影响车辆运营。

辅助逆变器设置应急启动功能,用以在蓄电池电压过低情况通过电动升弓泵升弓并启动辅助逆变器。

每列车有完整的辅助电源系统,包含辅助逆变器和蓄电池组,其输出能力必须满足列车各种负载工况的用电要求。

辅助逆变器的功率元件采用大功率电力电子器件 IGBT,其控制采用微机控制并有自诊断功能。

输出的交流电压基波应为正弦波,电压为三相 380 V 和单相 220 V,频率为 50 Hz;输出的直流电压为 110 V 和 24 V。

本系统有足够的过载能力,在短时间内应能承受住负载启动电流的冲击,并在负载突变和输入电压突变条件下,瞬间输出电压变化≤±20%、调整时间≤100 ms,不得影响所有负载电机电器的正常工作。

内设自动监视装置，应具有自诊断和故障记录功能，并能在司机室显示屏上显示系统状态及故障情况，便于故障分析和维修。同时，列车能将故障信息实时上传到控制中心。

辅助电源系统具有完备的保护。

噪声等级：满足 IEC61287 相关标准要求。

蓄电池组采用符合环保要求的碱性镉-镍蓄电池。容量满足 8 辆编组列车休眠 7 天后，可靠唤醒列车［单端信号唤醒模块（包含 LTE）能耗暂定为 70 W］；或满足运行时在任何工况的需要，在无高压输入情况下，且电量为满容量的 85%时应满足紧急通风、照明使用 45 min，并且 45 min 之后能完成一次开关门、一次升弓、一次投入 SIV。

在蓄电池使用寿命周期内，容量均能满足以上要求。

（三）紧急通风逆变器

输入：DC 110 V（蓄电池供电）。

输出：三相交流电。

容量满足 8 辆编组列车在紧急通风工况时的需要。

（四）列车控制及监控系统

列车控制及监控系统适用于全自动驾驶模式，具有列车远程控制、自动唤醒、自动休眠、列车初始状态自检（自检用时不大于 20 min）、自动出入车场、正线自动运营、自动洗车等功能，同时具有车辆运行状态信息、故障信息上传功能；具有车辆运行和故障信息自动采集、记录和显示并兼有对列车及其辅助设备的控制功能，可通过读出器将数据读出和打印，断电后数据存储期至少为 30 天。具有列车自诊断、列车子系统自愈（含远程复位）控制功能，在列车唤醒后能自动检测并显示列车所有设备的状态，并在司机室显示和上传至控制中心；能监测列车主要车载设备的供电开关的状态；能对列车主要子系统及部件内部电源实现远程复位功能；具有乘务员业务支持功能；具有检修作业支持功能；具有对列车牵引、制动的控制功能；具有高安全性、强抗干扰能力、高可靠性和冗余性。

列车采用列车总线控制方式，列车通信网络满足 IEC 61375 及 TB/T 3035—2002 或其他国际标准的相关要求。列车上所有涉及安全的设备或装置均采用列车导线（硬线）控制方式，如车门、紧急制动等。

同时，具有监视功能，网络具有完善的控制功能，网络控制部分有冗余，且具有无线上传功能。车辆对重要的远程控制指令的执行状态进行确认反馈。

（五）列车管理系统接口

车载 ATC 设备（依据 IEC61375-1）与列车管理系统进行接口数据传送。ATC 与列车管理系统交换如下信息（包括但不限于）：

（1）列车控制系统向 ATC 报告列车状态信息、故障信息。

（2）列车控制系统向 ATC 的周期查询信息。

（3）列车控制系统向 ATC 报告列车报警信息。

（4）列车控制系统向 ATC 报告车辆负载信息。

（5）列车控制系统向 ATC 报告列车号、车辆号。

（6）列车控制系统向 ATC 报告客室紧急对讲装置的触发、复位及位置信息。

（7）列车控制系统向 ATC 报告客室紧急手柄的触发及位置信息。

（8）列车控制系统向 ATC 报告列车端部疏散门解锁装置的触发信息。

（9）ATC 向列车控制系统报告中央日期、时钟信息。

（10）ATC 向列车控制系统报告下一到站站台门故障位置信息。

（11）ATC 向列车控制系统输出列车工况和模式命令。

（12）ATC 向列车控制系统的周期查询响应。

（13）ATC 向列车控制系统周期性提供车次号（包括方向、目的地）信息。

（14）ATC 向列车控制系统提供列车位置信息。

（15）ATC 向列车控制系统提供列车速度信息。

（16）ATC 向列车控制系统提供"报站触发"信息。

（17）ATC 向列车控制系统提供下一站开门侧信息。

（18）ATC 向列车控制系统提供"到达站"的车站代码。

（19）ATC 向列车控制系统提供"下一站"的车站代码。

（20）ATC 向列车控制系统提供"跳停车站"信息。

（21）ATC 向列车控制系统提供清客信息，列车根据 ATC 清客信息自动对列车的照明和乘客信息系统进行控制。

（22）ATC 向列车控制系统提供车外火灾信息。

（23）ATC 向列车控制系统提供远程控制指令。

（24）ATC 向列车控制系统发送列车存储故障信息传送命令等。

（25）ATC 向列车控制系统输出各种工况命令，列车根据命令进行相应控制。

在全自动驾驶（FAM）、自动驾驶（AM）模式下，车载 ATC 通过列车控制系统触发乘客信息系统，实现自动广播和显示。

（六）信息传送

运行中 TCMS 将列车及子系统（包括其他机电车载系统）的状态和故障信息发送给 ATC，并通过信号 LTE 通道上传至控制中心。

列车回库后，走行部检测系统采集的数据通过 PS 通道（WLAN）传输到检测系统的服务器。

车上 CCTV 信息通过 PS 通道（WLAN）上传至控制中心。

车上语音信息利用通信 TETRA 上传至控制中心。

ATC 向列车控制系统输出各种工况命令，列车根据命令进行相应控制及反馈，ATC 需将引起下列工况丢失等故障具体情况在控制中心进行报警及显示：唤醒、待命、正线服务、停止正线运行、清扫、休眠、列检、洗车、其他。

（七）蠕动模式

在全自动驾驶模式下，在车辆网络出现故障，或车辆与车载信号设备通信故障时，可由行调人员确认，ATC 远程触发蠕动模式，列车以蠕动模式运行，ATP 监控列车以不超过固定限速（如 25 km/h）的速度全自动运行。

（八）站台停车位置调整

当列车进站停车，ATO 将自动进行站停位置调整。若列车没完全驶入站台停车，ATO 系统将再次启动列车运行，直至对位。若列车过标但不超过 5 m 的范围内，列车采用跳跃调整后退来对位站台。

（九）列车数据无线下载系统

收集在线列车数据，通过民用通信网络将相关数据发送至车辆段地面数据集中服务器，并提供本地数据下载，为列车运行提供远程专家技术支持和远程诊断。

具有远程故障实时查询功能；有故障统计分析功能，可实现车辆安全预警分析，并针对不同预警级别提供相应的应急处置及维护辅助支持；具有在线列车状态监视功能；具有列车运行信息分析功能；具有乘务员操作记录和分析功能；司机室内设置打卡机进行乘务员身份识别。

（十）空气制动和风源系统

采用微机控制的电-空制动系统，内设监控终端，具有自诊断和故障记录功能，适应全自动驾驶功能要求，能配合 TCMS 完成本系统初始状态检测及在线检测。能在司机控制器、ATO 或 ATP 的控制下对列车进行阶段或一次性的制动与缓解。

空气制动系统包括常用制动系统和紧急制动系统，其中常用制动系统可以和电力再生制动随时配合。紧急制动优先于常用制动。常用制动力和紧急制动力均根据列车载荷进行调节，以保证列车减速度从空车到超员基本不变。车辆载荷信号取自空气弹簧的气压。

列车制动（除紧急制动外）采用电力再生制动与空气制动实时协调配合、拖车空气制动延时投入的混合制动方式，基础制动采用单元制动装置（100 km/h 车辆采用轮盘制动，同时车辆增加踏面清扫装置），其中 1/2 带有停放制动功能。在司机台上能控制停放制动的施加和缓解，并有相应的指示灯指示，也能在控制中心内远程进行停放制动的施加和缓解。

具有自动施加保持制动的功能；系统具有优异的滑行控制（抑制）功能，使发生滑行的车轮尽快恢复黏着,滑行控制与牵引系统协调配合,并将滑行信息和控制信息发送到信号 ATC 系统，并上传至控制中心；具有预压力和电力再生制动预衰减校正（补偿）功能；具有强迫缓解、制动不缓解检测和制动力不足检测功能；列车具有事故导向安全的紧急制动系统，紧急制动完全由空气制动承担；每列车设有两套及以上交流电动机驱动的空气压缩机组（含过滤、干燥设备以及安全装置等），并配有相应的总风缸和制动辅助风缸；列车的电动空压机组经列车总风管相连通，总能力满足 8 辆编组列车各种工况的用风要求，并适当留有裕度；系统功能完备，工作可靠、噪声低、保护齐全；停放制动能保证超员列车安全地停放在线路的最大坡道上，并考虑最大风力的影响。

（十一）紧急制动施加

列车具有事故导向安全的紧急制动系统，紧急制动完全由空气制动承担。

在探测到障碍物/脱轨时将施加紧急制动。

在站台区可监测到客室门紧急解锁手柄动作/客室紧急手柄动作信号。

制动控制电子单元将持续检查制动系统的状态，一旦检测到故障，故障信息将被制动电子控制单元所监控并传送至司机台和控制中心。

（十二）列车广播及乘客信息显示

列车广播设备具有下列功能：

（1）全自动播放站名和注意事项。

（2）半自动播放站名和注意事项。

（3）人工播放站名和注意事项。

（4）两端司机室对讲、重联对讲。

（5）广播的输出控制（设置起点站、终点站、消音、暂停、越站、广播监听等）。

（6）主/副台设置及切换。

（7）车载电话系统，客室紧急报警和对讲，包括客室与控制中心、司机室同步报警和对讲，与PIS视频监控系统的视频实现联动功能。

（8）列车广播与列车总线网络通信，并可通过列车总线网络对列车广播装置进行设置和控制，实现对广播的输出控制和紧急播放内容的远程控制。同时配合TCMS完成本系统初始状态检测及在线检测。

（9）故障检测、记录和运行数据记录存储功能。

（10）多媒体播放。

（11）客室紧急报警和对讲（与司机及控制中心内乘客调），同时车内监控系统联动上传图像信息至控制中心内乘客调。

（12）预录广播信息（如紧急广播的文字及声音），紧急播放功能。预录的紧急信息在全自动驾驶模式下由控制中心乘客调通过车载无线触发。人工驾驶模式下可由驾驶员在司机室显示器选择后触发，又能通过车载无线触发，同时乘客信息系统能根据接收的联锁信息，如开门紧急解锁手柄动作、客室内紧急手柄动作、端部疏散门解锁装置动作、车门故障隔离等自动进行相关预录的紧急信息广播。列车控制系统/车辆乘客信息系统可根据车载无线发送的触发信息自动进行限时循环播放，此循环可由车载无线发送的终止信息停止。

（13）客室广播音量具有自动调整功能。

（14）客室内广播喇叭的设置能保证客室内广播清晰、声强均匀，无死区。

（15）每节客车车厢内设置8个LCD视频显示单元。播放高质量的视频图像和对图解图像进行显示，可实现闪存卡信息的播放，并提供接口空间实现即时公共信息的播放。

（16）每节客车车厢内的每对车门上方设置LCD报站装置，用于显示全线站点信息、车辆运行方向、换乘信息、到站显示及开哪侧门的提示。显示内容与列车广播同步。

（17）控制中心内乘客调及司机可进行跳站、起点站和终点站的设定，线路中的任一站都可设为起点站和终点站，任何时间设定都能保证自动报站功能的正常。

（18）司机室前端上部设置 LED 运行信息显示。

（19）车辆设置视频监控系统，司机室内不少于 2 个摄像头（包含前视摄像头），客室内保证监控无盲区。

（20）视频监控系统具备本地存储及无线上传的功能，本地存储容量满足 90 天存储的要求。视频信息的上传采用 PIS 通道。

（十三）紧急对讲

列车设置报警系统，客室内设置乘客报警装置，乘客紧急报警装置具有司机/控制中心内乘客调与乘客间双向通信功能。报警系统设置符合现行国家标准《城市轨道交通技术规范》GB50490 的有关规定。

每辆车客室适当位置设至少 5 个紧急对讲装置。紧急对讲装置的设备布置考虑到保证紧急情况下（如仅有紧急照明的情况）设备的可使用性。端部疏散门附近适当位置设置 1 个紧急对讲装置。

列车管理系统对紧急对讲装置的动作进行监控，一旦触发，信息即被记录，通过列车管理系统与视频监控系统的联动控制，就近摄像头的图片将通过列车监控系统发送到控制中心内乘客调，同时在司机室显示器和控制中心乘客调显示屏提供报警信息。

在全自动驾驶模式下，乘客可与控制中心乘客调进行紧急对讲，与控制中心之间的紧急对讲通过车载无线语音通道实现。

乘客在客室紧急对讲装置上请求对讲，多个紧急对讲装置有对讲请求时，乘客信息系统可根据请求的优先次序进行排序控制，司机/控制中心乘客调也可以通过列车控制系统顺序选择其中的一个进行通话。

在全自动驾驶模式下，控制中心乘客调可以选定某一紧急对讲装置，而触发控制中心与乘客之间的紧急对讲和对客室进行监听。

客室车门紧急解锁装置可以触发就近的一个紧急对讲装置进行控制中心乘客调或司机与乘客之间的紧急对讲，同时触发就近的摄像头将画面传送至控制中心乘客调度显示屏/司机室显示屏。

客室紧急手柄可以触发就近的一个紧急对讲装置进行控制中心乘客调或司机与乘客之间的紧急对讲，同时触发就近的摄像头将画面传送至控制中心乘客调度显示屏/司机室显示屏。

各个紧急对讲装置的状态（包括紧急对讲装置是否触发）可在控制中心和司机室显示器上显示和存储，同时伴以声音报警。对讲内容可在乘客信息系统内录音。

（十四）车辆空调

空调机组考虑节能设计，采用变频式空调，顶置式安装，由于受车辆限界限制，采用薄型单元式空调机组。

每辆车安装制冷能力为 2×40 kW 的空调机组。当一半辅助电源故障时，空调机组可自动减半运行。

空调机组采用微机控制，具有自诊断功能和空调机组分时启动功能。

全列车各空调机组在车辆运行时由司机集中控制；在维修时可由维修人员单独控制。

空调装置设有 4 种工况：手动、自动、通风和停止，在手动工况时，空调机组根据各自的温度控制器所设定的温度进行客室内温度控制；在自动工况时，空调机组根据外界环境温度自动调节客室内温度。

在全自动驾驶模式下，空调自动控制，在特殊情况下控制中心也能远程控制。

新鲜空气的最小供给量：制冷时司机室人均新风量不少于 30 m^3/h；客室内人均新风量不少于 10 m^3/h（按 6 人/m^2 站立标准的载客人数计）；客室内仅有紧急通风时，人均供风量不少于 20 m^3/h（按 6 人/m^2 站立标准的载客人数计）。

考虑客室内与客室外的换气功能，在车体适当位置设置排气口，以防客室内正压过高造成的新鲜空气输入量减少。

空调机组使用环保型制冷剂，制冷系统密封良好，制冷剂不会泄漏。

风道采用具有隔音、吸音、隔热功能的材料，优化风道设计、减小风阻，降低噪声，提高出风的均匀性。

在紧急通风时，仅利用空调机组的通风机，不再设置其他的机械通风装置（不含废气排放装置等）。

在列车接收到外部烟火信息时，将自动关闭新风口。

司机室不单独设置空调装置，由客室空调机组通过风道为司机室提供冷气。

空调机组新风口设置温度传感器，并能将新风的温度发送给信号 ATC 系统。

（十五）车体及内装设备

车体材料采用铝合金，车体外部涂装。采用轻型、整体承载结构，车体结构寿命为 30 年。列车连挂速度不大于 5 km/h。

列车两端车体结构设计中设计有一撞击能量吸收区，撞击吸收区能在一列 AW0 列车以 25 km/h 的速度与另一列 AW0 停止状态的列车相撞时吸收撞击能量，客室无损坏，并保证司机和乘客的安全。

列车车钩考虑 AW3 载荷情况下的救援工况，并能承受列车在坡道救援时，因突然实施紧急制动，救援列车与被救援列车间所产生的作用力。

在首尾车底架两端设有防爬装置，以防止剧烈冲撞时两列车之间发生叠压。

车体的固有频率与转向架的固有频率错开，同时避开电器频率的整数倍点以及空压机等产生振动的频率点，以防产生共振。

车体做隔音、隔热处理。

每辆车每侧设 5 套双扇电控电动塞拉门。电控电动装置采用微处理器控制的电动机驱动装置，并具有自诊断功能和故障记录功能。传动装置、导向装置、驱动装置和锁闭装置集中为一个紧凑的功能单元，便于安装和维修。

（十六）客室门

在全自动驾驶模式下，车门开/关由 ATO 控制，在紧急情况下控制中心也能控制车门开/关。

控制单元具有复位功能：如果车门控制单元发生死机，列车可通过列车控制系统自动对死机的门控单元进行复位，复位过程确保安全。

如障碍物检测循环结束后仍未能排除障碍物时，可以通过控制中心或司机的操作，使该车门进入下一个障碍物检测的循环。相关信息上传至控制中心，同时联动视频监控系统。

列车全自动驾驶模式下，车门与站台门具有故障隔离功能，当个别车站站台门故障隔离时，故障站台门（站台门系统控制）及对应的车门（车辆控制）不打开；当个别车门故障隔离时，故障车门（车辆控制）及对应的站台门（站台门系统控制）不打开。控制中心可以对车辆的单侧门进行远程控制。

在驾驶台及侧墙上设左、右门开/关门按钮，用以非全自动驾驶模式下开/关车门，在全自动驾驶模式下此按钮功能失效。

车门紧急解锁装置的手柄由车门控制单元监控，整列车上任何一个紧急解锁装置被触发，可在控制中心和司机室报警和显示。相关位置信息通过列车控制系统发送给车载 ATC，并且相应位置的摄像头的图片由车载监控系统设备上传至控制中心（图片信息包含车次号、车组号、位置信息、报警类型等）。同时，通过列车控制系统触发就近客室紧急对讲装置，建立控制中心乘客调/驾驶员与乘客之间的对讲。

使用车门紧急解锁手柄打开车门，解锁手柄动作信息在司机室和控制中心进行显示并报警。当车辆在区间运行时，车辆到下一站停车并扣车；当车辆在站台区时，车辆不能启动。

（十七）司机室和客室

司机室两侧设电动塞拉门，并由 TCMS 监控。

列车两端带司机室的车辆设置端部疏散门，并由 TCMS 监控。

车体之间采用贯通道。贯通通道由渡板、折叠式风挡（风雨棚）和内饰板组成。贯通通道的强度和结构设计满足乘客可以自由地在列车的各客室之间穿行及在贯通道处站立（最大承载为 9 人/m^2），且没有任何潜在的危险。同时满足车辆以 25 km/h 速度通过车辆段最小平面曲线半径弯道和反向曲线通过要求。

客室的侧窗形式：单元式组合窗。车窗更换时不需要拆卸侧墙内墙板。所有车窗严密、不渗水。

客室内沿两侧侧墙设纵向座椅。座椅形状满足人体工程学的要求，具有良好的可清洗性能和防滑性能。

客室内设置数量充足、美观适用的水平扶手杆和立柱，水平扶手杆中心与车辆中心线的距离充分考虑到站立乘客与座席乘客间的相对距离。客室内设置适量的广告栏和线网图框，广告栏和线网图框的大小及数目配合客室内装设计。

客室内设置适量的电热采暖装置。司机室内设有电热采暖装置。

司机室的整体设计原则以全自动驾驶模式考虑，司机室的空调通风、照明与内装以及侧门的设计与客室浑然一体，司机室的空调通风、照明与客室统一控制；同时兼顾有人驾驶及有司机值守的全自动驾驶情况下的司机可操作性，司机室的空调通风、照明、刮雨器、除霜器可由司机单独控制，以便适应司机驾驶的要求。

司机室的布置符合人机工程学的要求，在适当位置布置扶手，考虑全自动驾驶系统开通后乘客使用的需求。司机室的乘客站立区车顶距地板的高度不低于 1 900 mm。

司机室与客室间设有隔墙和通道门，设计简易，安装、拆卸方便。当全自动驾驶系统开通后，隔墙和通道门方便拆卸，且拆卸后仅需要简单装饰，不需要对司机室内做任何装修，就能实现客室与司机室的统一。

司机驾驶台配置带锁的盖板，锁经久耐用，锁孔有保护措施，所有驾驶台上的设备（包括开关、按钮、指示灯、显示器、仪表、主控制器、阅读灯、无线通信用设备等）都可通过盖板保护。在盖板盖住的情况下，任何人员都不可能接触到驾驶台上的任何设备，并具有良好的密封性，以防止水渗入。盖板打开时可被固定，并不影响司机的瞭望视野和对驾驶室设备的操作。盖板有足够的强度和刚度，能承受运营中有可能施加给它的载荷。在全自动驾驶模式下，驾驶台盖板的开/闭位置由列车控制系统监控和存储，同时该盖板位置信息上传至控制中心。

在全自动驾驶模式时仍可对司机室雨刮器、窗玻璃加热器进行远程控制。

带司机室车的前端设有自动对中功能的全自动密接式车钩及缓冲装置；后端及中间各车的两端设半永久牵引杆及缓冲装置。

客室内照明采用 LED 光源，灯具平行纵向布置于车辆内顶部两侧，具有自动控制、控制中心远程控制功能。

应急照明：在每一个门区（相对的两个侧门为一个门区）设故障照明装置，其电源为 DC 110 V。当车内正常照明失效时，故障照明装置能维持车内照明，故障照明装置与门区的正常照明装置采用同一种照明装置。

司机室内照明灯具的选型充分考虑在车辆上使用的工作环境和方便维修，耐振动、耐冲击和防潮、防尘，并符合有关噪声标准。

司机室前端设有前照灯，在列车紧急制动距离处照度不低于 2 Lux，同时具有在大雾天气列车能够运行在地面和高架线路上的相应措施。

车辆外部同时设置辅助提示灯，包含全自动驾驶/非全自动驾驶模式指示灯等。

（十八）转向架

转向架分为两种结构相似的动车转向架和拖车转向架，均为无摇枕转向架，转向架构架采用钢板焊接结构。两种转向架采用相同的轴箱定位装置、焊接构架、组合式空气弹簧、中央牵引装置、自动高度调整阀、压差阀、横向油压减振器、盘形制动装置、轮对等。牵引电动机、齿轮传动装置、联轴节等安装在动车转向架上。

转向架采用两系悬挂系统。

构架寿命：不小于 30 年。

转向架基础制动装置采用 1/2 带停放制动的盘形制动单元制动缸，每个转向架装有四个单元制动缸，停放缓解装置便于在车侧操作，无干涉，且可在两侧均能对一个转向架的停放制动进行缓解。

牵引电动机采用架悬式，固定在转向架构架上。所有动车轮对及牵引电动机均可互换。

齿轮箱为平行轴式齿轮箱，采用铸钢或铸铁分体式箱体。采用 TD 型挠性板式或者 WN 齿式联轴节。

接地装置可在齿轮箱上，也可在轴箱上。接地装置确保接地良好，便于检修。

车辆转向架设置踏面清扫装置。

列车首尾两端转向架装有障碍物及脱轨检测装置，当检测到障碍物或者脱轨信息时，立即触发紧急制动。

车辆设置走行部检测系统，对转向架轴箱、齿轮箱、电机的冲击、振动、温度进行监测，实现对走行部的早期预警和分级报警等功能；车辆回库后具备数据无线上传功能，提供地面分析台进行数据分析及处理，准确指导车辆的运用和维修。

（十九）列车自动控制车载设备

列车装有车载列车自动运行（ATO）和列车自动防护设备（ATP）等，车载 ATO/ATP 适应全自动驾驶功能要求。

列车装有无线电台通信设备。

（二十）车辆的内装外饰

车体的内装外饰理念超前。车体的造型线条流畅，内装外饰高雅、美观大方。客室内色调协调、明快、柔和，具有现代气息。

车辆内装外饰的设计不仅局限于功能设计，体现时尚并具有超前意识，给乘客更舒适、更方便的乘车环境。

车辆设计考虑残疾人、老年人和儿童乘车方便，并考虑设儿童车和残疾人车的停放位置。充分体现以人为本，体现服务意识，体现巴蜀文化。

各种安全警示及服务性标识符合标准规范，齐全、美观。

为保证内装颜色的一致性和方便大修，内装采用大集成方式。

第五节　国外全自动运行系统

随着城市轨道交通的快速发展和城市化进程的加快，对城市轨道交通设备系统在保证行车安全、提高运输效率、节能环保等方面提出了新的需求。采用技术先进、性能稳定、效率高效的全自动运行系统成为各国轨道交通建设的迫切需求。全自动运行系统是以现代信息及自动化技术提升运营服务水平，增强系统装备的功能和性能为目的的新一代城市轨道交通系统，是城市轨道交通列车运行控制系统的发展趋势，全球新建线路中将有 75%采用全自动运行系统，改造线路中也将有 40%采用全自动运行系统。截至 2020 年 8 月，全球已有 38 个城市，890 km 的线路应用全自动驾驶技术，世界范围内已经有 50 多条无人驾驶线路，我国无人驾驶方面已运营轨道交通线路达 9 条。

一、法国里尔 1 号线

法国里尔市在 1983 年就建成通车了无人驾驶的全自动地铁。里尔地铁采用 VAL（自动轻级车辆）系统，其特点是采用胶轮列车及路轨系统、全自动无人驾驶中央导航列车及安装有自动开关站台门的车站，如图 7-6 所示。

图 7-6　法国里尔 1 号线

二、巴黎 14 号线

1998 年，巴黎 14 号线的开通是第一条应用于大城市轨道交通地铁干线的全自动驾驶线路，标志着全自动驾驶的安全性、可靠性已经得到认可，如图 7-7 所示。

图 7-7　巴黎 14 号线

三、阿联酋迪拜的地铁红线

阿联酋迪拜的地铁红线是全世界最长的无人驾驶线路，采用 Thales 信号系统，最小行车间隔 90 s，最高速度 90 km/h，Kinki Sharyo 提供车辆，于 2009 年开通运营，如图 7-8 所示。

图 7-8 阿联酋迪拜的地铁红线

四、德国纽伦堡地铁

德国纽伦堡地铁 2008 年投入运营，SIEMENS 提供信号系统，如图 7-9 所示。

图 7-9 德国纽伦堡地铁

五、丹麦哥本哈根 M1、M2 线

丹麦哥本哈根 M1、M2 线，采用 Ansaldo 的车辆和信号系统，2007 年运营，如图 7-10 所示。

图 7-10 丹麦哥本哈根 M1、M2 线

六、新加坡东北线

新加坡东北线是全世界第一条实现正线、车辆段全自动运行的地铁线路,采用 ALSTOM 的信号和车辆,最高运行速度 90 km/h,2003 年 6 月开通运营,如图 7-11 所示。

七、瑞士洛桑 M2 线

瑞士洛桑 M2 线 2008 年投入运营,ALSTOM 提供 Urbalis 信号系统和车辆(橡胶轮)。线路长 6 km,14 个车站(9 个地下站),最高速度 60 km/h,是世界上爬坡能力最强的地铁,可爬 12%连续坡度,如图 7-12 所示。

图 7-11 新加坡东北线

图 7-12 瑞士洛桑的 M2 线

全自动运行系统是基于现代计算机、通信、控制和系统集成等技术实现列车运行全过程自动化的新一代城市轨道交通系统。全自动运行作为先进的轨道交通列车运行控制技术,在未来有广泛的发展应用空间。在城市轨道交通建设中采用全自动运行技术,能够进一步增强系统装备的功能和性能,进一步提升轨道交通的安全与效率。

第六节　国内其他地铁全自动运行系统

我国全自动驾驶技术在城市轨道交通应用中起步较晚，已投入运用的线路还有北京地铁机场线、大兴机场线、上海地铁浦江线、浦东机场捷运系统、广州 APM 线等。城市轨道交通全自动驾驶系统作为一项成熟的技术，在设计、建设、运营、车辆与机电设备以及系统集成等方面均取得一些经验。目前，上海、北京、广州、武汉、成都、南京、苏州、济南、宁波、福州、南宁、天津等城市均在建设全自动驾驶线路，发展非常迅猛。

一、北京地铁机场线

北京地铁机场线，又称机场快轨，2008 年 8 月于北京奥运会前开通运营。北京机场线是首条引入无人驾驶技术的国内线路，采用阿尔斯通的信号系统，目前已经实现无人驾驶，到站、离站均在自动控制系统下完成。

机场线使用的 QKZ5 型电动车组由中车长客和庞巴迪联合制造，列车采用 750 V 第三轨供电，最高速度 110 km/h，4 节固定编组，全部为动车，共设 230 个座席，如图 7-13 所示。为了增加座椅数量，列车的座位采用接近近郊型的款式，而非常用的通勤型座椅。同时，本线采用阿尔斯通公司的 CBTC（基于通信的列车自动控制）系统，可以实现有人看管的无人驾驶，设计最小间隔为 4 min。

图 7-13　北京地铁机场线

二、广州珠江新城旅客自动输送系统（简称 APM 线）

2010 年 11 月，广州珠江新城旅客自动运输系统开通试运行，是世界上第一条全地下、无人驾驶的捷运系统。广州 APM 线列车采用胶轮——自动导向制式，也是广州第一条使用胶轮路轨系统的路线，全长约 3.94 km，共设 9 座车站，采用庞巴迪 CX-100 车型，定员 138 人/辆，车辆最高运行速度为 55 km/h，如图 7-14 所示。

三、香港南港岛线

香港南港岛线是我国第一条正式运营的 GoA4 级全自动驾驶地铁车辆的线路，南港岛线东段于 2016 年 12 月 28 日正式启用。这条线路贯穿了港岛南北，全长约 7 km。香港南港岛线是 100%由中国公司——中车长客自主研发，是我国首个进入全球技术要求最高的香港市场无人驾驶项目。

列车最高速度为 80 km/h，可实现真正意义上的自动控制，包括自动唤醒、自动运营、自动故障诊断及自动清洗功能，如图 7-15 所示。

图 7-14　广州珠江新城旅客自动输送系统

图 7-15　香港南港岛线

四、上海轨道交通 17 号线

上海轨道交通 17 号线，原名上海轨道交通 20 号线，在 2011 年上海地铁规划调整中调整线路编号为 17 号线，又称青浦线，2017 年 12 月 30 日开通运营。

该线路搭载了由卡斯柯自主研发拥有 100%自主知识产权的 TRANAVI 型 CBTC 列车运行控制系统，自动化等级达到 GoA3 级，是上海首个完整采用本土企业 100%自主研发 CBTC 信号系统的首台套示范工程，在中国轨道交通产业和装备制造业的发展历程中具有里程碑意义，如图 7-16 所示。

图 7-16　上海轨道交通 17 号线

五、上海轨道交通蒲江线

上海轨道交通浦江线，原名上海轨道交通 8 号线三期，是上海地铁的一条胶轮路轨系统线路，2018 年 3 月 31 日通车试运营，全线位于上海市闵行区浦江镇。线路北起上海轨道交通 8 号线沈杜公路站，南至汇臻路站，全长 6.689 km，全部采用高架线，共设 6 座车站；采用庞巴迪 Innovia APM300 型胶轮路轨系统列车，是全球第一条使用 Innovia APM 300 的城市通勤线路，无人驾驶等级为 GoA4 级，车头不设驾驶室，在此之前 300 系列只在迪拜、慕尼黑和吉达的机场捷运使用。车厢之间连通，但不可在连接通道处站立停留。相比于普通的地铁 A 型车车门 1 440 mm 的宽度，浦江线的车门加宽到了 1 980 mm，更有利于加快乘客上下车速度，如图 7-17 所示。

图 7-17　上海轨道交通蒲江线

六、北京大兴国际机场线

北京大兴国际机场线，简称为大兴机场线，于 2019 年 9 月 26 日与北京大兴国际机场同步开通运营。新机场线采用了世界最高等级，具有完全自主知识产权的全自动驾驶系统，不仅可以实现无人驾驶，还可实现列车自动唤醒、自检、运行、休眠等全过程，是国内首列达到速度 160 km/h 速度等级、首列采用全自动驾驶技术的市域动车组列车，如图 7-18 所示。

图 7-18　北京大兴国际机场线

复习思考题

1. 简要叙述上海地铁 10 号线全自动运行系统。
2. 简要叙述上海轨道交通 14 号线全自动运行系统。
3. 简要叙述北京地铁燕房线全自动运行系统。
4. 简要叙述成都地铁 9 号线全自动运行系统。
5. 简要叙述国外全自动运行系统。
6. 简要叙述国内其他地铁全自动运行系统。

参 考 文 献

[1] 谭文举. 轨道交通全自动运行条件下运营场景设计及智能运维研究[D]. 北京：北京交通大学，2020.
[2] 屈胤达. 城市轨道交通全自动运行系统设计探讨[J]. 科学与信息化，2021（7）：137-138.
[3] 郑伟. 全自动无人驾驶模式下系统功能与场景分析[J]. 城市轨道交通究，2017，20（11）：107-109，136.
[4] 周琮君，严燕，范佳佳. 弓网监测系统在地铁车辆上的应用[J]. 电力机车与城轨车辆，2020（7）：88-90.